21世纪高等院校网络教育示范教材

经济法学（第2版）

JINGJIFAXUE

佟占军 ◎ 编著

知识产权出版社
全国百佳图书出版单位

内容提要

《经济法学》（第2版）在前版《经济法学》的基础上修订而成。此次修订的内容包括有关法律法规修改和新法颁布的适应性修改内容。具体而言，新修订的法律法规主要是《中华人民共和国合伙企业法》《中华人民共和国城市房地产管理法》《中华人民共和国审计法》《中华人民共和国增值税暂行条例》《中华人民共和国个人所得税法》《中华人民共和国城镇土地使用税暂行条例》以及《中华人民共和国银行业监督管理法》；新颁布的法律法规主要是《中华人民共和国企业所得税法》《中华人民共和国耕地占用税暂行条例》《中华人民共和国劳动合同法》和《中华人民共和国劳动争议调解仲裁法》。书中与这些法律、法规相关的内容均进行了调整。

责任编辑：龚　卫　　**责任校对**：韩秀天
装帧设计：张小力　　**责任出版**：卢运霞

图书在版编目（CIP）数据

经济法学/佟占军编著.—2版.—北京：知识产权出版社，2010.9（2011.8重印）（2012.10重印）

ISBN 978-7-5130-0128-1

Ⅰ.①经…　Ⅱ.①佟…　Ⅲ.①经济法-法的理论-中国　Ⅳ.①D922.290.1

中国版本图书馆CIP数据核字（2010）第156844号

21世纪高等院校网络教育示范教材

经济法学（第2版）

佟占军　编著

出版发行：知识产权出版社

社　　址：北京市海淀区马甸南村1号　　**邮　　编**：100088
网　　址：http：//www.ipph.cn　　**邮　　箱**：bjb@cnipr.com
发行电话：010-82000860转8101/8102　　**传　　真**：010-82005070/82000893
责编电话：010-82000860转8120　　**责编邮箱**：gongwei@cnipr.com
印　　刷：三河市国英印务有限公司　　**经　　销**：新华书店及相关销售网点
开　　本：720mm×960mm　1/16　　**印　　张**：20.5
版　　次：2010年9月第2版　　**印　　次**：2012年10月第3次印刷
字　　数：389千字　　**定　　价**：28.00元

ISBN 978-7-5130-0128-1/D·1058（3075）

修订说明

在发展社会主义市场经济的进程中，法律是不可或缺的，可以说市场经济就是法治经济。作为我国社会主义法律体系重要组成部分的经济法更是直接以一定范围的经济关系为规制对象，在促进公平竞争、保护消费者和经营者的合法权益、维护市场经济秩序方面发挥着不可替代的作用。随着社会主义市场经济体制的建立和发展，我国加快了经济立法的步伐，经济法律法规在社会经济生活中的作用日益引起人们的高度关注。掌握一定的经济法律知识已经成为在经济大潮中冲浪的必要条件。

本书在前版《经济法学》的基础上修订而成，适于本专科学生、法律自学者和法律实务部门的工作人员学习阅读。为使读者达到有效学习经济法知识的目的，本书着重进行了以下几方面工作：(1) 吸收最新法律。本书依据最新的经济法律法规编写，新颁布和修订的法律法规在本书中有系统阐述。(2) 力求体例合理。本书依据基础理论、市场主体法、市场行为法、宏观调控法和劳动法等几类法律的篇章结构组织内容，并对重点法律进行详细阐述，目的是既体现经济法学的内在逻辑，又保证内容详略得当。(3) 侧重实践应用。本书在总则中阐述了经济法学最基本的理论知识，省略了晦涩难懂和有争议的经济法学理论观点。全书重在对经济法学各个法律部门基本知识的系统阐释。(4) 注重学习效果。本书在满足课堂讲授需要的前提下，每一章还提供了用以自测和复习的客观题和思考题及参考答案，以帮助读者全面掌握经济法学知识。

本书的写作得到了中国农业大学网络教育学院的领导、专家和工作人员的大力帮助，尤其是郑丽老师，她为本书的写作和出版付出了难以计数的时间和精力。知识产权出版社的龚卫编辑对本书的修订提出了宝贵的建议，在此一并表示诚挚谢意。

最后，由于作者水平和时间所限，文中疏漏错误之处敬请读者批评指正。

佟占军

2010 年 5 月于北京

目　录

第一章 经济法基础理论

内容提要

本章包括三节内容，系统阐述了经济法的基本理论知识。首先介绍了资本主义国家、前苏联和东欧社会主义国家以及我国经济法的产生和发展历程。其次阐释了经济法的调整对象和经济法律关系。最后探讨了经济法的独立法律部门地位和经济法的重要作用。经济法的调整对象和经济法与民法的关系是学习的重点，也是难点。

学习目标

1. 了解经济法的产生与发展过程。
2. 理解经济法的概念、调整对象和经济法律关系的内容。
3. 能够分析经济法的地位和作用。

学习提示

1. 课外阅读有关经济法基本理论的论文和著作。
2. 注意区分经济法调整的社会关系与民商法学所调整的社会关系。
3. 结合我国社会主义市场经济的发展来思考经济法的作用。

第一节 经济法的产生与发展

一、资本主义国家经济法的产生和发展

1755年，法国空想社会主义者摩莱里在《自然法典》一书中，首先使用了“经济法”这一概念。1843年，法国另一空想社会主义者德萨米继承了摩莱里的某些思想，在《公有法典》一书中以“分配法与经济法”专章论述了自己对社会分配制度的设想。1906年，德国学者雷特在《世界经济年鉴》中也使用了“经济法”的名称。但是，他们所使用的“经济法”与现代意义上的经济法并不是同一概念。1865年，法国小资产阶级激进派代表人物蒲鲁东在《工人阶级的政治能力》一书中，提出了要以经济法来调整特定的社会经济关系。他认为，社会生活中出现了一种传统的民法和政治法所无法调整的经济关系，迫切需要一种能够体现国家政治权力和经济自由相结合的法律制度——经济法来调整这类社会关系。蒲鲁东所使用的“经济法”在内涵上接近现代意义的经济法。

19世纪末20世纪初，一些主要的资本主义国家完成了从自由资本主义向垄断资本主义的过渡。在第一次世界大战期间，垄断资产阶级为了获得高额利润，利用其垄断优势控制紧缺物资，抬高物价，使政府征集战争物资存在相当大的困难。资本主义国家一直遵循的“私有权神圣不可侵犯”“契约自由”等民法原则无法彻底解决迅速筹集战争物资和维持正常社会经济秩序等问题。第一次世界大战爆发后，德国为了确保物资供应，陆续颁布了一系列经济法令，对部分物资的生产、价格及调整实行统制。1915年德国颁布《关于限制契约的最高价格的通知》，1916年颁布《确保战时国民粮食措施令》等法律。第一次世界大战结束后，德国的经济濒于崩溃的边缘。为了振兴经济，渡过危机，德国继续沿用战时的经济统制措施，颁布了更多的经济法律法令，如《煤炭经济法》《钾盐经济法》《卡特尔规章》《防止滥用经济权力法令》等。为了准备发动第二次世界大战，德国又颁布了许多新的管制经济的法律，如《设立强制卡特尔法》《全国管理制度法》《冻结物价法》等。第二次世界大战结束后，德国的经济法进一步发展，在战后的30年间，先后颁布了3000多个经济法规，《稳定法》《银行法》和《财政管理法》等是其代表。

在两次世界大战期间，日本为适应战时经济统制，应付经济危机的需要，先后颁布了《国家总动员法》《战时船舶管理法令》等经济法规。第二次世界大战结束后，日本进一步加强经济立法，制定了大量的经济法规。日本的经济

法规被日本法学界编入1979年出版的《六法全书》之中。《六法全书》将日本现行法律分为6编，经济法是其中独立的一编，共11章，收入了225个经济法律、法规。

美国至今尚未使用“经济法”一词，但美国很早就开始进行经济立法。1890年，美国国会制定了《谢尔曼反托拉斯法》。1914年，制定了《联邦贸易委员会法》和《克莱顿法》。1929年至1932年，资本主义国家爆发了世界性的经济危机。为了摆脱经济危机，罗斯福总统开始推行“新政”，强化国家对经济的干预，制定了一系列经济法规，如《全国产业复兴法》《紧急银行法》等。世界性的经济危机促使人们对古典经济学“不干预”理论进行了深刻的反思。1936年，凯恩斯出版了《就业、利息与货币通论》一书，提出了国家干预社会经济生活以解决经济危机和就业问题的完整理论，主张国家积极干预经济生活，通过制定政策和法律来加以调整，实现“有效需求”。

国家为了保障社会经济的正常发展，以经济性法律手段直接干预社会经济活动的法律现象，既不能简单地归属于传统的民商法领域，也不能简单地归属于行政法领域，而应归属于经济法领域。

二、前苏联和原东欧社会主义国家经济法的产生和发展

前苏联是人类历史上第一个社会主义国家，东欧曾经出现过如捷克斯洛伐克、民主德国、南斯拉夫、罗马尼亚等社会主义国家。这些社会主义国家的政治体制和经济体制不同于资本主义国家，但经济法在经济管理中仍然起到了一定程度的作用。

“十月革命”胜利后，列宁很重视运用法律调整社会经济关系，在他领导制定第一部苏俄民法典时起，就提出经济法和经济法学科的建设问题。经过数十年的立法工作，经济立法数量不断增加，经济法制建设逐步完善。1970年，前苏联科学院院士普拉捷夫等人曾着手起草了一部《苏联经济法典》，但是未能公布。

原捷克斯洛伐克于1964年6月4日，颁布了世界上唯一的一部经济法典——《捷克斯洛伐克社会主义共和国经济法典》，该法典除序言外，共12篇，400条。这部法典经过多次修改，于1982年重新公布，1983年1月生效。

前南斯拉夫是经济立法比较完备的国家，有计划法、财政法、银行法、金融法、税收法、外贸法、外汇法、关税法、海关法、外国人投资法等多种类型的经济立法。

原匈牙利围绕扩大企业自主权，加强宏观调控的基本目标，制定了3000多个经济法规。

三、我国经济法的产生和发展

在我国，国家干预经济的经济法，可以上溯到奴隶社会和封建社会。在半殖民地半封建的旧中国，受资本主义国家立法理论和实践的影响，为适应经济发展的需要，清朝统治者、北洋政府、国民党政府先后颁布了一系列经济法律、法规。

在中国共产党领导的民主革命时期，经济立法也开始发展。土地革命时期，苏维埃政府曾颁布了《中华苏维埃共和国暂行税则》《工商业投资暂行条例》等法规。在抗日战争时期，边区人民政府制定了财政、税收、贸易、交通运输方面的经济法规。

中华人民共和国成立以后，为了恢复和发展国民经济，对农业、手工业和资本主义工商业实行社会主义改造，并大规模地进行社会主义建设，我国曾在20世纪50年代和60年代初期制定和颁布了大量的经济法律、法规。

1978年党的十一届三中全会以后，随着党和国家的工作重心转移到以经济建设为中心的轨道上来，我国的经济法制建设进入了新的发展时期。为适应改革开放的需要，我国制定了大量的经济法律、法规。

1992年，党的第十四次全国代表大会作出了建立社会主义市场经济体制的决定。1993年3月第八届全国人民代表大会第一次会议对《宪法》作了修正，肯定了这一决策，同时还明确规定要“加强经济立法，完善宏观调控”。目前，我国的经济法制建设正在蓬勃发展，经济法正在充分发挥其维护经济发展的作用。

第二节 经济法的调整对象和经济法律关系

关于经济法的概念，学者们仁者见仁、智者见智，基于不同的经济法学说提出了众多的经济法概念。本书认为，经济法是调整国家调控社会经济过程中产生的经济关系的法律规范的总称。国家调控社会经济过程中产生的经济关系就是经济法的调整对象。

一、经济法的调整对象

在社会主义市场经济条件下，经济法的调整对象包括以下四方面的社会关系：

1. 市场主体调控关系

市场主体调控关系是国家调控市场主体的组织管理体制和进入、退出市场过程中发生的经济关系。国家为了维护社会经济的整体利益，必须对市场主体的组织管理和进入、退出市场进行必要的调控。在市场经济条件下，企业是最主要的市场主体，市场主体调控关系也主要是国家对企业的调控关系。

2. 市场运行调控关系

市场运行调控关系是指国家对市场主体的市场行为进行必要的管理过程中发生的经济关系。市场主体之间是一种平等、自愿、等价有偿的交易关系。为了维护社会整体经济秩序，使这种交易关系能够顺利进行，国家要对市场主体的市场行为进行必要的约束，消除影响市场整体秩序的因素。市场运行调控关系主要包括竞争、产品质量、消费者、广告等内容。

3. 宏观调控关系

宏观调控关系是指国家对关系到国计民生的重要经济因素进行调节和控制的过程中所发生的经济关系。为保证经济总量的基本平衡，促进经济结构优化，引导国民经济持续、快速、健康发展，国家必须从整体上对关系国计民生的重要经济因素进行调控。宏观调控关系主要包括计划、财政、金融、国有资产管理等内容。

4. 劳动关系

劳动关系是指国家在对社会成员的劳动就业进行管理的过程中所发生的经济关系。在社会主义市场经济条件下，国家要对社会成员的劳动就业进行管理，从而合理利用劳动力资源，促进经济和社会发展。劳动和社会保障关系主要包括劳动就业、社会保险、工资、劳动争议解决等内容。

二、经济法律关系

经济法律关系是指国家调控社会经济过程中产生的经济关系经过经济法的调整而形成的权利义务关系。经济法律关系由主体、内容和客体三方面构成。

1. 经济法律关系的主体

经济法律关系的主体是指参加经济法律关系并以自己的名义享有权利和承担义务的法人、其他组织和个人。

经济法律关系的主体可以分为两类，一是调控主体，即代表国家调控经济关系的经济管理机关，如工商行政管理机关、税务机关、金融管理机关等。二是在经济活动中接受国家调控的主体。这类主体包括法人、合伙企业、个人独资企业、个体工商户、农村承包经营户、外商投资企业、外国经营者等。

2. 经济法律关系的内容

经济法律关系的内容就是经济法主体所享有的权利和承担的义务。

经济法权利是经济法主体依据经济法可以为或不为一定行为以及要求他人为或不为一定行为的资格。与经济法主体的分类相对应，经济法权利也可以分为两类。一是国家经济调控主体的经济法权利，即经济职权，包括国家经济决策权、财政税收权、经济组织实施权、违法经济行为查处权等。二是经济活动主体的经济法权利，包括经营管理权、请求权、举报申诉权等。

经济法义务是为了满足权利主体的权利得以实现，依据经济法必须为或不为某种行为的状态。对国家经济调控主体而言，经济职权同时也是义务。经济活动主体的义务包括接受调控的义务、正确行使权利的义务、依法缴纳税费的义务等。

3. 经济法律关系的客体

经济法律关系的客体是指经济法律关系主体享有的经济权利和承担的经济义务所共同指向的对象。

经济法律关系的客体一般包括行为、物和无形财产等。行为是经济法律关系的主体所进行的活动，包括行使经济调控职权，从事经营管理等。物是能为人控制和支配、具有经济价值的有体财产，它包括天然物和人造物。无形财产是有体物之外的具有经济价值的财产，包括专利权、商标权等智力成果，以及债权等其他具有经济价值的财产。

第三节　经济法的地位和作用

一、经济法的地位

经济法的地位是指经济法在国家法律体系中是否具有独立的地位。关于经济法的地位，一直存在着激烈的争论。凡认为经济法在法律体系中具有不可替代的作用的，就认为经济法是一个独立的法律部门，反之，就认为经济法不是一个独立的法律部门。

1. 经济法是一个独立的法律部门

尽管存在着否定经济法作为一个独立法律部门的根据和理由，但是从经济法所调整的社会关系角度来看，应当承认经济法是一个独立的法律部门。在社会经济发展过程中出现了诸如垄断、不正当竞争、消费者权益保护、产品质量等传统的民商法和行政法均难以解决的问题之后，就需要新的法律领域来调整这部分社会关系。经济法就是适应社会经济发展的需要来解决这类新问题的独立法律部门。

2. 经济法与其他法律部门的关系

(1) 经济法与民法的关系。

经济法与民法的联系是，二者都要调整一定范围的市场经济中的经济关系，共同维护市场经济的发展。二者的区别主要表现在：

第一，二者的主体不同。民法的主体是平等的自然人、法人和其他组织。经济法的主体不但包括自然人、法人和其他组织，还包括国家机关，而且作为调控主体的国家机关与作为经济活动主体的自然人、法人和其他组织的地位不具有平等性，后者要接受前者的调控。

第二，二者的调整对象不同。民法调整的是平等主体之间的财产关系和人身关系。经济法调整的是国家调控社会经济过程中产生的经济关系，不调整人身关系。

第三，二者的价值取向不同。民法着眼微观领域，强调个体的自由和权利的实现。经济法着眼宏观领域，强调社会整体经济秩序，体现社会本位。

(2) 经济法与行政法的关系。

经济法与行政法都调整一定范围的管理关系，行政法调整的是行政管理关系，经济法调整的是国家调控关系，从本质上讲也是一种管理关系。但行政法调整的行政管理关系不具有财产内容，而经济法调整的管理关系具有财产内容，其目的是促进社会经济持续、健康发展。

二、经济法的作用

1. 保障全国统一开放市场体系的构建

市场是市场主体活动的空间，是市场机制发挥作用的基础。为完善社会主义市场经济体制，就必须通过立法完善资本市场、劳动力市场、技术市场等生产要素市场，完善通过市场形成价格的机制。经济法可以健全市场规则，清除市场主体活动的障碍，打破地区封锁和部门垄断，保障形成统一有序的市场体系。

2. 保障国家实现对市场经济的宏观调控

社会主义市场经济建立后，政府不能再直接控制企业和其他经营主体的生产经营活动，而是要通过市场进行基础性的调节。但政府对经济运行的宏观调控也是必不可少的，因为市场机制存在自发性和盲目性，存在自身的薄弱环节。为保持经济总量平衡，促进经济结构优化，稳定市场经济秩序，国家要通过计划、财政、金融、税收等杠杆调控经济的运行。经济法以法律的方式确认国家宏观调控的手段和程序，保障国家宏观调控的实现。

3. 维护市场经济秩序

市场经济体制赋予市场主体以充分的经营自由，调动了其生产经营的积极性。但在经济利益的驱动下，个别市场主体可能会通过不正当竞争、虚假广告、制造销售不合格产品等不正当行为来获取利益。经济法通过规制这些不正当行为，维护市场经济秩序的稳定，保护公平竞争。

4. 在对外开放中维护国家安全，推进国际经济交流与合作

由于生产力的发展和技术的进步，当代世界经济出现了一体化的趋势，任何国家都很难置身世界经济之外获得独立发展。对外开放是我国的基本国策，为适应对外开放的需要，尤其是加入 WTO 后对外交流与合作的需要，我国制定了对外贸易等领域的一系列法律法规。这些法律法规属于涉外经济法的范畴，它们在维护国家安全和促进国家交流与合作方面发挥着重要作用。

本章小结

经济法是在社会生活中出现了不能由传统的民商法律调整的社会关系后产生的。经济法是不同于民商法和行政法的独立法律部门，有它自己的调整对象和调整手段。根据不同的经济法学学说，经济法律关系的内容也有一定的差异。经济法在保障社会经济的正常发展，保证宏观调控取得实效和促进对外交流与合作方面发挥着重要作用。经济法基本理论是学习后面各章节的基础。

复习思考

1. 1755 年，法国空想社会主义者摩莱里在《________》一书中，首先使用了“经济法”这一概念。

2. 凯恩斯在《就业、利息与货币通论》一书，提出了国家________以解决经济危机和就业问题的完整理论。

3. 1890 年，________国会制定了《谢尔曼反托拉斯法》。

4. ________于 1964 年 6 月 4 日，颁布了世界上唯一的一部经济法典。

5. 我国《宪法》明确规定要________，完善宏观调控。

6. 经济法的调整对象是什么？

7. 经济法与民法是什么关系？

8. 经济法的作用有哪些？

第二章　市场主体法律制度

内容提要

本章包括五节内容。首先阐述了全民所有制工业企业和集体所有制企业法律制度。其次阐述了公司法律制度，随后阐述了合伙企业和个人独资企业法律制度，而后阐述了外商投资企业法律制度，最后阐述了企业破产法律制度。其中公司法律制度、合伙企业法律制度和外商投资企业法律制度是学习的重点。

学习目标

1. 了解各种企业法律制度的立法状况和法律责任。
2. 理解各种企业制度中的概念、各种企业类型中具体法律制度的内容。
3. 能够应用所学知识解决实际问题。
4. 能够分析有关企业的案例。

学习提示

1. 关注有关企业法律问题的新闻报道。
2. 有选择地阅读相关论文和著作。
3. 主动运用所学知识解决生活中遇到的实际问题。

第一节　全民所有制工业企业法和集体所有制企业法

一、全民所有制工业企业法

（一）全民所有制工业企业法概述

全民所有制工业企业是指生产资料属于全民所有，依法自主经营、自负盈亏、独立核算的商品生产和经营单位。其根本任务是根据国家计划和市场需要，发展商品生产，创造财富，增加积累，满足社会日益增长的物质和文化生活需要。

全民所有制工业企业法是调整在国家管理、调控全民所有制工业企业过程中所发生的经济关系的法律规范的总称。狭义上的全民所有制工业企业法是1988年4月13日第七届全国人民代表大会第一次会议通过的《中华人民共和国全民所有制工业企业法》（以下简称《工业企业法》）。广义上的全民所有制工业企业法还包括1992年7月23日国务院发布的《全民所有制工业企业转换经营机制条例》（以下简称《转换经营机制条例》）以及其他调整国家管理、调控全民所有制工业企业过程中所发生的经济关系的法律规范。

全民所有制工业企业的财产属于全民所有，国家按照所有权与经营权分离的原则将财产授予企业经营管理，企业对国家授予其经营管理的财产享有占有、使用和依法处分的权利。全民所有制工业企业是具有独立法律地位的法人，要使全民所有制工业企业成为依法自主经营、自负盈亏、自我发展、自我约束的商品生产和经营单位。

（二）全民所有制工业企业的经营权

1. 生产经营决策权

全民所有制工业企业根据国家宏观计划指导和市场需要，有权自主作出生产经营决策、生产产品和为社会提供服务。企业可以自主决定在本行业内或者跨行业调整生产经营范围。企业执行指令性计划时，有权要求与需方企业或政府指定的单位签订合同，有权要求调整缺乏应由国家计划保证的能源、物资供应和运输条件的指令性计划，计划下达部门不予调整的，可以不执行该计划。除国务院和省级政府计划部门及其授权部门下达的指令性计划以外，企业有权不执行其他任何部门下达的指令性计划。

2. 产品、劳务定价权

除国务院和省级政府物价部门管理的个别日用工业消费品和少数生产资料由政府定价外，其余产品价格和提供劳务的价格，企业可以自主决定。

3. 产品销售权

除法律另有规定或国家明令禁止在市场上销售的产品外，企业可以在全国范围内自主销售本企业生产的指令性计划以外的产品和完成指令性计划后的超产产品。

4. 物资采购权

企业对指令性计划供应的物资，有权要求与生产企业或其他供货方签订合同，企业对指令性计划以外所需的物资，有权自主采购和进行物资调剂。企业有权拒绝执行任何部门和地方政府以任何方式为企业指定指令性计划以外的供货单位和供货渠道。

5. 进出口权

没有进出口经营权的全民所有制工业企业，可以在全国范围内自主选择外贸代理企业，并有权参与同外商的谈判。有进出口经营权的企业，在获得进出口配额、许可证等方面与外贸企业享有同等待遇。企业根据国家规定，可以自主使用留成外汇和进行外汇调剂，可以在境外承揽工程，进行技术合作或者提供其他劳务，可以进口自用的设备和物资，可以自主使用自有外汇安排业务人员出境。

6. 投资决策权

企业有权依法以留用资金、实物、土地使用权、工业产权和非专利技术等向国内的企业、事业单位投资，购买和持有其他企业的股份。经政府有关部门批准，还可以向境外投资或在境外开办企业。企业遵照国家产业政策，以留用资金和自行筹措的资金从事生产性建设，能够解决建设和生产条件的，由企业自主决定立项，报政府有关部门备案。

7. 留用资金支配权

企业在保证实现企业财产保值、增值的前提下，有权自主确定税后留用利润中各项基金的比例和用途，报政府有关部门备案。

8. 资产处置权

除法律、法规另有规定外，企业根据生产经营需要，对一般固定资产可以自主决定出租、抵押或有偿转让，对关键设备、成套设备或重要建筑物可以出租，经政府主管部门批准也可以抵押、有偿转让。

9. 联营、兼并权

企业有权与其他企业事业单位进行法人型、合伙型和合同型联营。企业按照自愿有偿的原则，可以兼并其他企业，并报政府主管部门备案。

10. 劳动用工权

企业有权自主招工，决定用工形式，实行合理的劳动组合。企业有权依照法律、法规和企业规章，解除劳动合同，辞退、开除职工。

11. 人事管理权

企业自主行使人事管理权，对管理人员和技术人员可以实行聘用制和考核制。除法律另有规定外，企业中层和副厂级行政管理人员，由厂长（经理）按国家规定任免或提请政府主管部门任免。

12. 工资、奖金分配权

企业的工资总额依照政府规定的工资总额与经济效益挂钩办法确定。企业在相应提取的工资总额内，有权自主使用、自主分配工资和奖金，确定适合本企业情况的工资形式和奖金分配办法。

13. 内部机构设置权

企业有权决定内部机构的设立、调整和撤销，决定企业的人员编制。

14. 拒绝摊派权

企业有权拒绝任何部门和单位向企业摊派人力、物力、财力。企业可以向审计部门或者政府有关部门控告、检举摊派行为，要求作出处理。

（三）全民所有制工业企业自负盈亏制度

1. 分配责任制度

企业必须建立分配约束机制和监督机制。企业工资总额增长幅度必须低于本企业经济效益（依据实现利税计算）增长幅度，企业职工实际平均工资增长幅度必须低于本企业劳动生产率（依据净产值计算）增长幅度。企业必须根据经济效益的增减，决定职工收入的增减。工资总额的确定与调整，应报政府有关部门审查批准。

2. 工资储备基金制度

企业每年应从工资总额的新增部分中提取不少于10%，建立企业工资储备基金，由企业自主使用。工资储备基金累计达到企业一年工资总额的，不再提取。

3. 财务管理责任制度

企业应强化财务管理，严格执行国家财政、税收和国有资产管理的法律、法规，建立资产负债和损益考核制度，编制财务会计报告，进行财产盘点、审计，做到账实相符，不得造成利润虚增或虚盈实亏，确保企业财产保值、增值。

4. 经营性亏损处理制度

企业由于经营管理不善造成经营性亏损的，厂长、其他厂级领导和职工，应当根据责任大小，承担相应责任。对政策性亏损的企业，在给予价格放开、补贴或其他方式补偿后，仍然亏损的，按经营性亏损处理。实行承包和租赁经营责任制的企业，未完成上缴利润，或拖欠租金，达不到经营总目标的，应从各自所掌握的自有资金中抵补。

5. 奖励制度

企业连续三年全面完成上交任务，并实现企业财产增值的或者亏损企业的新任厂长，在规定期限内，实现扭亏增盈的目标的，政府主管部门对厂长或者厂级领导给予相应的奖励，奖金由决定奖励的部门拨付。

（四）全民所有制工业企业内部领导体制

1. 厂长负责制

厂长负责制是指全民所有制工业企业的生产经营管理工作由厂长统一领导、全面负责的内部领导制度。厂长是企业的法定代表人，是企业的最高行政领导人，在企业内部处于中心地位，负有全面责任。

厂长的产生，除国务院另有规定外，由政府主管部门根据企业情况决定采取下列两种方式之一：（1）政府主管部门委任或招聘，须征求职工代表的意见。（2）企业职工代表大会选举，须报政府主管部门批准。政府主管部门委任或招聘的厂长，由政府主管部门免职或解聘，职工代表大会选举的厂长，由职工代表大会罢免，并须报政府主管部门批准。

厂长领导企业的生产经营管理工作，依法行使下列职权：

（1）依照法律和国务院规定，决定或报请审查批准企业的各项计划。

（2）决定企业行政机构的设置。

（3）报请政府主管部门任免或聘任、解聘副厂级行政领导干部，法律另有规定的除外。

（4）任免或聘任、解聘企业中层行政领导干部，法律另有规定的除外。

（5）提出工资调整方案、奖金分配方案和重要的规章制度，提请职工代表大会审查同意，提出福利基金使用方案和其他有关职工生活福利的重大事项的建议，提请职工代表大会审议决定。

（6）依法奖惩职工，提请政府主管部门奖惩副厂级行政领导干部。

2. 民主管理制度

全民所有制工业企业可以实行职工代表大会、企业管理委员会、民主评议会、合理化建议委员会等多种民主管理形式。其中，职工代表大会最为典型。

职工代表大会是企业实行民主管理的基本形式，是职工行使民主管理权力的机构。职工代表大会依法行使下列职权：

（1）听取和审议厂长关于企业经营方针、长远规划、年度计划、基本建设方案、重大技术改造方案、职工培训计划、留用资金分配和使用方案、承包和租赁经营责任制方案的报告，提出意见和建议。

（2）审查同意或者否决企业的工资调整方案、奖金分配方案、劳动保护措施、奖惩办法以及其他重要规章制度。

（3）审议决定职工福利基金使用方案、职工住宅分配方案和其他有关职工生活福利的重大事项。

（4）评议、监督企业的各级领导干部，提出奖惩和任免的建议。

（5）根据政府主管部门的决定选举或罢免厂长，并报政府主管部门批准。

职工代表大会的工作机构是企业工会委员会，它负责职工代表大会的日常工作。

（五）全民所有制工业企业的经营责任制

1. 承包经营责任制

承包经营责任制，是指在坚持企业全民所有制的基础上，按照所有制与经营权相分离的原则，以承包经营合同形式，确定国家与企业的责权利关系，使企业做到自主经营、自负盈亏的经营管理制度。

承包经营责任制的主要内容是包上交国家利润，包技术改造任务，实行工资总额与经济效益挂钩。

2. 租赁经营责任制

租赁经营责任制，是指在不改变企业全民所有制的条件下，实行所有权与经营权的分离，国家授权单位为出租方将企业有期限地交给承租方经营，承租方向出租方支付租金并按照合同规定对企业实行自主经营的经营管理制度。

租赁经营的形式包括：

（1）个人承租。

（2）合伙承租，由2～5人合伙承租经营企业。

（3）全员承租，由本企业全体职工承租经营企业。

（4）企业承租，由一个企业承租经营另一个企业。

（5）国家允许的其他租赁经营形式。

（六）违反全民所有制工业企业法的法律责任

1. 政府和有关部门违反工业企业法的法律责任

政府和政府有关部门侵犯企业依法享有的经营管理自主权，向企业摊派人力、物力、财力，要求企业设置机构或规定机构编制人数的，企业有权向作出决定的机关的上一级机关或政府监察部门申诉。接受申诉的机关应于接到申诉之日起30日内作出裁决并通知企业。

2. 企业违反工业企业法的法律责任

企业未经政府或政府主管部门审核批准和工商行政管理部门核准登记，以全民所有制工业企业的名义进行经营活动的，责令停业，没收违法所得。企业向登记机关弄虚作假，隐瞒真实情况的，给予警告或处以罚款；情节严重的，吊销营业执照。企业因生产、销售质量不合格的产品，给用户和消费者造成人身、财产损害的，应当承担赔偿责任；构成犯罪的，对直接责任人员依法追究刑事责任。

3. 企业和政府有关部门领导干部违反工业企业法的法律责任

企业领导干部滥用职权，侵犯职工合法权益，情节严重的，由政府主管部门给予行政处分。滥用职权，假公济私，对职工进行报复陷害的，依法追究刑事责任。企业和政府有关部门领导，因工作过失，给企业和国家造成较大损失的，由政府主管部门或有关上级机关给予行政处分。玩忽职守，致使企业财产、国家和人民利益遭受重大损失的，依法追究刑事责任。

4. 违反工业企业法的其他法律责任

阻碍企业领导干部依法执行职务，未使用暴力、威胁方法的，由企业所在地公安机关依照《治安管理处罚条例》的规定处罚。以暴力、威胁方法阻碍企业领导干部执行职务的，依法追究刑事责任。扰乱企业的秩序，致使生产、营业、工作不能正常进行，尚未造成严重损失的，由企业所在地公安机关依照《治安管理处罚条例》的规定处罚；情节严重，致使生产、营业、工作无法进行，造成严重损失的，依法追究刑事责任。

二、集体所有制企业法

（一）集体所有制企业法概述

集体所有制企业是指企业财产属于一定范围内的劳动群众集体所有，实行独立核算、自主经营、自负盈亏，并以按劳分配为主的社会主义经济组织。

目前，我国有关集体所有制企业的法律规范主要是1990年6月3日国务院发布，并于当年7月1日起施行的《中华人民共和国乡村集体所有制企业条例》（以下简称《乡村集体企业条例》）和1991年9月9日国务院发布，并于1992年1月1日起施行的《中华人民共和国城镇集体所有制企业条例》（以下简称《镇集体企业条例》）。

（二）乡村集体企业法

乡村集体所有制企业的财产属于举办该企业的乡或村范围内的全体农民集体所有，由乡或村的农民大会（农民代表大会）或者代表全体农民的集体经济组织行使企业财产的所有权。乡村集体企业具备企业法人条件的，经县级政府乡镇企业主管部门批准，并经工商行政管理部门核准登记，依法取得法人资格，独立地享有权利，承担义务。乡村集体企业不具备法人条件的，也需具备一定的生产经营条件，经县级政府乡镇企业主管部门批准，并经工商行政管理部门核准登记，依法取得非法人经营主体资格，并依法承担法律责任。

1. 乡村集体企业的经营权

乡村集体企业享有以下经营权：

（1）占有和使用企业资产，依照国家规定筹集资金。

（2）在核准登记的范围内自主安排生产经营活动。

（3）确定企业内部机构设置和人员配备，依法招聘、辞退职工，并确定工资形式和奖惩办法。

（4）有权自行销售本企业的产品，但国务院另有规定的除外。

（5）有权自行确定本企业的产品、劳务价格，但国务院规定由物价部门和有关主管部门控制的价格除外。

（6）自愿参加行业协会和产品评比。

（7）依照国家规定自愿参加招标、投标活动，申请产品定点生产，取得生产许可证。

（8）自主订立合同，开展经济技术合作。

（9）开发和利用自然资源。

（10）依法利用外资、引进先进技术和设备，开展进出口贸易等涉外经济活动，并依照国家规定提留企业的外汇收入。

（11）拒绝摊派和非法罚款，但法律、法规规定应当提供财力、物力、人力的除外。

2. 乡村集体企业的领导体制

乡村集体企业实行厂长（经理）负责制。厂长是企业的法定代表人，厂长代表企业行使除法律规定由企业所有者行使的职权外的一切权利，对企业的物质文明和精神文明建设负有全面责任。

乡村集体企业应建立职工（代表）大会制度。企业职工（代表）大会有权对企业经营管理中的问题提出意见和建议，评议、监督厂长（经理）和其他管理人员，维护职工的合法权益。企业职工也有权参与企业民主管理，有权对厂长（经理）和其他管理人员提出批评和控告。

（三）城镇集体企业法

城镇集体企业的财产属于劳动群众集体所有。集体所有的形式包括：（1）本集体企业的劳动群众集体所有。（2）集体企业的联合经济组织范围内的劳动群众集体所有。（3）投资主体为两个或两个以上的集体企业，其中本集体企业劳动群众集体所有或集体企业的联合经济组织范围内的劳动群众集体所有的财产在企业财产中占主导地位。设立城镇集体企业，应具备设立企业法人的各项条件，报省级政府规定的审批部门批准，并经工商行政管理部门核准登记。

1. 城镇集体企业的权利义务

城镇集体企业在法定范围内享有下列权利：

(1) 对全部财产享有占有、使用、收益和处分的权利，有权拒绝任何形式的平调。

(2) 有权自主安排生产经营活动。

(3) 除国家规定由物价部门和有关主管部门控制的价格外，有权自行确定产品、劳务的价格。

(4) 有权依照国家规定与外商谈判并签订合同，提取和使用分成的外汇收入。

(5) 有权依照国家规定确定本企业的经济责任制形式、工资形式和奖金、分红办法。

(6) 有权享受国家政策规定的各种优惠待遇。

(7) 有权吸收职工和其他企业事业单位、个人集资入股，有权与其他企业事业单位联营，或向其他企业事业单位投资，持有其他企业的股份。

(8) 有权按照国家规定决定本企业的机构设置，人员编制、劳动组织形式和用工办法，有权录用和辞退职工，有权奖惩职工。

城镇集体企业应当履行下列义务：

(1) 遵守国家法律、法规，接受国家计划的指导。

(2) 依法缴纳税金和费用。

(3) 依法履行合同。

(4) 改善经营管理，提高经济效益。

(5) 保证产品质量和服务质量。

(6) 贯彻安全生产制度，落实劳动保护和环境保护措施。

(7) 做好企业内部的安全保卫工作。

(8) 维护职工合法权益，尊重职工民主管理权利。

(9) 加强对职工教育，提高职工素质。

2. 城镇集体企业领导体制

城镇集体企业实行厂长（经理）负责制。厂长（经理）对企业职工（代表）大会负责，是城镇集体企业的法定代表人。与全民所有制工业企业的厂长（经理）负责制不同，城镇集体企业的厂长（经理）负责制是职工代表大会领导下的厂长（经理）负责制，厂长无权决定企业的重大问题。厂长（经理）在法定范围内行使领导和组织企业日常生产经营活动的职权，执行职工（代表）大会的决议，组织职工完成生产经营任务。

职工群众是城镇集体企业的主人，享有管理职务的选举权和被选举权，享有参加企业民主管理、监督企业各项活动和管理人员工作的权利。城镇集体企业应当建立健全职工（代表）大会制度。职工（代表）大会是城镇集体企业的权力机构，它选举和罢免企业管理人员，决定企业经营管理的重大问题。

第二节 公 司 法

一、公司法概述

公司是指依照公司法规定设立的、以营利为目的、具有法人资格的经济组织。在我国，公司分为有限责任公司和股份有限公司两种类型。

1993 年 12 月 29 日，八届全国人大常委会第五次会议审议通过了《中华人民共和国公司法》（以下简称《公司法》）。该法于 1999 年和 2004 年两次修正，2005 年 10 月 27 日第十届全国人民代表大会常务委员会第十八次会议修订了该法，修订后的《公司法》于 2006 年 1 月 1 日起施行。狭义上的公司法仅指《公司法》，广义的公司法还包括其他调整公司关系的法律规范。

二、有限责任公司

（一）有限责任公司概述

有限责任公司是指依照公司法规定设立的，股东以其认缴的出资额为限对公司承担责任，公司以其全部资产对公司债务承担责任的公司。有限责任公司具有以下特征：

（1）有限责任公司的股东以其认缴的出资额为限对公司承担有限责任。

（2）有限责任公司的股东，有最高人数的限制。

（3）有限责任公司的资本不分为等额股份。

（4）有限责任公司不能通过发行股份来募集资本，只能采取发起设立的方式设立。

（5）证明有限责任公司股东出资份额的权利证书为出资证明书，而不是股票。

（6）有限责任公司的股东在转让其出资时，尤其是向股东以外的人转让出资时，受到严格的限制。

（二）有限责任公司的设立条件

1. 股东符合法定人数

有限责任公司由 50 个以下股东出资设立。

2. 股东出资达到法定资本最低限额

有限责任公司注册资本的最低限额为人民币3万元。如果法律、行政法规对有限责任公司注册资本的最低限额有较高规定的，从其规定。

有限责任公司的注册资本为在公司登记机关登记的全体股东认缴的出资额。公司全体股东的首次出资额不得低于注册资本的20%，也不得低于法定的注册资本最低限额，其余部分由股东自公司成立之日起2年内缴足，投资公司可以在5年内缴足。

股东可以用货币出资，也可以用实物、知识产权、土地使用权等可以用货币估价并可以依法转让的非货币财产作价出资；但是，法律、行政法规规定不得作为出资的财产除外。对作为出资的非货币财产应当评估作价，核实财产，不得高估或者低估作价。全体股东的货币出资金额不得低于有限责任公司注册资本的30%。

3. 股东共同制定公司章程

公司章程是股东制定的内部行为规范。有限责任公司章程应当载明下列事项：公司名称和住所；公司经营范围；公司注册资本；股东的姓名或者名称；股东的出资方式、出资额和出资时间；公司的机构及其产生办法、职权、议事规则；公司法定代表人；股东会会议认为需要规定的其他事项。股东应当在公司章程上签名、盖章。

4. 有公司名称，建立符合有限责任公司要求的组织机构

在公司的名称中，必须标明“有限责任公司”或者“有限公司”字样，并符合其他有关法律、法规的规定。公司还必须建立股东会、董事会、经理和监事会等符合要求的组织机构。

5. 有公司住所

公司住所对确定公司的国籍，确定涉外案件准据法和管辖法院具有重要意义，公司必须拥有公司住所。

（三）有限责任公司的组织机构

1. 股东会

有限责任公司的股东会由公司的全体股东组成，是公司的权力机构。

股东会依法行使下列职权：

（1）决定公司的经营方针和投资计划。

（2）选举和更换非由职工代表担任的董事、监事，决定有关董事、监事的报酬事项。

（3）审议批准董事会的报告。

（4）审议批准监事会或者监事的报告。

（5）审议批准公司的年度财务预算方案、决算方案。

（6）审议批准公司的利润分配方案和弥补亏损方案。

（7）对公司增加或者减少注册资本作出决议。

（8）对发行公司债券作出决议。

（9）对公司合并、分立、变更公司形式、解散和清算等事项作出决议。

（10）修改公司章程。

（11）公司章程规定的其他职权。

对上述事项股东以书面形式一致表示同意的，可以不召开股东会会议，直接作出决定，并由全体股东在决定文件上签名、盖章。

股东会的首次会议由出资最多的股东召集和主持。

股东会会议分为定期会议和临时会议。定期会议应当按照公司章程的规定按时召开。代表1/10以上表决权的股东，1/3以上的董事，监事会或者不设监事会的公司的监事提议召开临时会议的，应当召开临时会议。

有限责任公司设立董事会的，股东会会议由董事会召集，董事长主持；董事长不能履行职务或者不履行职务的，由副董事长主持；副董事长不能履行职务或者不履行职务的，由半数以上董事共同推举一名董事主持。有限责任公司不设董事会的，股东会会议由执行董事召集和主持。董事会或者执行董事不能履行或者不履行召集股东会会议职责的，由监事会或者不设监事会的公司的监事召集和主持；监事会或者监事不召集和主持的，代表1/10以上表决权的股东可以自行召集和主持。

召开股东会会议，应当于会议召开15日以前通知全体股东；但是，公司章程另有规定或者全体股东另有约定的除外。股东会应当对所议事项的决定作成会议记录，出席会议的股东应当在会议记录上签名。

股东会会议由股东按照出资比例行使表决权；但是，公司章程另有规定的除外。股东会的议事方式和表决程序，除《公司法》有规定的外，由公司章程规定。股东会会议作出修改公司章程、增加或者减少注册资本的决议，以及公司合并、分立、解散或者变更公司形式的决议，必须经代表2/3以上表决权的股东通过。

2. 董事会

有限责任公司设董事会，其成员一般为3～13人。两个以上的国有企业或者其他两个以上的国有投资主体投资设立的有限责任公司，其董事会成员中应当有公司职工代表；其他有限责任公司董事会成员中也可以有公司职工代表。董事会中的职工代表由公司职工通过职工代表大会、职工大会或者其他形式民主选举产生。董事会设董事长1人，可以设副董事长。董事长、副董事长的产生办法由公司章程规定。

董事任期由公司章程规定，但每届任期不得超过3年。董事任期届满，连选可以连任。董事任期届满未及时改选，或者董事在任期内辞职导致董事会成员低于法定人数的，在改选出的董事就任前，原董事仍应当依照法律、行政法规和公司章程的规定，履行董事职务。

董事会对股东会负责，行使下列职权：

（1）召集股东会会议，并向股东会报告工作。

（2）执行股东会的决议。

（3）决定公司的经营计划和投资方案。

（4）制定公司的年度财务预算方案、决算方案。

（5）制定公司的利润分配方案和弥补亏损方案。

（6）制定公司增加或者减少注册资本以及发行公司债券的方案。

（7）制定公司合并、分立、变更公司形式、解散的方案。

（8）决定公司内部管理机构的设置。

（9）决定聘任或者解聘公司经理及其报酬事项，并根据经理的提名决定聘任或者解聘公司副经理、财务负责人及其报酬事项。

（10）制定公司的基本管理制度。

（11）公司章程规定的其他职权。

董事会会议由董事长召集和主持；董事长不能履行职务或者不履行职务的，由副董事长召集和主持；副董事长不能履行职务或者不履行职务的，由半数以上董事共同推举一名董事召集和主持。

董事会的议事方式和表决程序，除本法有规定的外，由公司章程规定。董事会应当对所议事项的决定作成会议记录，出席会议的董事应当在会议记录上签名。董事会决议的表决，实行一人一票。

股东人数较少或者规模较小的有限责任公司，可以设一名执行董事，不设立董事会。执行董事可以兼任公司经理。执行董事的职权由公司章程规定。

3. 经理

有限责任公司可以设经理，由董事会决定聘任或者解聘。经理对董事会负责，行使下列职权：

（1）主持公司的生产经营管理工作，组织实施董事会决议。

（2）组织实施公司年度经营计划和投资方案。

（3）拟订公司内部管理机构设置方案。

（4）拟订公司的基本管理制度。

（5）制定公司的具体规章。

（6）提请聘任或者解聘公司副经理、财务负责人。

（7）决定聘任或者解聘除应由董事会决定聘任或者解聘以外的负责管理人员。

（8）董事会授予的其他职权。

公司章程对经理职权另有规定的，从其规定。经理列席董事会会议。

4. 监事会和监事

有限责任公司设立监事会，其成员不得少于3人。股东人数较少或者规模较小的有限责任公司，可以设1至2名监事，不设立监事会。监事会应当包括股东代表和适当比例的公司职工代表，其中职工代表的比例不得低于1/3，具体比例由公司章程规定。监事会中的职工代表由公司职工通过职工代表大会、职工大会或者其他形式民主选举产生。监事会设主席1人，由全体监事过半数选举产生。监事会主席召集和主持监事会会议；监事会主席不能履行职务或者不履行职务的，由半数以上监事共同推举一名监事召集和主持监事会会议。董事、高级管理人员不得兼任监事。高级管理人员，是指公司的经理、副经理、财务负责人，上市公司董事会秘书和公司章程规定的其他人员。

监事的任期每届为三年。监事任期届满，连选可以连任。监事任期届满未及时改选，或者监事在任期内辞职导致监事会成员低于法定人数的，在改选出的监事就任前，原监事仍应当依照法律、行政法规和公司章程的规定，履行监事职务。

监事会、不设监事会的公司的监事行使下列职权：

（1）检查公司财务。

（2）对董事、高级管理人员执行公司职务的行为进行监督，对违反法律、行政法规、公司章程或者股东会决议的董事、高级管理人员提出罢免的建议。

（3）当董事、高级管理人员的行为损害公司的利益时，要求董事、高级管理人员予以纠正。

（4）提议召开临时股东会会议，在董事会不履行本法规定的召集和主持股东会会议职责时召集和主持股东会会议。

（5）向股东会会议提出提案。

（6）依照《公司法》第152条的规定，对董事、高级管理人员提起诉讼。

（7）公司章程规定的其他职权。

监事可以列席董事会会议，并对董事会决议事项提出质询或者建议。监事会、不设监事会的公司的监事发现公司经营情况异常，可以进行调查；必要时，可以聘请会计师事务所等协助其工作，费用由公司承担。

监事会每年度至少召开一次会议，监事可以提议召开临时监事会会议。监事会的议事方式和表决程序，除《公司法》有规定的外，由公司章程规定。监事会决议应当经半数以上监事通过。监事会应当对所议事项的决定作成会议记录，出席会议的监事应当在会议记录上签名。

监事会、不设监事会的公司的监事行使职权所必需的费用，由公司承担。

（四）一人有限责任公司

一人有限责任公司，是指只有一个自然人股东或者一个法人股东的有限责任公司。

一人有限责任公司的注册资本最低限额为人民币 10 万元。股东应当一次足额缴纳公司章程规定的出资额。

一个自然人只能投资设立一个一人有限责任公司。该一人有限责任公司不能投资设立新的一人有限责任公司。

一人有限责任公司应当在公司登记中注明自然人独资或者法人独资，并在公司营业执照中载明。一人有限责任公司章程由股东制定。一人有限责任公司不设股东会。

一人有限责任公司应当在每一会计年度终了时编制财务会计报告，并经会计师事务所审计。

一人有限责任公司的股东不能证明公司财产独立于股东自己财产的，应当对公司债务承担连带责任。

（五）国有独资公司

国有独资公司是指国家单独出资、由国务院或者地方人民政府委托本级人民政府国有资产监督管理机构履行出资人职责的有限责任公司。

1. 国有独资公司的章程

国有独资公司章程由国有资产监督管理机构制定，或者由董事会制定并报国有资产监督管理机构批准。

2. 国有独资公司的股东会

国有独资公司不设股东会，由国有资产监督管理机构行使股东会职权。国有资产监督管理机构可以授权公司董事会行使股东会的部分职权，决定公司的重大事项，但公司的合并、分立、解散、增减注册资本和发行公司债券，必须由国有资产监督管理机构决定；其中，重要的国有独资公司合并、分立、解散、申请破产的，应当由国有资产监督管理机构审核后，报本级人民政府批准。

3. 国有独资公司的董事会

国有独资公司设立董事会，依法行使职权。董事每届任期不得超过 3 年。董事会成员中应当有公司职工代表。董事会成员由国有资产监督管理机构委派；但是，董事会成员中的职工代表由公司职工代表大会选举产生。董事会设董事长一人，可以设副董事长。董事长、副董事长由国有资产监督管理机构从董事会成员中指定。

4. 国有独资公司的经理

国有独资公司设经理，由董事会聘任或者解聘。经国有资产监督管理机构同意，董事会成员可以兼任经理。

国有独资公司的董事长、副董事长、董事、高级管理人员，未经国有资产监督管理机构同意，不得在其他有限责任公司、股份有限公司或者其他经济组织兼职。

5. 国有独资公司的监事会

国有独资公司监事会成员不得少于 5 人，其中职工代表的比例不得低于 1/3，具体比例由公司章程规定。

监事会成员由国有资产监督管理机构委派；但是，监事会中的职工代表由公司职工代表大会选举产生。监事会主席由国有资产监督管理机构从监事会成员中指定。

（六）有限责任公司的股权转让

有限责任公司的股东之间可以相互转让其全部或者部分股权。股东向股东以外的人转让股权，应当经其他股东过半数同意。股东应就其股权转让事项书面通知其他股东征求同意，其他股东自接到书面通知之日起满 30 日未答复的，视为同意转让。其他股东半数以上不同意转让的，不同意的股东应当购买该转让的股权；不购买的，视为同意转让。经股东同意转让的股权，在同等条件下，其他股东有优先购买权。两个以上股东主张行使优先购买权的，协商确定各自的购买比例；协商不成的，按照转让时各自的出资比例行使优先购买权。公司章程对股权转让另有规定的，从其规定。

人民法院依照法律规定的强制执行程序转让股东的股权时，应当通知公司及全体股东，其他股东在同等条件下有优先购买权。其他股东自人民法院通知之日起满 20 日不行使优先购买权的，视为放弃优先购买权。

转让股权后，公司应当注销原股东的出资证明书，向新股东签发出资证明书，并相应修改公司章程和股东名册中有关股东及其出资额的记载。对公司章程的该项修改不需再由股东会表决。

有下列情形之一的，对股东会该项决议投反对票的股东可以请求公司按照合理的价格收购其股权：

(1) 公司连续 5 年不向股东分配利润，而公司该 5 年连续盈利，并且符合本法规定的分配利润条件的。

(2) 公司合并、分立、转让主要财产的。

（3）公司章程规定的营业期限届满或者章程规定的其他解散事由出现，股东会会议通过决议修改章程使公司存续的。

自股东会会议决议通过之日起60日内，股东与公司不能达成股权收购协议的，股东可以自股东会会议决议通过之日起90日内向人民法院提起诉讼。

自然人股东死亡后，其合法继承人可以继承股东资格；但是，公司章程另有规定的除外。

三、股份有限公司

（一）股份有限公司概述

股份有限公司是指依照公司法规定设立的，公司的全部资本分为等额股份，股东以其认购的股份为限对公司承担责任，公司以其全部资产对公司的债务承担责任的公司。股份有限公司具有以下特征：

（1）股份有限公司的股东以其认购股份为限对公司承担有限责任。

（2）股份有限公司的全部资本均分为等额股份，股份的权利证明书采用股票的形式。这是股份有限公司与有限责任公司最主要的区别。

（3）股份有限公司的股东没有最高人数的限制。

（4）股份有限公司的股份可以自由转让。

（二）股份有限公司的设立

股份有限公司的设立，可以采取发起设立或者募集设立的方式。发起设立，是指由发起人认购公司应发行的全部股份而设立公司。募集设立，是指由发起人认购公司应发行股份的一部分，其余股份向社会公开募集或者向特定对象募集而设立公司。设立股份有限公司，应当具备下列条件：

1. 发起人符合法定人数

设立股份有限公司，应当有2人以上200人以下为发起人，其中须有半数以上的发起人在中国境内有住所。

2. 发起人认购和募集的股本达到法定资本最低限额

股份有限公司采取发起设立方式设立的，注册资本为在公司登记机关登记的全体发起人认购的股本总额。公司全体发起人的首次出资额不得低于注册资本的20%，其余部分由发起人自公司成立之日起2年内缴足；其中，投资公司可以在5年内缴足。在缴足前，不得向他人募集股份。股份有限公司采取募集方式设立的，注册资本为在公司登记机关登记的实收股本总额。股份有限公司注册资本的最低限额为人民币500万元。法律、行政法规对股份有限公司注册资本的最低限额有较高规定的，从其规定。

以发起设立方式设立股份有限公司的，发起人应当书面认定公司章程规定其认购的股份；一次缴纳的，应即缴纳全部出资；分期缴纳的，应即缴纳首期出资。以非货币财产出资的，应当依法办理其财产权的转移手续。发起人不按照前款规定缴纳出资的，应当按照发起人协议的约定承担违约责任。以募集设立方式设立股份有限公司的，发起人认购的股份不得少于公司股份总数的35%；但是，法律、行政法规另有规定的，从其规定。

3. 股份发行、筹办事项符合法律规定

股份有限公司发起人承担公司筹办事务。发起人应当签订发起人协议，明确各自在公司设立过程中的权利和义务。

发起人向社会公开募集股份，必须公告招股说明书，并制作认股书。发起人向社会公开募集股份，应当由依法设立的证券公司承销，签订承销协议。发起人向社会公开募集股份，应当同银行签订代收股款协议。代收股款的银行应当按照协议代收和保存股款，向缴纳股款的认股人出具收款单据，并负有向有关部门出具收款证明的义务。发行股份的股款缴足后，必须经依法设立的验资机构验资并出具证明。发起人应当自股款缴足之日起30日内主持召开公司创立大会。

发起人首次缴纳出资后，应当选举董事会和监事会，由董事会向公司登记机关报送公司章程、由依法设定的验资机构出具的验资证明以及法律、行政法规规定的其他文件，申请设立登记。

4. 发起人制定公司章程，采用募集方式设立的经创立大会通过

股份有限公司章程应当载明下列事项：

(1) 公司名称和住所。

(2) 公司经营范围。

(3) 公司设立方式。

(4) 公司股份总数、每股金额和注册资本。

(5) 发起人的姓名或者名称、认购的股份数、出资方式和出资时间。

(6) 董事会的组成、职权、任期和议事规则。

(7) 公司法定代表人。

(8) 监事会的组成、职权、任期和议事规则。

(9) 公司利润分配办法。

(10) 公司的解散事由与清算办法。

(11) 公司的通知和公告办法。

(12) 股东大会会议认为需要规定的其他事项。

5. 有公司名称，建立符合股份有限公司要求的组织机构

在公司的名称中，必须标明“股份有限公司”或者“股份公司”字样。公

司必须建立股东大会、董事会、经理和监事会等符合要求的组织机构。

6. 有公司住所

（三）股份有限公司的组织机构

1. 股东大会

股份有限公司的股东大会由公司的全体股东组成，是公司的权力机构。《公司法》关于有限责任公司股东会职权的规定，适用于股份有限公司股东大会。

股东大会应当每年召开一次年会。有下列情形之一的，应当在两个月内召开临时股东大会：

（1）董事人数不足本法规定人数或者公司章程所定人数的 2/3 时。

（2）公司未弥补的亏损达实收股本总额 1/3 时。

（3）单独或者合计持有公司 10％以上股份的股东请求时。

（4）董事会认为必要时。

（5）监事会提议召开时。

（6）公司章程规定的其他情形。

股东大会会议由董事会召集，董事长主持；董事长不能履行职务或者不履行职务的，由副董事长主持；副董事长不能履行职务或者不履行职务的，由半数以上董事共同推举一名董事主持。董事会不能履行或者不履行召集股东大会会议职责的，监事会应当及时召集和主持；监事会不召集和主持的，连续 90 日以上单独或者合计持有公司 10％以上股份的股东可以自行召集和主持。

召开股东大会会议，应当将会议召开的时间、地点和审议的事项于会议召开 20 日前通知各股东；临时股东大会应当于会议召开 15 日前通知各股东；发行无记名股票的，应当于会议召开 30 日前公告会议召开的时间、地点和审议事项。

单独或者合计持有公司 3％以上股份的股东，可以在股东大会召开 10 日前提出临时提案并书面提交董事会；董事会应当在收到提案后 2 日内通知其他股东，并将该临时提案提交股东大会审议。临时提案的内容应当属于股东大会职权范围，并有明确议题和具体决议事项。股东大会不得对前两款通知中未列明的事项作出决议。无记名股票持有人出席股东大会会议的，应当于会议召开 5 日前至股东大会闭会时将股票交存于公司。

股东出席股东大会会议，所持每一股份有一表决权。但是，公司持有的本公司股份没有表决权。股东大会作出决议，必须经出席会议的股东所持表决权过半数通过。但是，股东大会作出修改公司章程、增加或者减少注册资本的决议，以及公司合并、分立、解散或者变更公司形式的决议，必须经出席会议的股东所持表决权的2/3以上通过。

股东大会选举董事、监事，可以根据公司章程的规定或者股东大会的决议，实行累积投票制。所谓累积投票制，是指股东大会选举董事或者监事时，每一股份拥有与应选董事或者监事人数相同的表决权，股东拥有的表决权可以集中使用。

股东可以委托代理人出席股东大会会议，代理人应当向公司提交股东授权委托书，并在授权范围内行使表决权。股东大会应当对所议事项的决定作成会议记录，主持人、出席会议的董事应当在会议记录上签名。会议记录应当与出席股东的签名册及代理出席的委托书一并保存。

2. 董事会和经理

股份有限公司设董事会，其成员为5～19人。董事会成员中可以有公司职工代表。董事会中的职工代表由公司职工通过职工代表大会、职工大会或者其他形式民主选举产生。

关于有限责任公司董事任期和董事会职权的规定，适用于股份有限公司董事。

董事会设董事长一人，可以设副董事长。董事长和副董事长由董事会以全体董事的过半数选举产生。董事长召集和主持董事会会议，检查董事会决议的实施情况。副董事长协助董事长工作，董事长不能履行职务或者不履行职务的，由副董事长履行职务；副董事长不能履行职务或者不履行职务的，由半数以上董事共同推举一名董事履行职务。

董事会每年度至少召开两次会议，每次会议应当于会议召开10日前通知全体董事和监事。代表1/10以上表决权的股东、1/3以上董事或者监事会，可以提议召开董事会临时会议。董事长应当自接到提议后10日内，召集和主持董事会会议。董事会召开临时会议，可以另定召集董事会的通知方式和通知时限。

董事会会议应有过半数的董事出席方可举行。董事会作出决议，必须经全体董事的过半数通过。董事会决议的表决，实行一人一票。董事会会议，应由董事本人出席；董事因故不能出席，可以书面委托其他董事代为出席，委托书中应载明授权范围。董事会应当对会议所议事项的决定作成会议记录，出席会议的董事应当在会议记录上签名。董事应当对董事会的决议承担责任。董事会的决议违反法律、行政法规或者公司章程、股东大会决议，致使公司遭受严重损失的，参与决议的董事对公司负赔偿责任。但经证明在表决时曾表明异议并记载于会议记录的，该董事可以免除责任。

股份有限公司设经理，由董事会决定聘任或者解聘。关于有限责任公司经理职权的规定，适用于股份有限公司经理。公司董事会可以决定由董事会成员兼任经理。

3. 监事会

股份有限公司设立监事会，其成员不得少于3人。监事会应当包括股东代表和适当比例的公司职工代表，其中职工代表的比例不得低于1/3，具体比例由公司章程规定。监事会中的职工代表由公司职工通过职工代表大会、职工大会或者其他形式民主选举产生。监事会设主席一人，可以设副主席。监事会主席和副主席由全体监事过半数选举产生。监事会主席召集和主持监事会会议；监事会主席不能履行职务或者不履行职务的，由监事会副主席召集和主持监事会会议；监事会副主席不能履行职务或者不履行职务的，由半数以上监事共同推举一名监事召集和主持监事会会议。董事、高级管理人员不得兼任监事。

关于有限责任公司监事任期和监事会职权的规定适用于股份有限公司监事。监事会行使职权所必需的费用，由公司承担。

监事会每6个月至少召开一次会议。监事可以提议召开临时监事会会议。监事会的议事方式和表决程序，除该法有规定的外，由公司章程规定。监事会应当对所议事项的决定作成会议记录，出席会议的监事应当在会议记录上签名。

（四）上市公司组织机构的特别规定

上市公司是指其股票在证券交易所上市交易的股份有限公司。

上市公司在一年内购买、出售重大资产或者担保金额超过公司资产总额30%的，应当由股东大会作出决议，并经出席会议的股东所持表决权的2/3以上通过。

上市公司设立独立董事，具体办法由国务院规定。上市公司设立董事会秘书，负责公司股东大会和董事会会议的筹备、文件保管以及公司股权管理，办理信息披露事务等事宜。

上市公司董事与董事会会议决议事项所涉及的企业有关联关系的，不得对该项决议行使表决权，也不得代理其他董事行使表决权。该董事会会议由过半数的无关联关系董事出席即可举行，董事会会议所作决议须经无关联关系董事过半数通过。出席董事会的无关联关系董事人数不足3人的，应将该事项提交上市公司股东大会审议。

关联关系，是指公司控股股东、实际控制人、董事、监事、高级管理人员与其直接或者间接控制的企业之间的关系，以及可能导致公司利益转移的其他关系。但是，国家控股的企业之间不仅仅因为同受国家控股而具有关联关系。

（五）股份有限公司的股份发行和转让

1. 股份发行

股份有限公司的资本划分为股份，每一股的金额相等。公司的股份采取股票的形式。股票是公司签发的证明股东所持股份的凭证。

股份的发行，实行公平、公正的原则，同种类的每一股份应当具有同等权利。同次发行的同种类股票，每股的发行条件和价格应当相同；任何单位或者个人所认购的股份，每股应当支付相同价额。

股票发行价格可以按票面金额，也可以超过票面金额，但不得低于票面金额。

股票采用纸面形式或者国务院证券监督管理机构规定的其他形式。股票应当载明下列主要事项：公司名称；公司成立日期；股票种类、票面金额及代表的股份数；股票的编号。股票由法定代表人签名，公司盖章。发起人的股票，应当标明发起人股票字样。

公司发行的股票，可以为记名股票，也可以为无记名股票。公司向发起人、法人发行的股票，应当为记名股票，并应当记载该发起人、法人的名称或者姓名，不得另立户名或者以代表人姓名记名。

公司发行记名股票的，应当置备股东名册，记载下列事项：股东的姓名或者名称及住所；各股东所持股份数；各股东所持股票的编号；各股东取得股份的日期。发行无记名股票的，公司应当记载其股票数量、编号及发行日期。

股份有限公司成立后，即向股东正式交付股票。公司成立前不得向股东交付股票。

公司发行新股，依照公司章程的规定由股东大会或者董事会作出决议。公司经国务院证券监督管理机构核准公开发行新股时，必须公告新股招股说明书和财务会计报告，并制作认股书。

公司发行新股，可以根据公司经营情况和财务状况，确定其作价方案。公司发行新股募足股款后，必须向公司登记机关办理变更登记，并公告。

2. 股份转让

股东持有的股份可以依法转让。股东转让其股份，应当在依法设立的证券交易场所进行或者按照国务院规定的其他方式进行。

记名股票，由股东以背书方式或者法律、行政法规规定的其他方式转让；转让后由公司将受让人的姓名或者名称及住所记载于股东名册。股东大会召开前 20 日内或者公司决定分配股利的基准日前 5 日内，不得进行前款规定的股东名册的变更登记。但是，法律对上市公司股东名册变更登记另有规定的，从其规定。无记名股票的转让，由股东将该股票交付给受让人后即发生转让的效力。

发起人持有的本公司股份，自公司成立之日起 1 年内不得转让。公司公开发行股份前已发行的股份，自公司股票在证券交易所上市交易之日起 1 年内不得转让。公司董事、监事、高级管理人员应当向公司申报所持有的本公司的股份及其变动情况，在任职期间每年转让的股份不得超过其所持有本公司股份总数的25%；所持本公司股份自公司股票上市交易之日起1年内不得转让。上述人员离职后半年内，不得转让其所持有的本公司股份。公司章程可以对公司董事、监事、高级管理人员转让其所持有的本公司股份作出其他限制性规定。

公司不得收购本公司股份。但是，有下列情形之一的除外：减少公司注册资本；与持有本公司股份的其他公司合并；将股份奖励给本公司职工；股东因对股东大会作出的公司合并、分立决议持异议，要求公司收购其股份的。

公司不得接受本公司的股票作为质押权的标的。

四、公司董事、监事、高级管理人员的资格和义务

（一）公司董事、监事、高级管理人员的资格

有下列情形之一的，不得担任公司的董事、监事、高级管理人员：

（1）无民事行为能力或者限制民事行为能力。

（2）因贪污、贿赂、侵占财产、挪用财产或者破坏社会主义市场经济秩序，被判处刑罚，执行期满未逾5年，或者因犯罪被剥夺政治权利，执行期满未逾5年。

（3）担任破产清算的公司、企业的董事或者厂长、经理，对该公司、企业的破产负有个人责任的，自该公司、企业破产清算完结之日起未逾3年。

（4）担任因违法被吊销营业执照、责令关闭的公司、企业的法定代表人，并负有个人责任的，自该公司、企业被吊销营业执照之日起未逾3年。

（5）个人所负数额较大的债务到期未清偿。

公司违反上述规定选举、委派董事、监事或者聘任高级管理人员的，该选举、委派或者聘任无效。董事、监事、高级管理人员在任职期间出现上述情形的，公司应当解除其职务。

（二）公司董事、监事、高级管理人员的义务

（1）董事、监事、高级管理人员应当遵守法律、行政法规和公司章程，对公司负有忠实义务和勤勉义务。

（2）董事、监事、高级管理人员不得利用职权收受贿赂或者其他非法收入，不得侵占公司的财产。

（3）董事、高级管理人员不得有下列行为：

① 挪用公司资金。

② 将公司资金以其个人名义或者以其他个人名义开立账户存储。

③ 违反公司章程的规定，未经股东会、股东大会或者董事会同意，将公

司资金借贷给他人或者以公司财产为他人提供担保。

④ 违反公司章程的规定或者未经股东会、股东大会同意，与本公司订立合同或者进行交易。

⑤ 未经股东会或者股东大会同意，利用职务便利为自己或者他人谋取属于公司的商业机会，自营或者为他人经营与所任职公司同类的业务。

⑥ 接受他人与公司交易的佣金归为己有。

⑦ 擅自披露公司秘密。

⑧ 违反对公司忠实义务的其他行为。

董事、高级管理人员违反上述规定所得的收入应当归公司所有。

(4) 董事、监事、高级管理人员执行公司职务时违反法律、行政法规或者公司章程的规定，给公司造成损失的，应当承担赔偿责任。

(5) 股东会或者股东大会要求董事、监事、高级管理人员列席会议的，董事、监事、高级管理人员应当列席并接受股东的质询。

(6) 董事、高级管理人员应当如实向监事会或者不设监事会的有限责任公司的监事提供有关情况和资料，不得妨碍监事会或者监事行使职权。

（三）股东诉讼

董事、高级管理人员执行公司职务时违反法律、行政法规或者公司章程的规定，给公司造成损失的，有限责任公司的股东、股份有限公司连续180日以上单独或者合计持有公司1%以上股份的股东，可以书面请求监事会或者不设监事会的有限责任公司的监事向人民法院提起诉讼；监事有上述情形的，前述股东可以书面请求董事会或者不设董事会的有限责任公司的执行董事向人民法院提起诉讼。

监事会、不设监事会的有限责任公司的监事，或者董事会、执行董事收到前款规定的股东书面请求后拒绝提起诉讼，或者自收到请求之日起30日内未提起诉讼，或者情况紧急、不立即提起诉讼将会使公司利益受到难以弥补的损害的，上述规定的股东有权为了公司的利益以自己的名义直接向人民法院提起诉讼。

他人侵犯公司合法权益，给公司造成损失的，符合上述条件的股东可以依照前述规定向人民法院提起诉讼。

董事、高级管理人员违反法律、行政法规或者公司章程的规定，损害股东利益的，股东可以向人民法院提起诉讼。

五、公司债券

公司债券是指公司依照法定程序发行的，约定在一定期限内还本付息的有价证券。公司以实物券方式发行公司债券的，必须在债券上载明公司名称、债券票面金额、利率、偿还期限等事项，并由法定代表人签名，公司盖章。公司债券，可以为记名债券，也可以为无记名债券。

（一）公司债券募集办法

发行公司债券的申请经国务院授权的部门核准后，应当公告公司债券募集办法。公司债券募集办法中应当载明下列主要事项：

（1）公司名称。

（2）债券募集资金的用途。

（3）债券总额和债券的票面金额。

（4）债券利率的确定方式。

（5）还本付息的期限和方式。

（6）债券担保情况。

（7）债券的发行价格、发行的起止日期。

（8）公司净资产额。

（9）已发行的尚未到期的公司债券总额。

（10）公司债券的承销机构。

（二）公司债券存根簿

公司发行公司债券应当置备公司债券存根簿。发行记名公司债券的，应当在公司债券存根簿上载明下列事项：

（1）债券持有人的姓名或者名称及住所。

（2）债券持有人取得债券的日期及债券的编号。

（3）债券总额，债券的票面金额、利率、还本付息的期限和方式。

（4）债券的发行日期。

发行无记名公司债券的，应当在公司债券存根簿上载明债券总额、利率、偿还期限和方式、发行日期及债券的编号。

（三）公司债券转让

公司债券可以转让，转让价格由转让人与受让人约定。公司债券在证券交易所上市交易的，按照证券交易所的交易规则转让。

记名公司债券，由债券持有人以背书方式或者法律、行政法规规定的其他方式转让；转让后由公司将受让人的姓名或者名称及住所记载于公司债券存根簿。无记名公司债券的转让，由债券持有人将该债券交付给受让人后即发生转让的效力。

（四）可转换公司债券

上市公司经股东大会决议可以发行可转换为股票的公司债券，并在公司债券募集办法中规定具体的转换办法。上市公司发行可转换为股票的公司债券，应当报国务院证券监督管理机构核准。发行可转换为股票的公司债券，应当在债券上标明可转换公司债券字样，并在公司债券存根簿上载明可转换公司债券的数额。

发行可转换为股票的公司债券的，公司应当按照其转换办法向债券持有人换发股票，但债券持有人对转换股票或者不转换股票有选择权。

六、公司财务会计

（一）公司财务会计准则

（1）公司应当依照法律、行政法规和国务院财政部门的规定建立本公司的财务、会计制度。

（2）公司应当在每一会计年度终了时编制财务会计报告，并依法经会计师事务所审计。财务会计报告应当依照法律、行政法规和国务院财政部门的规定制作。

（3）有限责任公司应当按照公司章程规定的期限将财务会计报告送交各股东。股份有限公司的财务会计报告应当在召开股东大会年会的20日前置备于本公司，供股东查阅；公开发行股票的股份有限公司必须公告其财务会计报告。

（4）公司聘用、解聘承办公司审计业务的会计师事务所，依照公司章程的规定，由股东会、股东大会或者董事会决定。公司股东会、股东大会或者董事会就解聘会计师事务所进行表决时，应当允许会计师事务所陈述意见。

（5）公司应当向聘用的会计师事务所提供真实、完整的会计凭证、会计账簿、财务会计报告及其他会计资料，不得拒绝、隐匿、谎报。

（6）公司除法定的会计账簿外，不得另立会计账簿。

（7）对公司资产，不得以任何个人名义开立账户存储。

（二）公司利润分配

1. 公积金

公司分配当年税后利润时，应当提取利润的10%列入公司法定公积金。公司法定公积金累计额为公司注册资本的50%以上的，可以不再提取。

公司的法定公积金不足以弥补以前年度亏损的，在提取法定公积金之前，应当先用当年利润弥补亏损。

公司从税后利润中提取法定公积金后，经股东会或者股东大会决议，还可以从税后利润中提取任意公积金。

股份有限公司以超过股票票面金额的发行价格发行股份所得的溢价款以及

国务院财政部门规定列入资本公积金的其他收入，应当列为公司资本公积金。

公司的公积金用于弥补公司的亏损、扩大公司生产经营或者转为增加公司资本。但是，资本公积金不得用于弥补公司的亏损。

法定公积金转为资本时，所留存的该项公积金不得少于转增前公司注册资本的25%。

2. 股东红利

公司弥补亏损和提取公积金后所余税后利润，有限责任公司依照股东实缴的出资比例分配红利；股份有限公司按照股东持有的股份比例分配，但股份有限公司章程规定不按持股比例分配的除外。

股东会、股东大会或者董事会违反规定，在公司弥补亏损和提取法定公积金之前向股东分配利润的，股东必须将违反规定分配的利润退还公司。公司持有的本公司股份不得分配利润。

七、公司合并、分立、增资、减资

（一）公司合并

公司合并可以采取吸收合并或者新设合并。一个公司吸收其他公司为吸收合并，被吸收的公司解散。两个以上公司合并设立一个新的公司为新设合并，合并各方解散。

公司合并，应当由合并各方签订合并协议，并编制资产负债表及财产清单。公司应当自作出合并决议之日起10日内通知债权人，并于30日内在报纸上公告。债权人自接到通知书之日起30日内，未接到通知书的自公告之日起45日内，可以要求公司清偿债务或者提供相应的担保。

公司合并时，合并各方的债权、债务，应当由合并后存续的公司或者新设的公司承继。

（二）公司分立

公司分立，其财产作相应的分割。公司分立，应当编制资产负债表及财产清单。公司应当自作出分立决议之日起10日内通知债权人，并于30日内在报纸上公告。

公司分立前的债务由分立后的公司承担连带责任。但是，公司在分立前与债权人就债务清偿达成的书面协议另有约定的除外。

（三）公司减资

公司需要减少注册资本时，必须编制资产负债表及财产清单。

公司应当自作出减少注册资本决议之日起10日内通知债权人，并于30日内在报纸上公告。债权人自接到通知书之日起30日内，未接到通知书的自公告之日起45日内，有权要求公司清偿债务或者提供相应的担保。

公司减资后的注册资本不得低于法定的最低限额。

（四）公司增资

有限责任公司增加注册资本时，股东认缴新增资本的出资，依照设立有限责任公司缴纳出资的有关规定执行。

股份有限公司为增加注册资本发行新股时，股东认购新股，依照设立股份有限公司缴纳股款的有关规定执行。

公司合并或者分立，登记事项发生变更的，应当依法向公司登记机关办理变更登记；公司解散的，应当依法办理公司注销登记；设立新公司的，应当依法办理公司设立登记。公司增加或者减少注册资本，应当依法向公司登记机关办理变更登记。

八、公司解散和清算

（一）公司解散

公司因下列原因解散：

(1) 公司章程规定的营业期限届满或者公司章程规定的其他解散事由出现，公司可以通过修改公司章程而存续。有限责任公司须经持有2/3以上表决权的股东通过，股份有限公司须经出席股东大会会议的股东所持表决权的2/3以上通过。

(2) 股东会或者股东大会决议解散。

(3) 因公司合并或者分立需要解散。

(4) 依法被吊销营业执照、责令关闭或者被撤销。

(5) 人民法院依法予以解散。公司经营管理发生严重困难，继续存续会使股东利益受到重大损失，通过其他途径不能解决的，持有公司全部股东表决权10%以上的股东，可以请求人民法院解散公司。

（二）公司清算

公司除合并或者分立需要解散的，应当在解散事由出现之日起15日内成立清算组，开始清算。有限责任公司的清算组由股东组成，股份有限公司的清算组由董事或者股东大会确定的人员组成。逾期不成立清算组进行清算的，债权人可以申请人民法院指定有关人员组成清算组进行清算。人民法院应当受理该申请，并及时组织清算组进行清算。

公司财产在分别支付清算费用、职工的工资、社会保险费用和法定补偿金，缴纳所欠税款，清偿公司债务后的剩余财产，有限责任公司按照股东的出资比例分配，股份有限公司按照股东持有的股份比例分配。清算期间，公司存续，但不得开展与清算无关的经营活动。公司财产在未按前款规定清偿前，不得分配给股东。

清算组在清理公司财产、编制资产负债表和财产清单后，发现公司财产不足清偿债务的，应当依法向人民法院申请宣告破产。公司经人民法院裁定宣告破产后，清算组应当将清算事务移交给人民法院。

公司清算结束后，清算组应当制作清算报告，报股东会、股东大会或者人民法院确认，并报送公司登记机关，申请注销公司登记，公告公司终止。

九、外国公司的分支机构

外国公司是指依照外国法律在中国境外登记成立的公司。外国公司可以依照《公司法》的规定在中国境内设立分支机构，从事生产经营活动。外国公司在中国境内设立的分支机构不具有中国法人资格，外国公司要对分支机构在中国境内进行经营活动承担民事责任。经批准设立的外国公司分支机构，在中国境内从事业务活动，必须遵守中国的法律，不得损害中国的社会公共利益，其合法权益受中国法律保护。

外国公司在中国境内设立分支机构，必须向中国主管机关提出申请，并提交其公司章程、所属国的公司登记证书等有关文件，经批准后，向公司登记机关依法办理登记，领取营业执照。

外国公司在中国境内设立分支机构，必须在中国境内指定负责该分支机构的代表人或者代理人，并向该分支机构拨付与其所从事的经营活动相适应的资金。外国公司的分支机构应当在其名称中标明该公司的国籍及责任形式。外国公司的分支机构应当在本机构中置备该外国公司章程。

十、违反公司法的法律责任

（一）公司及其工作人员的法律责任

虚报注册资本、提交虚假材料或者采取其他欺诈手段隐瞒重要事实取得公司登记的，由公司登记机关责令改正，对虚报注册资本的公司，处以虚报注册资本金额5%以上15%以下的罚款；对提交虚假材料或者采取其他欺诈手段隐瞒重要事实的公司，处以5万元以上50万元以下的罚款；情节严重的，撤销公司登记或者吊销营业执照。

公司在法定的会计账簿以外另立会计账簿的，由县级以上人民政府财政部门责令改正，处以5万元以上50万元以下的罚款。

公司在依法向有关主管部门提供的财务会计报告等材料上作虚假记载或者隐瞒重要事实的，由有关主管部门对直接负责的主管人员和其他直接责任人员处以3万元以上30万元以下的罚款。

公司不依法提取法定公积金的，由县级以上人民政府财政部门责令如数补足应当提取的金额，可以对公司处以20万元以下的罚款。

公司在合并、分立、减少注册资本或者进行清算时，不依照《公司法》规定通知或者公告债权人的，由公司登记机关责令改正，对公司处以1万元以上10万元以下的罚款。

公司在进行清算时，隐匿财产，对资产负债表或者财产清单作虚假记载或者在未清偿债务前分配公司财产的，由公司登记机关责令改正，对公司处以隐匿财产或者未清偿债务前分配公司财产金额5%以上10%以下的罚款；对直接负责的主管人员和其他直接责任人员处以1万元以上10万元以下的罚款。

公司在清算期间开展与清算无关的经营活动的，由公司登记机关予以警告，没收违法所得。

公司成立后无正当理由超过6个月未开业的，或者开业后自行停业连续6个月以上的，可以由公司登记机关吊销营业执照。公司登记事项发生变更时，未依照《公司法》规定办理有关变更登记的，由公司登记机关责令限期登记；逾期不登记的，处以1万元以上10万元以下的罚款。

（二）公司发起人、股东的法律责任

公司的发起人、股东虚假出资，未交付或者未按期交付作为出资的货币或者非货币财产的，由公司登记机关责令改正，处以虚假出资金额5%以上15%以下的罚款。

公司的发起人、股东在公司成立后，抽逃其出资的，由公司登记机关责令改正，处以所抽逃出资金额5%以上15%以下的罚款。

（三）资产评估、验资、验证机构及其工作人员的法律责任

承担资产评估、验资或者验证的机构提供虚假材料的，由公司登记机关没收违法所得，处以违法所得1倍以上5倍以下的罚款，并可以由有关主管部门依法责令该机构停业、吊销直接责任人员的资格证书，吊销营业执照。

承担资产评估、验资或者验证的机构因过失提供有重大遗漏的报告的，由公司登记机关责令改正，情节较重的，处以违法所得收入1倍以上5倍以下的罚款，并可以由有关主管部门依法责令该机构停业、吊销直接责任人员的资格证书，吊销营业执照。

承担资产评估、验资或者验证的机构因其出具的评估结果、验资或者验证证明不实，给公司债权人造成损失的，除能够证明自己没有过错的外，在其评估或者证明不实的金额范围内承担赔偿责任。

（四）公司登记机关及其上级部门工作人员的法律责任

公司登记机关对不符合《公司法》规定条件的登记申请予以登记，或者对符合《公司法》规定条件的登记申请不予登记的，对直接负责的主管人员和其他直接责任人员，依法给予行政处分。

公司登记机关的上级部门强令公司登记机关对不符合《公司法》规定条件的登记申请予以登记，或者对符合《公司法》规定条件的登记申请不予登记的，或者对违法登记进行包庇的，对直接负责的主管人员和其他直接责任人员依法给予行政处分。

（五）外国公司的法律责任

外国公司擅自在中国境内设立分支机构的，由公司登记机关责令改正或者关闭，可以并处5万元以上20万元以下的罚款。

（六）其他主体的法律责任

未依法登记为有限责任公司或者股份有限公司，而冒用有限责任公司或者股份有限公司名义的，或者未依法登记为有限责任公司或者股份有限公司的分公司，而冒用有限责任公司或者股份有限公司的分公司名义的，由公司登记机关责令改正或者予以取缔，可以并处10万元以下的罚款。

利用公司名义从事危害国家安全、社会公共利益的严重违法行为的，吊销营业执照。

第三节　合伙企业法和个人独资企业法

一、合伙企业法

（一）合伙企业法概述

1997年2月23日第八届全国人大常委会第24次会议通过了《中华人民共和国合伙企业法》（简称《合伙企业法》），2006年8月27日第十届全国人大会常委会第二十三次会议修订该法。依据该法的规定，合伙企业是指自然人、法人和其他组织依法在中国境内设立的普通合伙企业和有限合伙企业。普通合伙企业由普通合伙人组成，合伙人对合伙企业债务承担无限连带责任。有限合伙企业由普通合伙人和有限合伙人组成，普通合伙人对合伙企业债务承担无限连带责任，有限合伙人以其认缴的出资额为限对合伙企业债务承担责任。

合伙企业具有组织形式简单，集资迅速，合伙人之间关系紧密，凝聚力强的优点，适合中小规模经营，在发展经济、扩大就业方面具有重要作用。

（二）普通合伙企业

1. 普通合伙企业的设立条件

（1）有两个以上合伙人。合伙人为自然人的，应当具有完全民事行为能力。国有独资公司、国有企业、上市公司以及公益性的事业单位、社会团体不得成为普通合伙企业的合伙人。普通合伙企业的合伙人都依法承担无限责任。

（2）有书面合伙协议。合伙协议是各合伙人确定相互间权利义务关系的法律文件。合伙协议应经全体合伙人协商一致，以书面形式订立。合伙协议的主要内容是：合伙企业的名称和主要经营场所的地点；合伙目的和合伙企业经营范围；合伙人的姓名及其住所；合伙人出资的方式、数额和缴付出资的期限；利润分配和亏损分担方式；合伙企业事务的执行；入伙与退伙；争议解决办法；合伙企业的解散与清算；违约责任。合伙协议经全体合伙人签名、盖章后生效。合伙人依照合伙协议享有权利，承担义务。

（3）有各合伙人认缴或者实际缴付的出资。合伙人可以用货币、实物、知识产权、土地使用权或者其他财产权利出资，也可以用劳务出资。合伙人以实物、知识产权、土地使用权或者其他财产权利出资，需要评估作价的，可以由全体合伙人协商确定，也可以由全体合伙人委托法定评估机构评估。合伙人以劳务出资的，其评估办法由全体合伙人协商确定，并在合伙协议中载明。合伙人应当按照合伙协议约定的出资方式、数额和缴付期限，履行出资义务。以非货币财产出资的，依照法律、行政法规的规定，需要办理财产权转移手续的，应当依法办理。

（4）有合伙企业名称和生产经营场所。普通合伙企业名称中应当标明“普通合伙”字样，以表明合伙人承担无限连带责任。

（5）法律、行政法规规定的其他条件。

2. 普通合伙企业财产

合伙人的出资、以合伙企业名义取得的收益和依法取得的其他财产，均为合伙企业的财产。合伙企业的财产由全体合伙人共同管理和使用，合伙人在合伙企业清算前，不得请求分割合伙企业的财产。合伙人在合伙企业清算前私自转移或者处分合伙企业财产的，合伙企业不得以此对抗善意第三人。

合伙人可以处分合伙企业中的财产。但是合伙企业财产的处分不但关涉各合伙人利益也会影响合伙企业的经营。因此，需要对合伙企业财产的处分给予必要的限制：

（1）除合伙协议另有约定外，合伙人向合伙人以外的人转让其在合伙企业中的全部或者部分财产份额时，须经其他合伙人一致同意。合伙人之间转让在合伙企业中的全部或者部分财产份额时，应当通知其他合伙人。

（2）合伙人向合伙人以外的人转让其在合伙企业中的财产份额的，在同等条件下，其他合伙人有优先购买权；但是，合伙协议另有约定的除外。

（3）合伙人以外的人依法受让合伙人在合伙企业中的财产份额的，经修改合伙协议即成为合伙企业的合伙人，依照《合伙企业法》和修改后的合伙协议享有权利，履行义务。

（4）合伙人以其在合伙企业中的财产份额出质的，须经其他合伙人一致同意；未经其他合伙人一致同意，其行为无效，由此给善意第三人造成损失的，由行为人依法承担赔偿责任。

3. 普通合伙企业合伙事务执行和损益分配

（1）合伙事务执行。合伙人执行合伙企业事务可以通过全体合伙人共同执行合伙企业事务和委托数名合伙人执行合伙企业事务两种方式进行。作为合伙人的法人、其他组织执行合伙事务的，由其委派的代表执行。

全体合伙人共同执行合伙企业事务比较常见。采用这种事务执行方式时，各个合伙人都直接参与经营，对外代表合伙企业。合伙人分别执行合伙事务的，执行事务合伙人可以对其他合伙人执行的事务提出异议。提出异议时，应当暂停该项事务的执行。

委托一名或数名合伙人执行合伙企业事务时，一名或者数名合伙人执行合伙企业事务，对外代表合伙企业。虽然其他合伙人不再执行合伙事务，但是不执行合伙事务的合伙人有权监督执行事务合伙人执行合伙事务的情况。同时，执行事务合伙人应当定期向其他合伙人报告事务执行情况以及合伙企业的经营和财务状况，其执行合伙事务所产生的收益归合伙企业，所产生的费用和亏损由合伙企业承担。合伙人为了解合伙企业的经营状况和财务状况，有权查阅合伙企业会计账簿等财务资料。受委托执行合伙事务的合伙人不按照合伙协议或者全体合伙人的决定执行事务的，其他合伙人可以决定撤销该委托。

但是，除合伙协议另有约定外，合伙企业的下列事项应当经全体合伙人一致同意：改变合伙企业的名称；改变合伙企业的经营范围、主要经营场所的地点；处分合伙企业的不动产；转让或者处分合伙企业的知识产权和其他财产权利；以合伙企业名义为他人提供担保；聘任合伙人以外的人担任合伙企业的经营管理人员。

合伙人对合伙企业有关事项作出决议，按照合伙协议约定的表决办法办理。合伙人协议未约定或者约定不明确的，实行合伙人一人一票，并经全体合伙人过半数通过的表决办法。

为了保证合伙企业的利益，法律规定合伙人不得自营或者同他人合作经营与本合伙企业相竞争的业务。除合伙协议另有约定或者经全体合伙人一致同意外，合伙人不得同本合伙企业进行交易。合伙人不得从事损害本合伙企业利益的活动。

（2）合伙损益分配。合伙企业的利润分配、亏损分担，按照合伙协议的约定办理；合伙协议未约定或者约定不明确的，由合伙人协商决定；协商不成的，由合伙人按照实缴出资比例分配、分担；无法确定出资比例的，由合伙人平均分配、分担。合伙协议不得约定将全部利润分配给部分合伙人或者由部分合伙人承担全部亏损。

4. 普通合伙企业与第三人的关系

普通合伙企业与第三人的关系是指合伙企业与合伙人之外的个人和组织的权利义务关系。

合伙企业对合伙人执行合伙企业事务以及对外代表合伙企业权利的限制，不得对抗不知情的善意第三人。这里的限制是指合伙企业对合伙人的事务执行权和对外代表权范围的限定。这里的不知情的善意第三人是指不知道合伙企业对合伙人执行合伙企业事务以及对外代表合伙企业权利所作的内部限制，且对不知道该情况不存在过失的人。如果被合伙企业限制执行合伙企业事务以及对外代表权利的合伙人超越限制范围与不知情的善意第三人从事经济活动，合伙企业不得主张这种行为无效。

合伙企业对其债务，应先以其全部财产进行清偿。合伙企业不能清偿到期债务的，合伙人承担无限连带责任。合伙人由于承担无限连带责任，清偿数额超过其亏损分担比例的，有权向其他合伙人追偿。

合伙人发生与合伙企业无关的债务，相关债权人不得以其债权抵销其对合伙企业的债务，也不得代位行使合伙人在合伙企业中的权利。合伙人的自有财产不足清偿其与合伙企业无关的债务的，该合伙人可以以其从合伙企业中分取的收益用于清偿；债权人也可以依法请求人民法院强制执行该合伙人在合伙企业中的财产份额用于清偿。人民法院强制执行合伙人的财产份额时，应当通知全体合伙人，其他合伙人有优先购买权；其他合伙人未购买，又不同意将该财产份额转让给他人的，应依法为该合伙人办理退伙结算，或者办理削减该合伙人相应财产份额的结算。

5. 入伙与退伙

（1）入伙。入伙是指在合伙企业存续期间，合伙人以外的第三人加入合伙企业的行为。新合伙人入伙时，应当经全体合伙人同意，并依法订立书面入伙协议。订立书面入伙协议时，原合伙人应当向新合伙人告知原合伙企业经营状况和财务状况。入伙的新合伙人与原合伙人享有同等的权利，承担同等的责任，对入伙前合伙企业的债务承担无限连带责任。

（2）退伙。退伙是指合伙人退出合伙企业的行为。合伙人退伙包括自愿退伙、当然退伙和除名退伙。自愿退伙是指合伙人主动要求退出合伙企业。当然退伙是指由于出现法定事由，合伙人丧失合伙人资格。除名退伙是指由于出现法定事由，经其他合伙人一致同意决议取消其合伙人资格。

自愿退伙。合伙协议约定合伙企业的经营期限的，有下列情形之一时，合伙人可以退伙：① 合伙协议约定的退伙事由出现。② 经全体合伙人同意退伙。③ 发生合伙人难以继续参加合伙企业的事由。④ 其他合伙人严重违反合伙协议约定的义务。合伙协议未约定合伙企业的经营期限的，合伙人在不给合伙企业事务执行造成不利影响的情况下，可以退伙，但应当提前30日通知其他合伙人。合伙人违反上述规定擅自退伙的，应当赔偿由此给其他合伙人造成的损失。

当然退伙。合伙人有下列情形之一的，当然退伙：① 作为合伙人的自然人死亡或者被依法宣告死亡。② 个人丧失偿债能力。③ 作为合伙人的法人或者其他组织依法被吊销营业执照、责令关闭、撤销，或者被宣告破产。④ 法律规定或者合伙协议约定合伙人必须具有相关资格而丧失该资格。⑤ 合伙人在合伙企业中的全部财产份额被人民法院强制执行。合伙人被依法认定为无民事行为能力人或者限制民事行为能力人的，经其他合伙人一致同意，可以依法转为有限合伙人，普通合伙企业依法转为有限合伙企业。其他合伙人未能一致同意的，该无民事行为能力或者限制民事行为能力的合伙人退伙。退伙事由实际发生之日为退伙生效日。

除名退伙。合伙人有下列情形之一的，经其他合伙人一致同意，可以决议将其除名：① 未履行出资义务。② 因故意或者重大过失给合伙企业造成损失。③ 执行合伙事务时有不正当行为。④ 发生合伙协议约定的事由。对合伙人的除名决议应当书面通知被除名人。被除名人接到除名通知之日，除名生效，被除名人退伙。被除名人对除名决议有异议的，可以自接到除名通知之日起30日内，向人民法院起诉。

合伙人死亡或者被依法宣告死亡的，对该合伙人在合伙企业中的财产份额享有合法继承权的继承人，按照合伙协议的约定或者经全体合伙人一致同意，从继承开始之日起，取得该合伙企业的合伙人资格。有下列情形之一的，合伙企业应当向合伙人的继承人退还被继承合伙人的财产份额：① 继承人不愿意成为合伙人。② 法律规定或者合伙协议约定合伙人必须具有相关资格，而该继承人未取得该资格。③ 合伙协议约定不能成为合伙人的其他情形。合伙人的继承人为无民事行为能力人或者限制民事行为能力人的，经全体合伙人一致同意，可以依法成为有限合伙人，普通合伙企业依法转为有限合伙企业。全体合伙人未能一致同意的，合伙企业应当将被继承合伙人的财产份额退还该继承人。

合伙人退伙，其他合伙人应当与该退伙人按照退伙时的合伙企业财产状况进行结算，退还退伙人的财产份额。退伙人对给合伙企业造成的损失负有赔偿责任的，相应扣减其应当赔偿的数额。退伙时有未了结的合伙企业事务的，待该事务了结后进行结算。退伙人在合伙企业中财产份额的退还办法，由合伙协议约定或者由全体合伙人决定，可以退还货币，也可以退还实物。退伙人对基于其退伙前的原因发生的合伙企业债务，承担无限连带责任。合伙人退伙时，合伙企业财产少于合伙企业债务的，退伙人应当依法分担亏损。

6. 特殊的普通合伙企业

以专业知识和专门技能为客户提供有偿服务的专业服务机构，可以设立为特殊的普通合伙企业。如律师事务所、会计师事务所等。特殊的普通合伙企业名称中应当标明“特殊普通合伙”字样。

一个合伙人或者数个合伙人在执业活动中因故意或者重大过失造成合伙企业债务的，应当承担无限责任或者无限连带责任，其他合伙人以其在合伙企业中的财产份额为限承担责任。合伙人在执业活动中非因故意或者重大过失造成的合伙企业债务以及合伙企业的其他债务，由全体合伙人承担无限连带责任。合伙人执业活动中因故意或者重大过失造成的合伙企业债务，以合伙企业财产对外承担责任后，该合伙人应当按照合伙协议的约定对给合伙企业造成的损失承担赔偿责任。

特殊的普通合伙企业应当建立执业风险基金、办理执业保险。执业风险基金用于偿付合伙人执业活动造成的债务。

（三）有限合伙企业

1. 有限合伙企业的设立条件

（1）有限合伙企业应有 2 个以上 50 个以下合伙人，至少应当有 1 个普通合伙人。

（2）有书面合伙协议。有限合伙企业合伙协议除包括普通合伙企业合伙协议的内容外，还应当载明下列事项：普通合伙人和有限合伙人的姓名或者名称、住所；执行事务合伙人应具备的条件和选择程序；执行事务合伙人权限与违约处理办法；执行事务合伙人的除名条件和交换程序；有限合伙人入伙、退伙的条件、程序以及相关责任；有限合伙人和普通合伙人相互转变程序。

（3）有各合伙人认缴或者实际缴付的出资。有限合伙人可以用货币、实物、知识产权、土地使用权或者其他财产权利作价出资。有限合伙人不得以劳务出资。有限合伙人应当按照合伙协议的约定按期足额缴纳出资；未按期足额缴纳的，应当承担补缴义务，并对其他合伙人承担违约责任。

(4) 有合伙企业名称。有限合伙企业在其名称中应当注明“有限合伙”字样。

(5) 有营业场所和从事经营的必备条件。

2. 有限合伙企业合伙事务的执行

有限合伙人不执行合伙事务，不得对外代表有限合伙企业。有限合伙人的下列行为，不视为执行合伙事务：① 参与决定合伙人入伙，退伙。② 对企业的经营管理提出建议。③ 参与选择承办有限合伙企业审计业务的会计师事务所。④ 获取经审计的有限合伙企业财务会计报告。⑤ 对涉及自身利益的情况，查阅有限合伙企业财务会计账簿等财务资料。⑥ 在有限合伙企业中的利益受到侵害时，向有责任的合伙人主张权利或提起诉讼。⑦ 执行事务合伙人怠于行使权利时，督促其行使权利或者为了本企业的利益以自己的名义提起诉讼。⑧ 依法为本企业提供担保。

有限合伙企业中执行合伙事务的合伙人可以要求在合伙协议中确定执行事务的报酬及报酬的提取方式。

有限合伙人，除合伙协议另有约定外，可以同本合伙企业进行交易；可以自营或者同他人合作经营与本有限合伙企业相竞争的业务；可以将其在有限合伙企业中的财产份额出资。

3. 有限合伙企业与第三人的关系

有限合伙人可以按照合伙协议的约定向合伙人以外的人转让其在有限合伙企业中财产份额，但应当提前 30 日通知其他合伙人。有限合伙人的自有财产不足清偿其与合伙企业无关的债务的，该合伙人可以以其从有限合伙企业中分取的收益用于清偿；债权人也可以依法请求人民法院强制执行该合伙人在有限合伙企业中的财产份额用于清偿，但执行时，应当通知全体合伙人。在同等条件下，其他合伙人有优先购买权。

第三人有理由相信有限合伙人为普通合伙人并与其交易的，该有限合伙人对该笔交易承担与普通合伙人同样的责任。有限合伙人未经授权以有限合伙企业名义与他人进行交易，给有限合伙企业或者其他合伙人造成损失的，该有限合伙人应当承担赔偿责任。

4. 有限合伙企业的入伙、退伙

新入伙的有限合伙人对入伙前有限合伙企业的债务，以其认缴的出资额为限承担责任。

普通合伙人转变为有限合伙人，或者有限合伙人转变为普通合伙人，应当经全体合伙人一致同意。有限合伙人转变为普通合伙人的，对其作为有限合伙人期间有限合伙企业发生的债务承担无限连带责任；普通合伙人转变为有限合伙人的，对其作为普通合伙人期间合伙企业发生的债务承担无限连带责任。

有限合伙人有下列情形之一的，当然退伙：① 作为合伙人的自然人死亡或者被依法宣告死亡。② 作为合伙人的法人或者其他组织依法被吊销营业执照，责令关闭，撤销或者被宣告破产。③ 法律规定或者合伙协议约定合伙人必须具有相关资格而丧失该资格。④ 合伙人在合伙企业中的全部财产份额被人民法院强制执行。

有限合伙人退伙后，对基于其退伙前的原因发生的有限合伙企业债务，以其退伙时从有限合伙企业中取回的财产承担责任。

作为有限合伙人的自然人在有限合伙企业存续期间丧失民事行为能力的，其他合伙人不得因此要求其退伙。作为有限合伙人的自然人死亡，被依法宣告死亡或者作为有限合伙人的法人及其他组织终止时，其继承人或者权利承受人可以依法取得该有限合伙人在有限合伙企业中的资格。

（四）合伙企业的设立登记

设立合伙企业应向企业登记机关提出申请，并提交全体合伙人签署的合伙申请书，全体合伙人的身份证明，合伙协议，出资权属证明，经营场所证明以及其他文件。法律、行政法规规定设立合伙企业须报经有关部门审批的，还应当提交有关批准文件。合伙协议约定或者全体合伙人决定，委托一名或者数名合伙人执行合伙事务的，还应当提交全体合伙人的委托书。

对申请人提交的登记申请材料齐全，符合法定形式的，企业登记机关能够当场登记的，应予当场登记，发给营业执照。其他情形应当自受理申请之日起20日内，作出是否登记的决定。

合伙企业的营业执照签发日期，为合伙企业的成立日期。合伙企业领取营业执照前，合伙人不得以合伙企业的名义从事经营活动。

合伙企业设立分支机构，应当向分支机构所在地企业登记机关申请登记，领取营业执照。

（五）合伙企业解散与清算

1. 合伙企业解散

合伙企业有下列情形之一的，应当解散：① 合伙期限届满，合伙人决定不再经营。② 合伙协议约定的解散事由出现。③ 全体合伙人决定解散。④ 合伙人已不具备法定人数满30天。⑤ 合伙协议约定的合伙目的已经实现或者无法实现。⑥ 依法被吊销营业执照、责令关闭或者被撤销。⑦ 法律、行政法规规定的其他原因。

此外，有限合伙企业仅剩有限合伙人的应当解散；有限合伙企业仅剩普通合伙人的，转为普通合伙企业。

2. 合伙企业清算

解散合伙企业应当由清算人进行清算。清算人由全体合伙人担任；经全体合伙人过半数同意，可以自合伙企业解散事由出现后15日内指定一个或者数个合伙人，或者委托第三人，担任清算人。自合伙企业解散事由出现之日起15日内未确定清算人的，合伙人或者其他利害关系人可以申请人民法院指定清算人。

清算人在清算期间执行下列事务：① 清理合伙企业财产，分别编制资产负债表和财产清单。② 处理与清算有关的合伙企业未了结事务。③ 清缴所欠税款。④ 清理债权、债务。⑤ 处理合伙企业清偿债务后的剩余财产。⑥ 代表合伙企业参加诉讼或者仲裁活动。

清算人自被确定之日起10天内将合伙企业解散事项通知债权人，并于60天内在报纸上公告。债权人应当自接到通知书之日起30日内，未接到通知书的自公告之日起45天内，向清算人申报债权。债权人申报债权，应当说明债权的有关事项，并提供证明材料。清算人应当对债权进行登记。清算期间，合伙企业存续，但不得开展与清算无关的经营活动。

合伙企业财产在支付清算费用和职工工资、社会保险费用、法定补偿金以及缴纳所欠税款、清偿债务后的剩余财产按照合伙协议的约定办理；合伙协议未约定或者约定不明确的，由合伙人协商决定；协商不成的，由合伙人按照实缴出资比例分配；无法确定出资比例的，由合伙人平均分配。

清算结束，清算人应当编制清算报告，经全体合伙人签名、盖章后，在15日内向企业登记机关报送清算报告，申请办理合伙企业注销登记。合伙企业注销后，原普通合伙人对合伙企业存续期间的债务仍应承担无限连带责任。

合伙企业不能清偿到期债务的，债权人可以依法向人民法院提出破产清算申请，也可以要求普通合伙人清偿。合伙企业依法被宣告破产的，普通合伙人对合伙企业债务仍应承担无限连带责任。

（六）违反合伙企业法的法律责任

提交虚假文件或者采取其他欺骗手段，取得合伙企业登记的，由企业登记机关责令改正，处以5000元以上5万元以下的罚款；情节严重的，撤销企业登记，并处以5万元以上20万元以下的罚款。

合伙企业未在其名称中标明“普通合伙”“特殊普通合伙”或者“有限合伙”字样的，由企业登记机关责令限期改正，处以2000元以上1万元以下的罚款。

未领取营业执照，而以合伙企业或者合伙企业分支机构名义从事合伙业务的，由企业登记机关责令停止，处以5000元以上5万元以下的罚款。合伙企业登记事项发生变更时，未依照本法规定办理变更登记的，由企业登记机关责令限期登记；逾期不登记的，处以2000元以上2万元以下的罚款。合伙企业登记事项发生变更，执行合伙事务的合伙人未按期申请办理变更登记的，应当赔偿由此给合伙企业、其他合伙人或者善意第三人造成的损失。

合伙人执行合伙事务，或者合伙企业从业人员利用职务上的便利，将应当归合伙企业的利益据为己有的，或者采取其他手段侵占合伙企业财产的，应当将该利益和财产退还合伙企业；给合伙企业或者其他合伙人造成损失的，依法承担赔偿责任。

合伙人对合伙企业法规定或者合伙协议约定必须经全体合伙人一致同意始得执行的事务擅自处理，给合伙企业或者其他合伙人造成损失的，依法承担赔偿责任。

不具有事务执行权的合伙人擅自执行合伙事务，给合伙企业或者其他合伙人造成损失的，依法承担赔偿责任。

合伙人违反《合伙企业法》规定或者合伙协议的约定，从事与本合伙企业相竞争的业务或者与本合伙企业进行交易的，该收益归合伙企业所有；给合伙企业或者其他合伙人造成损失的，依法承担赔偿责任。

清算人未依法向企业登记机关报送清算报告，或者报送清算报告隐瞒重要事实，或者有重大遗漏的，由企业登记机关责令改正。由此产生的费用和损失，由清算人承担和赔偿。

清算人执行清算事务，牟取非法收入或者侵占合伙企业财产的，应当将该收入和侵占的财产退还合伙企业；给合伙企业或者其他合伙人造成损失的，依法承担赔偿责任。

清算人违反合伙企业法规定，隐匿、转移合伙企业财产，对资产负债表或者财产清单作虚假记载，或者在未清偿债务前分配财产，损害债权人利益的，依法承担赔偿责任。

合伙人违反合伙协议的，应当依法承担违约责任。合伙人履行合伙协议发生争议的，合伙人可以通过协商或者调解解决。不愿通过协商、调解解决或者协商、调解不成的，可以按照合伙协议约定的仲裁条款或者事后达成的书面仲裁协议，向仲裁机构申请仲裁。合伙协议中未订立仲裁条款，事后又没有达成书面仲裁协议的，可以向人民法院起诉。

有关行政管理机关的工作人员违反合伙企业法规定，滥用职权、徇私舞弊、收受贿赂、侵害合伙企业合法权益的，依法给予行政处分。

二、个人独资企业法

（一）个人独资企业法概述

1999 年 8 月 30 日，第九届全国人大常委会第 11 次会议通过了《中华人民共和国个人独资企业法》（以下简称《个人独资企业法》），该法自 2000 年 1 月 1 日起施行。根据该法的规定，个人独资企业是指在中国境内设立，由一个自然人投资，财产为投资人个人所有，投资人以其个人财产对企业债务承担无限责任的经营实体。

个人独资企业具有以下法律特征：

（1）个人独资企业是由一个自然人投资设立的。在我国，公司的股东可以是自然人也可以是法人，且是一个以上。合伙企业的合伙人是自然人，但其投资主体却不止一个。

（2）个人独资企业的财产为投资人个人所有，投资人对企业的财产享有所有权。对公司而言，公司是公司财产的所有者，股东一旦出资，就只享有股权而非公司财产的所有权。

（3）个人独资企业不具有法人资格。而公司则具有法人资格。

（4）投资人以其个人财产对企业债务承担无限连带责任。而公司股东以其出资为限对公司承担有限责任。

个人独资企业法只适用于个人独资企业，不适用于具有独资特点的全民所有制企业和国有独资公司。个人独资企业法也不适用于外商独资企业。

（二）个人独资企业的设立

1. 个人独资企业的设立条件

（1）投资人为一个自然人。个人独资企业中的投资人只能是一个自然人，该自然人应当具有相应的民事权利能力和完全民事行为能力。法律、行政法规禁止从事营利活动的人，不能作为投资人。

（2）有合法的企业名称。个人独资企业的名称应与公司和合伙企业的名称区别开来。

（3）有投资人申报的出资。出资包括货币、实物、土地使用权、知识产权等形式。

（4）有固定的生产经营场所和必要的生产经营条件。

（5）有必要的从业人员。

2. 个人独资企业的设立程序

申请个人独资企业，应当由投资人或者其委托的代理人向个人独资企业所在地的登记机关提交设立申请书、投资人身份证明、生产经营场所使用证明等文件。委托代理人申请设立登记时，应当出具投资人的委托书和代理人的合法证明。

个人独资企业设立申请书应当载明下列事项：① 企业的名称和住所。② 投资人的姓名和居所。③ 投资人的出资额和出资方式。④ 企业的经营范围。

登记机关应当在收到设立申请文件之日起15日内，对符合设立条件的，予以登记，并发给营业执照。个人独资企业营业执照的签发日期，为个人独资企业的成立日期。

（三）个人独资企业的权利和义务

1. 个人独资企业的权利

国家依法保护个人独资企业的财产和其他合法权益。个人独资企业可以依法申请贷款，取得土地使用权，并享有法律、行政法规规定的其他权利。任何单位和个人不得违反法律、行政法规的规定，以任何方式强制个人独资企业提供财力、物力、人力；对于违法强制提供物力、财力、人力的行为，个人独资企业有权拒绝。

2. 个人独资企业的义务

个人独资企业从事经营活动必须遵守法律、行政法规，遵守诚实信用原则，不得损害社会公共利益。个人独资企业应当依法履行纳税义务。个人独资企业应当依法设置会计账簿，进行会计核算。个人独资企业应当依法招用职工，职工的合法权益受法律保护。个人独资企业招用职工的，应当依法与职工签订劳动合同，保障职工的劳动安全，按时、足额发放职工工资。个人独资企业应当按照国家的规定参加社会保险，为职工缴纳社会保险费。

（四）个人独资企业投资人的财产权利和义务及事务管理

1. 投资人的财产权利和义务

个人独资企业投资人对本企业的财产依法享有所有权，其有关权利可以依法转让或继承。

个人独资企业的财产不足以清偿债务时，投资人应当以其个人的其他财产予以清偿。投资人在申请个人独资企业设立登记时明确以其家庭共有财产作为个人出资的，应当依法以家庭共有财产对企业所发生的外债承担无限责任。

2. 个人独资企业的事务管理

个人独资企业投资人可以自行管理企业事务，也可以委托或者聘用其他具有完全民事行为能力的人负责企业的事务管理。

投资人委托或者聘用他人管理个人独资企业事务，应当与受托人或者被聘用的人签订书面合同，明确委托的具体内容和授予的权利范围。受托人或被聘用人员应当履行诚信、勤勉义务，按照与投资人签订的合同负责个人独资企业的事务管理。受托人或被聘用的人员管理个人独资企业事务时违反合同约定，给投资人造成损害的，要承担民事赔偿责任。

投资人委托或者聘用的管理个人独资企业事务的人员不得有下列行为：① 利用职务上的便利，索取或者收受贿赂。② 利用职务或工作上的便利侵占企业财产。③ 挪用企业的资金归个人使用或者借贷给他人。④ 擅自将企业资金以个人名义或者以他人名义开立账户储存。⑤ 擅自以企业财产提供担保。⑥ 未经投资人同意，从事与本企业相竞争的业务。⑦ 未经投资人同意，同本企业订立合同或者进行交易。⑧ 未经投资人同意，擅自将企业商标或者其他知识产权转让给他人使用。⑨ 泄露本企业的商业秘密。⑩ 法律、行政法规禁止的其他行为。

投资人对受托人或者被聘用的人员职权的限制，不得对抗善意第三人。受托人或者被聘用人员在职权范围内的经营活动所产生的民事责任由投资人承担。

（五）个人独资企业的解散

个人独资企业有下列情形之一的，应当解散：

（1）投资人决定解散。

（2）投资人死亡或者被宣告死亡，无继承人或者继承人决定放弃继承。

（3）企业被依法吊销营业执照。

（4）法律、行政法规规定的其他情形。

个人独资企业解散应当到原申请设立登记机关办理注销登记。

（六）违反个人独资企业法的法律责任

有下列行为的应承担法律责任：

（1）提交虚假文件或采取其他欺骗手段，取得企业登记的，责令改正，处以5000元以下的罚款；情节严重的，并处吊销营业执照。

（2）个人独资企业使用的名称与其在登记机关登记的名称不相符合的，责令限期改正，处以2000元以下的罚款。

（3）涂改、出租、转让营业执照的，责令改正，没收违法所得，处以3000元以下的罚款；情节严重的，吊销营业执照。伪造营业执照的，责令停业，没收违法所得，处以5000元以下的罚款。构成犯罪的，依法追究刑事责任。

（4）个人独资企业成立后无正当理由超过6个月未开业的，或者开业后自行停业连续6个月以上的，吊销营业执照。

（5）未领取营业执照，以个人独资企业名义从事经营活动的，责令停止经营活动，处以3000元以下的罚款。个人独资企业登记事项发生变更时，未按规定办理有关变更登记的，责令限期办理变更登记；逾期不办理的，处以2000元以下的罚款。

(6) 投资人委托或者聘用的人员管理个人独资企业事务时违反双方订立的合同，给投资人造成损害的，承担民事赔偿责任。

(7) 个人独资企业侵犯职工合法权益，未保障职工劳动安全，不缴纳社会保险费用的，按照有关法律、行政法规予以处罚，并追究有关责任人员的责任。

(8) 投资人委托或者聘用的人员侵犯个人独资企业财产权益的，责令退还侵占的财产；给企业造成损失的，依法承担赔偿责任；有违法所得的，没收违法所得；构成犯罪的，依法追究刑事责任。

(9) 违反法律、行政法规的规定强制个人独资企业提供财力、物力、人力的，按照有关法律、行政法规予以处罚，并追究有关责任人员的责任。

(10) 个人独资企业及其投资人在清算前或清算期间隐匿或转移财产，逃避债务的，依法追回其财产，并按照有关规定予以处罚；构成犯罪的，依法追究刑事责任。

(11) 投资人应当承担民事赔偿责任和缴纳罚款、罚金，其财产不足以支付的，或者被判处没收财产的，应当先承担民事赔偿责任。

(12) 登记机关对不符合本法规定条件的个人独资企业予以登记，或者对符合本法规定条件的企业不予登记的，对直接责任人员依法给予行政处分；构成犯罪的，依法追究刑事责任。

(13) 登记机关的上级部门的有关主管人员强令登记机关对不符合规定条件的企业予以登记，或者对符合规定条件的企业不予登记的，或者对登记机关的违法登记行为进行包庇的，对直接责任人员依法给予行政处分；构成犯罪的，依法追究刑事责任。

(14) 登记机关对符合法定条件的申请不予登记或者超过法定时限不予答复的，当事人可依法申请行政复议或提起行政诉讼。

第四节 外商投资企业法

一、外商投资企业法概述

充分利用外资可以缓解国内资金不足的矛盾，加快经济建设。《宪法》规定，中华人民共和国允许外国的企业和其他经济组织或者个人依照中华人民共和国的法律规定在中国投资，同中国的企业或者其他经济组织进行各种形式的经济合作。吸引外商投资是我国对外经济合作的重要组成部分。设立外商投资企业是一种常见的直接投资方式。在我国，外商投资企业是一个集合概念，它包括中外合资经营企业、中外合作经营企业和外资企业。

狭义的外商投资企业法是指《中华人民共和国中外合资经营企业法》《中华人民共和国中外合作经营企业法》《中华人民共和国外资企业法》。广义的外商投资企业法还包括其他调整外商投资关系的法律规范。例如，《中华人民共和国中外合资经营企业法实施条例》《中华人民共和国中外合作经营企业法实施细则》《中华人民共和国外资企业法实施细则》《中华人民共和国对外合作开采海洋石油资源条例》《国务院关于鼓励外商投资的规定》《国务院关于鼓励台湾同胞投资的规定》等。

二、中外合资经营企业法

（一）中外合资经营企业法概述

中外合资经营企业法包括 1979 年 7 月 1 日五届全国人大第二次会议通过、并经过 1990 和 2001 修订的《中华人民共和国中外合资经营企业法》（以下简称《合营企业法》），1983 年 9 月 20 日国务院公布并经 1986 年、1987 年和 2001 年三次修订的《中华人民共和国中外合资经营企业法实施条例》（以下简称《合营企业法实施条例》）和其他一些关于合营企业的法律法规。

中外合资经营企业（以下简称“合营企业”），是指中国合营者与外国合营者依据中华人民共和国法律的规定，在中国境内共同投资、共同经营，并按出资比例分享利润、分担风险及亏损的企业。

合营企业具有以下特征：

（1）合营一方是中国的公司、企业或者其他经济组织，另一方必须是外国的公司、企业、其他经济组织或者个人。

（2）合营企业是依据中国法律规定在中国境内设立的企业，属于中国的企业法人。合营企业的形式为有限责任公司。

（3）合营企业由中外合营各方共同投资举办，属于股权式合营，合营各方的出资折合成股份，并按出资比例分享利润、分担风险。合营各方对合营企业的责任以各自认缴的出资额为限。

（4）合营企业一般由中外合营各方共同参加经营管理。

（二）合营企业的设立

1. 合营企业的设立条件

申请设立的合营企业应注重经济效益，符合下列一项或者数项要求：

（1）采用先进技术设备和科学管理方法，能增加产品品种，提高产品质量和产量，节约能源和材料。

（2）有利于企业技术改造，能做到投资少、见效快、收益大。

（3）能扩大产品出口，增加外汇收入。

（4）能培训技术人员和经营管理人员。

2. 设立合营企业的程序

（1）申请。设立合营企业，中国的合营者要向企业主管部门呈报拟与外国合营者设立合营企业的项目建议书和初步可行性研究报告，该项目建议书和初步可行性研究报告经企业主管部门审查同意并报审批机构批准后，合营各方签订合营企业协议、合同和章程等文件。

申请设立合营企业，由中外合营者共同向审批机构报送下列正式文件：① 设立合营企业的申请书。② 合营各方共同编制的可行性研究报告。③ 由合营各方授权代表签署的合营企业协议、合同和章程。④ 由合营各方委派的合营企业董事长、副董事长、董事人选名单。⑤ 审批机构规定的其他文件。

上列各项文件必须用中文书写，其中第②③④项文件可以同时用合营各方商定的一种外文书写，两种文字书写的文件具有同等效力。

（2）审批。设立合营企业，必须经国家对外贸易经济主管部门审查批准。批准后，由国家对外贸易经济主管部门发给批准证书。具备下列条件的，国家授权省、自治区、直辖市人民政府或者国务院有关部门审批：① 投资总额在国务院规定的金额内，中国合营者的资金来源已落实的；② 不需要国家增拨原材料，不影响燃料、动力、交通运输、外贸出口配额等的全国平衡的。受托机构批准设立合营企业后，应报国家对外贸易经济主管部门备案，并由国家对外贸易经济主管部门发给批准证书。

审批机构自接到中国合营者按规定报送的全部文件之日起，在 3 个月内决定批准或不批准。审批机构如发现前述文件有不当之处，应要求限期修改，否则不予批准。根据《合营企业法实施条例》的规定，申请设立合营企业有下列情况之一的，不予批准：① 有损中国主权的。② 违反中国法律的。③ 不符合中国国民经济发展要求的。④ 造成环境污染的。⑤ 签订的协议、合同、章程显属不公平，损害合营一方权益的。

（3）登记。申请者应当自收到批准证书之日起 1 个月内，按照国家有关规定，向工商行政管理机关办理登记手续。合营企业的营业执照签发日期，即为该合营企业的成立日期。

（三）合营企业的资本

1. 合营企业的注册资本

合营企业的注册资本是指为设立合营企业在登记管理机构登记的资本总额，为合营各方认缴的出资额之和。

注册资本一般应以人民币表示，也可以用合营各方约定的外币表示。合营企业的注册资本应与其经营范围、经营规模相一致，应符合《公司法》有关规定，达到法定资本最低限额。注册资本与投资总额的比例应符合有关法律规定。在合营企业的注册资本中，外国合营者的投资比例一般不低于25%。

合营企业在合营期内不得减少其注册资本。因投资总额和生产经营规模等发生变化，确需减少的，须经审批机构批准。

合营企业的出资额在一定条件下可以转让。合营一方如向第三者转让其全部或者部分出资额，须经合营他方同意，并经审批机构批准；合营一方转让其全部或部分出资额时，合营他方有优先购买权；合营一方向第三者转让出资额的条件，不得比向合营他方转让的条件优惠。

2. 合营企业的投资总额

合营企业的投资总额不同于注册资本。投资总额是指按照合营企业合同、章程规定的生产规模需要投入的基本建设资金和生产流动资金的总和。合营各方出资额达不到投资总额的，合营企业可以通过借贷的方式来填补。此时，合营企业的投资总额由注册资本和借贷资本构成。

为保证合营企业注册资本的充足，防止合营企业利用小额注册资本来逃避风险，国家工商行政管理局1987年3月1日颁布了《关于中外合资经营企业注册资本与投资总额比例的暂行规定》。根据该规定，合营企业的注册资本与投资总额的比例要满足以下要求：

（1）投资总额在300万美元以下（含300万美元）的，其注册资本至少应占投资总额的7/10。

（2）投资总额在300万美元以上至1000万美元（含1000万美元）的，其注册资本至少应占投资额的1/2，其中投资总额在420万美元以下的，注册资本不得低于210万美元。

（3）投资总额在1000万美元以上至3000万美元（含3000万美元）的，其注册资本至少应占投资总额的2/5，其中投资总额在1250万美元以下的，注册资本不得低于500万美元。

（4）投资总额在3000万美元以上的，其注册资本至少应占投资总额1/3，其中投资总额在3600万美元以下的，注册资本不得低于1200万美元。

合营企业遇到特殊情况，不能按照上述比例执行的，要由国家对外经济贸易主管部门会同国家工商行政管理局批准。合营企业增加投资的，其追加的注册资本与增加的投资额的比例，也按照上述规定执行。

3. 合营企业的出资方式

合营各方可以用现金、实物、工业产权、专有技术出资，中方合营者可以用场地使用权出资。以实物、工业产权、专有技术作为出资的，其作价由合营各方按照公平合理的原则协商确定，或者聘请合营各方同意的第三者评定。

（1）现金。现金出资包括以人民币和外币出资。外国合营者出资的外币，按缴款当日中国人民银行公布的基准汇率折算成人民币或者套算成约定的外币。中国合营者出资的人民币需要折合成外币的，按缴款当日中国人民银行公布的基准汇率折算。

（2）实物。实物包括建筑物、厂房、机器设备或者其他物料等。外国合营者作为出资的机器设备或其他物料，应当是合营企业生产所必需的。上述机器设备或者其他物料的作价，不得高于同类机器设备或者其他物料当时的国际市场价格。

（3）工业产权、专有技术。外国合营者作为出资的工业产权或者专有技术，必须符合下列条件之一：① 能显著改进现有产品的性能、质量，提高生产效率的；② 能显著节约原材料、燃料、动力的。外国合营者以工业产权或者专有技术作为出资，应当提交工业产权或者专有技术的有关资料，包括专利证书或者商标注册证书的复制件、技术特性、作价根据等有关文件。

（4）场地使用权。中国合营者的投资可包括为合营企业经营期间提供的场地使用权。如果场地使用权未作为中国合营者投资的一部分，合营企业应缴纳场地使用费。

合营各方的上述出资应在合营企业的合同和章程中加以规定，并应按合同规定的期限缴清各自的出资额。合营合同规定一次缴清出资的，合营各方应当从营业执照签发之日起 6 个月内缴清。合营合同中规定分期缴付出资的，合营各方第一期出资不得低于各自认缴的出资额的 15%，并且应当在营业执照签发之日起 3 个月内缴清。如合营各方未能在合同规定的期限内缴付出资的，视同合营企业自动解散，合营企业批准书自动失效。合营各方缴付第一期出资后，超过合营合同规定的其他任何一期出资期限 3 个月仍未出资或者出资不足时，工商行政管理机关应当会同原审批机构发出通知，要求合营各方在 1 个月内缴清出资。如仍未能按通知的期限缴清出资的，原审批机构有权撤销对该合营企业的批准证书。

合营一方未按时出资或者出资不足，即构成违约，守约方应当催告违约方在 1 个月内缴清出资。逾期仍未缴付或者未缴清的，视同违约方放弃在合营合同中的一切权利，自动退出合营企业。守约方应当在逾期后1个月内，向原审批机构申请批准解散合营企业或者申请批准另找合营者承担违约方在合营合同中的权利和义务。否则，审批机构有权撤销对该企业的批准证书。守约方可以依法要求违约方赔偿因未缴付或者未缴清出资造成的经济损失。

（四）合营企业的机构设置

1. 合营企业的董事会

合营企业的董事会是合营企业的权力机构。董事会按照合营企业章程的规定，讨论决定合营企业的一切重大问题，包括企业发展规划、生产经营活动方案、收支预算、利润分配、劳动工资计划、停业，以及总经理、副总经理、总工程师、总会计师、审计师的任命或者聘请等。

董事会成员不得少于3人。董事名额的分配由合营各方参照出资比例协商确定。董事的任期为4年，经合营各方继续委派可以连任。

董事长和副董事长由合营各方协商确定或者由董事会选举产生。董事长是合营企业的法定代表人。董事长不能履行职责时，应当授权副董事长或者其他董事代表合营企业。

董事会会议每年至少召开一次。经1/3以上的董事提议，可以召开临时董事会会议。董事会会议应有2/3以上董事出席才能举行。

出席董事会会议的董事一致通过方可对下述事项作出决议：① 合营企业章程的修改。② 合营企业的中止、解散。③ 合营企业注册资本的增加、转让。④ 合营企业与其他经济组织的合并。

2. 合营企业的经营管理机构

合营企业设经营管理机构，负责企业的日常经营管理工作。经营管理机构设总经理1人，副总经理若干人。副总经理协助总经理工作。总经理和副总经理由合营企业董事会聘请，可以由中国公民担任，也可以由外国公民担任。董事长、副董事长、董事可以兼任合营企业的总经理、副总经理或者其他高级管理职务。

总经理执行董事会会议的各项决议，组织领导合营企业的日常经营管理工作。在董事会授权范围内，总经理对外代表合营企业，对内任免下属人员，行使董事会授予的其他职权。

（五）合营企业的经营制度

1. 合营企业的物资购买

合营企业在批准的经营范围内所需的原材料、燃料等物资，按照公平、合理的原则，可以在国内市场或者在国际市场购买。

合营企业在合营合同规定的经营范围内，进口生产所需的机器设备、零配件、原材料、燃料，凡属国家规定需要领取进口许可证的，每年编制一次计划，每半年申领一次。

2. 合营企业的产品销售

中国政府鼓励合营企业向国际市场销售其产品。合营企业有权自行出口其产品，也可以委托外国合营者的销售机构或者中国的外贸公司代销或者经销。合营企业生产的产品，可自主经营出口；凡属国家规定需要领取出口许可证的，合营企业按本企业的年度出口计划，每半年申领一次。

合营企业的出口产品价格，由合营企业自行制定，报企业主管部门和物价管理部门备案。

3. 合营企业的财务制度

合营企业应根据中国法律和财务会计制度的规定，制定本企业的财务会计制度，报当地财政、税务部门备案。

合营企业设总会计师，协助总经理负责主持企业的财务会计工作。必要时，可设副总会计师。合营企业设审计师，负责审查、稽核合营企业的财务收支和会计账目，向董事会、总经理提出报告。

合营企业的一切自制凭证、账簿、报表必须用中文书写，也可以同时用合营各方商定的一种外文书写。

合营企业原则上采用人民币为记账本位币，经合营各方商定，也可以采用某一种外国货币为本位币。

合营企业向合营各方、当地税务机关、企业主管部门和同级财政部门报送季度和年度会计报表。年度会计报表应抄报原审批机构。

4. 合营企业的利润分配

合营企业缴纳所得税后的利润按照下列顺序分配：① 支付各项赔偿金、违约金、滞纳金、罚息、罚款。② 弥补企业以前的亏损。③ 提取储备基金、企业发展基金和职工奖励及福利基金。④ 向投资人分配利润。

合营企业的储备基金、企业发展基金和职工奖励及福利基金的提取比例由董事长确定。储备基金主要用于垫补企业亏损。企业发展基金主要用于扩大生产经营，经原审批机构批准，也可转作投资人增资。职工奖励及福利基金用于职工非经常性奖励，补贴购建和修缮职工住房等集体福利。

合营企业提取上述三项基金后的利润，按投资人的实际出资比例进行分配。以前年度尚未分配的可向投资人分配的利润，可并入本年度的可向投资人分配的利润进行分配。

5. 合营企业的劳动管理

合营企业职工的录用、辞退、报酬、福利、劳动保护、劳动保险等事项，应当依法通过订立合同加以规定。

合营企业可以根据生产经营需要，自行确定其机构设置和人员编制，在所在地区劳动人事部门的协助下，自行招收、招聘职工，通过考核，择优录用。合营企业所需要的工程技术人员和经营管理人员，在当地无法解决的，经所在省、自治区、直辖市劳动人事部门商得有关地区劳动人事部门同意，可以到外地招聘。合营企业决定录用在职工程技术人员、经营管理人员和技术工作人员，原单位应积极支持，允许流动。

合营企业对于经过试用或者培训而不合格的人员，或者因企业生产技术条件发生变化而富余的人员，可以辞退。

合营企业对于违反企业规章制度、造成一定后果的职工，可以根据情节轻重，给予必要的处分，直至开除。

合营企业职工的工资水平，由董事会按照不低于所在地区同行业条件相近的国有企业职工平均工资的120％的原则加以确定，并根据企业经济效益好坏逐步加以调整。职工的工资标准工资形式、奖励与津贴等制度，由董事会讨论决定。

合营企业按照所在地区人民政府的规定，缴纳中方职工退休养老基金和待业保险基金，支付住房补助基金。职工在职期间的保险福利待遇，按照中国政府对国有企业的有关规定执行。所需费用，从企业成本费用中如实列支。

合营企业提取的职工奖励和福利基金，必须用于对职工的奖励和集体福利。

合营企业的职工依法建立工会组织，开展工会活动，维护职工的合法权益。合营企业应当为本企业工会提供必要的活动条件。

合营企业与职工发生劳动争议时，首先由争议双方协商解决。通过协商不能解决的，可以由争议的一方或者双方向企业所在的省、自治区、直辖市人民政府劳动管理部门请求仲裁。如果一方不服仲裁裁决，可以向人民法院起诉。

（六）合营企业的解散

合营企业的解散事由：

（1）合营期限届满。

（2）企业发生严重亏损，无力继续经营。

（3）合营一方不履行合营企业协议、合同、章程规定的义务，致使企业无法继续经营。

（4）因自然灾害、战争等不可抗力遭受严重损失，无法继续经营。

（5）合营企业未达到其经营目的，同时又无发展前途。

（6）合营企业合同、章程所规定的其他解散原因已经出现。

属于上述第（2）、第（4）、第（5）、第（6）项的，由董事会提出解散申请书，报审批机构批准。第（3）项情况发生的，由履行合同的一方提出申请，报审批机构批准。

三、中外合作经营企业法

（一）中外合作经营企业法概述

中外合作经营企业法包括1988年4月13日七届全国人大第一次会议通过，并于2000年修订的《中华人民共和国中外合作经营企业法》（简称《合作企业法》），1995年9月4日对外贸易经济合作部颁布的《中华人民共和国中外合作经营企业法实施细则》（以下简称《合作企业法实施细则》）和其他一些关于合作企业的法律法规。

中外合作经营企业，简称合作企业，是指中国合作者与外国合作者依照中华人民共和国法律的规定，在中国境内共同投资举办的，按合作企业合同的约定分配收益或者产品，分担风险和亏损的企业。

合作企业具有以下特征：

（1）合作一方是中国企业或者其他经济组织，合作另一方则必须是外国企业和其他经济组织或者个人。

（2）合作企业是依照中国法律规定在中国境内设立的企业，是中国的企业。中外合作者可以举办具有中国法人资格的合作企业，也可以共同举办不具有中国法人资格的合作企业。

（3）合作企业是由中外各方共同投资举办的企业。合作各方的出资或者提供的合作条件并不折算成股份，而是按合作企业合同的约定分配收益或者产品，分担风险和亏损。

（4）合作企业可以由中外合作各方共同参加经营管理，也可以委托合作一方或者委托中外合作者之外的主体进行经营管理。

（二）合作企业的设立

1. 申请

设立合作企业，应由中国合作者提出申请，向审批机关报送下列文件：① 设立合作企业的项目建议书，并附送主管部门审查同意的文件。② 合作各方共同编制的可行性研究报告，并附送主管部门审查同意的文件。③ 由合作各方的法定代表人或者其授权的代表签署的合作企业协议、合同、章程。④ 合作各方的营业执照或者注册登记证明、资信证明及法定代表人的有效证明文件，外国合作者是自然人的，应当提供有关其身份、履历和资信情况的有效证明文件。⑤ 合作各方协商确定的合作企业董事长、副董事长、董事或者联合管理委员会主任、副主任、委员的人选名单。⑥ 审批机关要求报送的其他文件。

2. 审批

设立合作企业要经对外贸易经济合作部或者国务院授权的部门和地方人民政府审查批准。属于下列情形的，由国务院授权的部门或者地方人民政府审查批准：① 投资总额在国务院规定由国务院授权的部门或者地方人民政府审批的投资限额以内的。② 自筹资金，并且不需要国家平衡建设生产条件的。③ 产品出口不需要领取国家有关主管部门发放的出口配额、许可证，或者虽需要领取，但在报送项目建议书前已征得国家有关主管部门同意的。④ 有法律、行政法规规定由国务院授权的部门或者地方人民政府审查批准的其他情形的。

审批机关应当自接到上述全部文件之日起 45 天内决定批准或者不批准。批准后颁发批准证书。但有下列情形之一的，不予批准：① 损害国家主权或者社会公共利益的。② 危害国家安全的。③ 对环境造成污染损害的。④ 有违反法律、行政法规或者国家产业政策的其他情形的。

3. 登记

设立合作企业的申请经批准后，应当自接到批准证书之日起 30 天内向工商行政管理机关申请登记，领取营业执照。营业执照签发日期，为该合作企业的成立日期。

（三）合作企业的组织形式

根据《合作企业法》的规定，合作企业符合中国法律关于法人条件的规定的，依法取得中国法人资格。因此，中外合作者可以申请设立具有法人资格的合作企业，也可以申请设立不具有法人资格的合作企业。根据《合作企业法实施细则》的规定，合作企业依法取得中国法人资格的，为有限责任公司。在设立的合作企业为有限责任公司的情况下，合作各方以其投资或者提供的合作条件为限对合作企业承担责任，合作企业以其全部资产对其债务承担责任。不具有法人资格的合作企业，合作各方根据认缴的出资额或者提供的合作条件，在合作合同中约定各自承担债务责任的比例，但是这种约定不得影响合作各方连带责任的履行。

（四）合作企业的投资与合作条件

合作各方应当依照有关法律、行政法规的规定和合作企业合同的约定，向合作企业投资或者提供合作条件。合作各方向合作企业的投资或者提供的合作条件可以是货币，也可以是实物或者工业产权、专有技术、土地使用权等财产权利。

依法取得中国法人资格的合作企业中，外国合作者的投资比例一般不低于合作企业注册资本的25%。

合作各方应当根据合作企业的生产经营需要，依照有关法律、行政法规的规定，在合作企业合同中约定合作各方向合作企业投资或者提供合作条件的期限。合作各方应当如期履行缴足投资、提供合作条件的义务。逾期不履行的，工商行政管理机关应当限期履行，期限届满仍未履行的，审批机关撤销合作企业的批准证书，工商行政管理机关吊销合作企业的营业执照，并予以公告。

（五）合作企业的机构设置

1. 合作企业的董事会和联合管理机构

合作企业设董事会或者联合管理委员会。董事会或者联合管理委员会是合作企业的权力机构，按照合作企业章程的规定，决定合作的重大问题。

董事会或者联合管理委员会成员不得少于3人，其名额的分配由中外合作者参照其投资或者提供的合作条件协商确定。董事会董事或者联合管理委员会委员由合作各方自行委派或者撤换。董事或者委员的任期由合作企业章程规定，但每届任期不得超过3年。董事或者委员任期届满，委派方继续委派的，可以连任。

董事会董事长、副董事长或者联合管理委员会主任、副主任的产生办法由合作企业章程规定。中外合作者的一方担任董事长、主任的，副董事长、副主任由他方担任。董事长或者主任是合作企业的法定代表人。董事长或者主任因特殊原因不能履行职务时，应当授权副董事长、副主任或者其他董事、委员对外代表合作企业。

董事会会议或者联合管理委员会会议每年至少召开1次。1/3以上董事或者委员可以提议召开董事会会议或者联合管理委员会会议。董事会会议或者联合管理委员会会议应当由2/3以上董事或者委员出席方能举行。

下列事项要由出席董事会会议或者联合管理委员会会议的董事或者委员一致通过，方可作出决议：① 合作企业章程的修改。② 合作企业注册资本的增加或者减少。③ 合作企业的解散。④ 合作企业的资产抵押。⑤ 合作企业合并、分立和变更组织形式。⑥ 合作各方约定由董事会会议或者联合管理委员会会议一致通过方可作出决议的其他事项。

2. 合作企业的经营管理机构

合作企业设经营管理机构，负责企业的日常经营管理工作。经营管理机构设总经理1人，由董事会或者联合管理委员会聘任、解聘。总经理对董事会或者联合管理委员会负责。总经理及其他高级管理人员可由中国公民担任，也可由外国公民担任。

合作企业成立后可以委托合作各方以外的他人经营管理，委托管理必须经董事会或者联合管理委员会一致同意，并应当与被委托人签订委托经营管理合同，报送审批机关批准。

（六）合作企业的经营制度

1. 合作企业的物资购买

合作企业可以自行决定在中国境内或者境外购买本企业自用的机器、原材料、燃料、零部件、配套件、元器件、运输工具和办公用品等物资。

外国投资者作为投资进口的机器设备、零部件和其他物料以及合作企业用投资总额内的资金进口生产、经营所需的机器设备、零部件和其他物料，免征进口关税和进口环节的流转税。

2. 合作企业的产品销售

国家鼓励合作企业向国际市场销售其产品，合作企业可以自行向国际市场销售其产品，也可以委托国外的销售机构或者中国的外贸公司代销或者经销其产品。合作企业销售产品的价格，由合作企业依法自行确定。

3. 合作企业的分配

中外合作者依照合作企业合同的约定，可以采用分配利润、分配产品或者合作各方共同商定的其他方式分配收益。

4. 投资的先行收回

中外合作者在合作企业合同中约定合作期限届满时，合作企业的全部固定资产无偿归中国合作者所有的，外国合作者在合作期限内可以申请先行回收投资。外国合作者在合作期限内先行回收投资的，中外合作者应当依照有关法律的规定和合作企业合同的约定，对合作的债务承担责任。合作企业的亏损未弥补前，外国合作者不得先行回收投资。

（七）合作企业的解散

合作企业出现下列情形之一时解散：

（1）合作期限届满。

（2）合作企业发生严重亏损，或者因不可抗力遭受严重损失，无力继续经营。

（3）中外合作者一方或者数方不履行合作企业合同、章程规定的义务，致使合作企业无法继续经营。

（4）合作企业合同、章程中规定的其他解散原因已经出现。

（5）合作企业违反法律、行政法规，被依法责令关闭。

在上述第（2）、第（4）项所列情形下，应当由合作企业的董事会或者联合管理委员会作出决定，报审批机关批准。在上述（3）项所列情形下，不履行合作企业合同、章程规定的义务的中外合作者一方或者数方，应当对履行合同的他方因此遭受的损失承担赔偿责任；履行合同的一方或者数方有权向审批机关提出申请，解散合作企业。

四、外资企业法

（一）外资企业法概述

外资企业法包括1986年4月12日六届全国人大第四次会议通过，并于2000年修订的《中华人民共和国外资企业法》（以下简称《外资企业法》），1990年12月12日对外经济贸易部颁布，并于2001年修订的《中华人民共和国外资企业法实施细则》（本节简称《外贸企业法实施细则》）和其他有关外资企业的法律法规。

外资企业，即外商独资企业，是指依照中华人民共和国法律的规定，在中国境内设立，全部资本由外国投资者投资的企业。外资企业不包括外国的企业和其他经济组织在中国境内的分支机构。

外资企业具有以下特征：

（1）外资企业是由外国的企业、其他经济组织或者外国的个人投资举办的企业。

（2）外资企业是依照中国法律规定在中国境内设立的企业，是中国的企业。

（3）外资企业的全部资本都由外国投资者投资。

（4）外资企业由外国投资者单独进行经营管理。

（二）外资企业的设立

1. 外资企业的设立条件

设立外资企业，必须有利于中国国民经济的发展，能够取得显著的经济效益。国家鼓励外资企业采用先进技术和设备，从事新产品开发，实现产品升级换代，节约能源和原材料，并鼓励举办产品出口的外资企业。

2. 外资企业的设立程序

外国企业、其他经济组织和个人设立外资企业，应当向拟设立外资企业所在地的县级或者县级以上地方人民政府提交报告。报告获得批准后，通过拟设立外资企业所在地的县级或者县级以上地方人民政府向审批机关提出申请，并报送有关文件。审批机关应当自接到全部文件之日起90天内决定批准或者不批准。

设立外资企业的申请经批准后，外国投资者应当在收到批准证书之日起30天内向工商行政管理机关申请登记，领取营业执照。外资企业的营业执照签发日期，为该企业的成立日期。

(三) 外资企业的组织形式

外资企业的组织形式为有限责任公司。经批准也可以为其他责任形式。如果外资企业为有限责任公司形式，外国投资者以其认缴的出资额为限对企业承担责任，外资企业以其全部资产对其债务承担责任。

(四) 外资企业的注册资本和出资方式

外资企业的注册资本，是指为设立外资企业在工商行政管理机关登记的资本总额，即外国投资者认缴的全部出资额。外资企业的注册资本要与其经营规模相适应，注册资本与投资总额的比例应当符合中国法律法规的有关规定。

外资企业在经营期内不得减少其注册资本。但是，因投资总额和生产经营规模等发生变化，确需减少的，须经审批机关批准。外资企业注册资本的增加、转让，须经审批机关批准，并向工商行政管理机关办理变更登记手续。

外国投资者可以用可自由兑换的外币出资，也可以用机器设备、工业产权、专有技术等作价出资。经审批机关批准，外国投资者也可以用其从中国境内举办的其他外商投资企业获得的人民币利润出资。

(五) 外资企业的经营制度

1. 外资企业的物资购买

外资企业在批准的经营范围内所需的原材料、燃料等物资，按照公平、合理的原则，可以在国内市场或者在国际市场购买。

2. 外资企业的产品销售

外资企业可以在中国市场销售其产品。国家鼓励外资企业出口其生产的产品。外资企业可以自行在中国销售本企业生产的产品，也可以委托商业机构代销其产品。

3. 外资企业的财务会计

外资企业应当依照中国法律、法规和财政机关的规定，建立财务会计制度并报其所在地财政、税务机关备案。

外资企业必须在中国境内设置会计账簿，并接受财政、税务机关的监督。外资企业拒绝在中国境内设置会计账簿的，财政、税务机关可以处以罚款，工商行政管理机关可以责令停止营业或者吊销营业执照。

外资企业的自制会计凭证、会计账簿和会计报表，应当用中文书写，用外文书写的，应当加注中文。

外资企业的年度会计报表和清算会计报表，应当依照中国财政、税务机关的规定编制，并聘请中国的注册会计师进行验证并出具报告。

4. 外资企业的劳动管理

外资企业在中国境内雇用职工，企业和职工双方应当依照中国的法律、法规签订劳动合同。合同中应当订明雇用、辞退、报酬、福利、劳动保护、劳动保险等事项。外资企业不得雇用童工。

外资企业应当负责职工的业务、技术培训，建立考核制度，使职工在生产、管理技能方面能够适应企业的生产与发展需要。

（六）外资企业的终止

外资企业有下列情形之一的应予以终止：

（1）经营期限届满。

（2）经营不善，严重亏损，外国投资者决定解散。

（3）因自然灾害、战争等不可抗力而遭受严重损失，无法继续经营。

（4）破产。

（5）违反中国法律、法规，危害社会公共利益被依法撤销。

（6）外资企业章程规定的其他解散事由已经出现。

第五节　企业破产法

一、企业破产法概述

企业破产是指企业法人不能清偿到期债务，并且资产不足以清偿全部债务或者明显缺乏清偿能力时，依法定程序将其全部财产强制向全体债权人公平清偿并使企业法人主体资格消灭。

破产是市场机制优胜劣汰的结果，它通过使不合格的市场主体退出市场来优化资源配置，促进社会经济的良性循环。破产带来的压力可以帮助企业提高经济效益。破产也是保护债权人合法权益的一种有效措施。

破产法是调整企业破产关系的法律规范的总称。1986 年 12 月 2 日，第六届全国人大常委会第十八次会议通过了适用于全民所有制企业的《中华人民共和国企业破产法（试行）》（以下简称《企业破产法》）。1991 年 4 月 9 日第七届全国人大常委会第四次会议通过并施行的《中华人民共和国民事诉讼法》以《企业法人破产还债程序》专章规定了对全民所有制企业之外的法人适用的破产法律制度。1991 年，最高人民法院发布了《关于贯彻执行中华人民共和国企业破产法（试行）若干问题的意见》。1992 年 7 月发布的《关于适用中华人民共和国民事诉讼法若干问题的意见》，对企业法人破产还债程序也作了规定。2006 年 8 月 27 日第十届全国人大常委会第二十三次会议通过了《中华人民共和国企业破产法》（以下简称《企业破产法》），该法自 2007 年 6 月 1 日正式施行。

二、破产案件的申请和受理

（一）破产界限

破产界限又称破产原因，是指法院宣告债务人破产的依据。《企业破产法》第 2 条规定，企业法人不能清偿到期债务，并且资产不足以清偿全部债务或者明显缺乏清偿能力的，依照本法规定清理债务。可见，不能清偿到期债务和资产不足以清偿全部债务或者明显缺乏清偿能力同时存在，即达到破产界限。

当然，企业达到破产界限并不必然导致破产，符合破产条件的企业法人可以向人民法院提出重整、和解申请，债权人也可以向人民法院提出对负债企业进行重整。经过重整，企业有可能恢复清偿能力，得以继续存在。

（二）破产申请

破产申请是指债务人、债权人或负有清算责任的人向人民法院请求受理破产案件。

债务人可以向人民法院提出破产清算申请。债务人不能清偿到期债务，债权人可以向人民法院提出对债务人进行破产清算的申请。企业法人已解散但未清算或者未清算完毕，资产不足以清偿债务的，依法负有清算责任的人应当向人民法院申请破产清算。

破产案件由债务人住所地人民法院管辖。申请人向人民法院提出破产申请，应当提交破产申请书和有关证据。人民法院受理破产申请前，申请人可以请求撤回申请。

债务人提出申请的，还应当向人民法院提交财产状况说明、债务清册、债权清册、有关财务会计报告、职工安置预案以及职工工资的支付和社会保险费用的缴纳情况。

（三）破产的受理

1. 受理的期限

债权人提出破产申请的，人民法院应当自收到申请之日起 5 日内通知债务人。债务人对申请有异议的，应当自收到人民法院的通知之日起 7 日内向人民法院提出。人民法院应当自异议期满之日起 10 日内裁定是否受理。除前述情形外，人民法院应当自收到破产申请之日起 15 日内裁定是否受理。有特殊情况需要延长前述裁定受理期限的，经上一级人民法院批准，可以延长 15 日。

人民法院受理破产申请的，应当自裁定作出之日起 5 日内送达申请人。债权人提出申请的，人民法院应当自裁定作出之日起 5 日内送达债务人。债务人应当自裁定送达之日起 15 日内，向人民法院提交财产状况说明、债务清册、债权清册、有关财务会计报告以及职工工资的支付和社会保险费用的缴纳情况。

人民法院裁定不受理破产申请的，应当自裁定作出之日起 5 日内送达申请人并说明理由。申请人对裁定不服的，可以自裁定送达之日起 10 日内向上一级人民法院提起上诉。

人民法院受理破产申请后至破产宣告前，经审查发现债务人没有达到破产界限的，可以裁定驳回申请。申请人对裁定不服的，可以自裁定送达之日起 10 日内向上一级人民法院提起上诉。

2. 指定管理人

人民法院裁定受理破产申请的，应当同时指定管理人。管理人可以由有关部门、机构的人员组成的清算组或者依法设立的律师事务所、会计师事务所、破产清算事务所等社会中介机构担任。人民法院根据债务人的实际情况，可以在征询有关社会中介机构的意见后，指定该机构具备相关专业知识并取得执业资格的人员担任管理人。个人担任管理人的，应当参加执业责任保险。

管理人依法执行职务，向人民法院报告工作，并接受债权人会议和债权人委员会的监督。管理人应当列席债权人会议，向债权人会议报告职务执行情况，并回答询问。

管理人履行下列职责：

（1）接管债务人的财产、印章和账簿、文书等资料。

（2）调查债务人财产状况，制作财产状况报告。

（3）决定债务人的内部管理事务。

（4）决定债务人的日常开支和其他必要开支。

（5）在第一次债权人会议召开之前，决定继续或者停止债务人的营业。

（6）管理和处分债务人的财产。

（7）代表债务人参加诉讼、仲裁或者其他法律程序。

（8）提议召开债权人会议。

（9）人民法院认为管理人应当履行的其他职责。

管理人没有正当理由不得辞去职务。管理人辞去职务应当经人民法院许可。债权人会议认为管理人不能依法、公正执行职务或者有其他不能胜任职务情形的，可以申请人民法院予以更换。

3. 通知和公告

人民法院应当自裁定受理破产申请之日起 25 日内通知已知债权人，并予以公告。通知和公告应当载明下列事项：

（1）申请人、被申请人的名称或者姓名。

（2）人民法院受理破产申请的时间。

（3）申报债权的期限、地点和注意事项。

（4）管理人的名称或者姓名及其处理事务的地址。

（5）债务人的债务人或者财产持有人应当向管理人清偿债务或者交付财产的要求。

（6）第一次债权人会议召开的时间和地点。

（7）人民法院认为应当通知和公告的其他事项。

4. 受理后的法律效力

（1）自人民法院受理破产申请的裁定送达债务人之日起至破产程序终结之日，债务人的法定代表人、经人民法院决定还可以包括企业的财务管理人员和其他经营管理人员承担下列义务：

① 妥善保管其占有和管理的财产、印章和账簿、文书等资料。

② 根据人民法院、管理人的要求进行工作，并如实回答询问。

③ 列席债权人会议并如实回答债权人的询问。

④ 未经人民法院许可，不得离开住所地。

⑤ 不得新任其他企业的董事、监事、高级管理人员。

（2）人民法院受理破产申请后，债务人对个别债权人的债务清偿无效。

（3）人民法院受理破产申请后，债务人的债务人或者财产持有人应当向管理人清偿债务或者交付财产。债务人的债务人或者财产持有人故意违反上述规定向债务人清偿债务或者交付财产，使债权人受到损失的，不免除其清偿债务或者交付财产的义务。

（4）人民法院受理破产申请后，管理人对破产申请受理前成立而债务人和对方当事人均未履行完毕的合同有权决定解除或者继续履行，并通知对方当事人。管理人自破产申请受理之日起 2 个月内未通知对方当事人，或者自收到对方当事人催告之日起 30 日内未答复的，视为解除合同。管理人决定继续履行合同的，对方当事人应当履行；但是，对方当事人有权要求管理人提供担保。管理人不提供担保的，视为解除合同。

（5）人民法院受理破产申请后，有关债务人财产的保全措施应当解除，执行程序应当中止。

（6）人民法院受理破产申请后，已经开始而尚未终结的有关债务人的民事诉讼或者仲裁应当中止；在管理人接管债务人的财产后，该诉讼或者仲裁继续进行。

（7）人民法院受理破产申请后，有关债务人的民事诉讼，只能向受理破产申请的人民法院提起。

三、债务人财产、破产费用和共益债务

（一）债务人财产

债务人财产是指破产申请受理时属于债务人的全部财产，以及破产申请受理后至破产程序终结前债务人取得的财产。

1. 可撤销的债务人行为

人民法院受理破产申请前1年内，涉及债务人财产的下列行为，管理人有权请求人民法院予以撤销：

（1）无偿转让财产的。

（2）以明显不合理的价格进行交易的。

（3）对没有财产担保的债务提供财产担保的。

（4）对未到期的债务提前清偿的。

（5）放弃债权的。

人民法院受理破产申请前6个月内，债务人不能清偿到期债务并且资产不足以清偿全部债务或者明显缺乏清偿能力，仍对个别债权人进行清偿的，管理人有权请求人民法院予以撤销。但是，个别清偿使债务人财产受益的除外。

2. 无效的债务人行为

涉及债务人财产的下列行为无效：

（1）为逃避债务而隐匿、转移财产的。

（2）虚构债务或者承认不真实的债务的。

3. 由管理人处理的其他债务人财产

（1）人民法院受理破产申请后，债务人的出资人尚未完全履行出资义务的，管理人应当要求该出资人缴纳所认缴的出资，而不受出资期限的限制。

（2）债务人的董事、监事和高级管理人员利用职权从企业获取的非正常收入和侵占的企业财产，管理人应当追回。

（3）人民法院受理破产申请后，管理人可以通过清偿债务或者提供为债权人接受的担保，取回质物、留置物。债务清偿或者替代担保，在质物或者留置物的价值低于被担保的债权额时，以该质物或者留置物当时的市场价值为限。

（4）人民法院受理破产申请后，债务人占有的不属于债务人的财产，该财产的权利人可以通过管理人取回。

（5）人民法院受理破产申请时，出卖人已将买卖标的物向作为买受人的债务人发运，债务人尚未收到且未付清全部价款的，出卖人可以取回在运途中的标的物。但是，管理人可以支付全部价款，请求出卖人交付标的物。

4. 债权人的抵销权

债权人在破产申请受理前对债务人负有债务的，可以向管理人主张抵销。但是，有下列情形之一的，不得抵销：

（1）债务人的债务人在破产申请受理后取得他人对债务人的债权的。

（2）债权人已知债务人有不能清偿到期债务或者破产申请的事实，对债务人负担债务的，但是债权人因为法律规定或者有破产申请1年前所发生的原因而负担债务的除外。

（3）债务人的债务人已知债务人有不能清偿到期债务或者破产申请的事实，对债务人取得债权的，但是债务人的债务人因为法律规定或者有破产申请1年前所发生的原因而取得债权的除外。

（二）破产费用和共益债务

1. 破产费用

人民法院受理破产申请后发生的下列费用，为破产费用：

（1）破产案件的诉讼费用。

（2）管理、变价和分配债务人财产的费用。

（3）管理人执行职务的费用、报酬和聘用工作人员的费用。

2. 共益债务

人民法院受理破产申请后发生的下列债务，为共益债务：

（1）因管理人或者债务人请求对方当事人履行双方均未履行完毕的合同所产生的债务。

（2）债务人财产受无因管理所产生的债务。

（3）因债务人不当得利所产生的债务。

（4）为债务人继续营业而应支付的劳动报酬和社会保险费用以及由此产生的其他债务。

（5）管理人或者相关人员执行职务致人损害所产生的债务。

（6）债务人财产致人损害所产生的债务。

3. 破产费用和共益债务的清偿

破产费用和共益债务由债务人财产随时清偿。债务人财产不足以清偿所有破产费用和共益债务的，先行清偿破产费用。债务人财产不足以清偿所有破产费用或者共益债务的，按照比例清偿。

债务人财产不足以清偿破产费用的，管理人应当提请人民法院终结破产程序。人民法院应当自收到请求之日起15日内裁定终结破产程序，并予以公告。

四、债权申报和债权人会议

（一）债权申报

1. 债权申报的期限

债权申报是债权人在人民法院发出破产申请受理通知或者公告后，在法定期限内向人民法院申请登记债权。

人民法院受理破产申请后，应当确定债权人申报债权的期限。债权申报期限自人民法院发布受理破产申请公告之日起计算，最短不得少于30日，最长不得超过3个月。

未到期的债权，在破产申请受理时视为到期。附利息的债权自破产申请受理时起停止计息。附条件、附期限的债权和诉讼、仲裁未决的债权，债权人可以申报。

债权人应当在人民法院确定的债权申报期限内向管理人申报债权。在人民法院确定的债权申报期限内，债权人未申报债权的，可以在破产财产最后分配前补充申报；但是，此前已进行的分配，不再对其补充分配。为审查和确认补充申报债权的费用，由补充申报人承担。债权人未依法申报债权的，不得依《企业破产法》规定的程序行使权利。

2. 债权表的编制

管理人收到债权申报材料后，应当登记造册，对申报的债权进行审查，并编制债权表。

债权表应当提交第一次债权人会议核查。债务人、债权人对债权表记载的债权无异议的，由人民法院裁定确认。债务人、债权人对债权表记载的债权有异议的，可以向受理破产申请的人民法院提起诉讼。

（二）债权人会议

1. 债权人会议的组成

债权人会议由全体债权人组成，其成立目的是在法院的监督下讨论决定有关破产事宜，维护债权人的共同利益。

依法申报债权的债权人为债权人会议的成员，有权参加债权人会议，享有表决权。债权尚未确定的债权人，除人民法院能够为其行使表决权而临时确定债权额的外，不得行使表决权。对债务人的特定财产享有担保权的债权人，未放弃优先受偿权利的，对通过和解协议和通过破产财产的分配方案不享有表决权。

债权人可以委托代理人出席债权人会议，行使表决权。代理人出席债权人会议，应当向人民法院或者债权人会议主席提交债权人的授权委托书。债权人会议应当有债务人的职工和工会的代表参加，对有关事项发表意见。

债权人会议设主席 1 人，由人民法院从有表决权的债权人中指定。债权人会议主席主持债权人会议。

2. 债权人会议的职权

债权人会议行使下列职权：

（1）核查债权。

（2）申请人民法院更换管理人，审查管理人的费用和报酬。

（3）监督管理人。

（4）选任和更换债权人委员会成员。

（5）决定继续或者停止债务人的营业。

（6）通过重整计划。

（7）通过和解协议。

（8）通过债务人财产的管理方案。

（9）通过破产财产的变价方案。

（10）通过破产财产的分配方案。

（11）人民法院认为应当由债权人会议行使的其他职权。

债权人会议应当对所议事项的决议作成会议记录。

3. 债权人会议的召开

第一次债权人会议由人民法院召集，自债权申报期限届满之日起 15 日内召开。以后的债权人会议，在人民法院认为必要时，或者管理人、债权人委员会、占债权总额 1/4 以上的债权人向债权人会议主席提议时召开。召开债权人会议，管理人应当提前 15 日通知已知的债权人。

4. 债权人会议决议

债权人会议的决议，由出席会议的有表决权的债权人过半数通过，并且其所代表的债权额占无财产担保债权总额的 1/2 以上。

债权人认为债权人会议的决议违反法律规定，损害其利益的，可以自债权人会议作出决议之日起 15 日内，请求人民法院裁定撤销该决议，责令债权人会议依法重新作出决议。债权人会议的决议，对于全体债权人均有约束力。

债务人财产的管理方案和破产财产的变价方案经债权人会议表决未通过的，由人民法院裁定。破产财产的分配方案经债权人会议二次表决仍未通过的，由人民法院裁定。对上述裁定，人民法院可以在债权人会议上宣布或者另行通知债权人。

5. 债权人委员会

债权人会议可以决定设立债权人委员会。债权人委员会由债权人会议选任的债权人代表和1名债务人的职工代表或者工会代表组成。债权人委员会成员不得超过9人。债权人委员会成员应当经人民法院书面决定认可。

债权人委员会行使下列职权：

（1）监督债务人财产的管理和处分。

（2）监督破产财产分配。

（3）提议召开债权人会议。

（4）债权人会议委托的其他职权。

管理人实施下列行为，应当及时报告债权人委员会：

（1）涉及土地、房屋等不动产权益的转让。

（2）探矿权、采矿权、知识产权等财产权的转让。

（3）全部库存或者营业的转让。

（4）借款。

（5）设定财产担保。

（6）债权和有价证券的转让。

（7）履行债务人和对方当事人均未履行完毕的合同。

（8）放弃权利。

（9）担保物的取回。

（10）对债权人利益有重大影响的其他财产处分行为。

五、重整和和解

（一）重整

重整是指经债务人或债权人申请，人民法院裁定，申请人制定计划，债务人继续营业，以使债务人恢复清偿能力的制度。

1. 重整申请和重整期间

债务人或者债权人可以依法直接向人民法院申请对债务人进行重整。债权人申请对债务人进行破产清算的，在人民法院受理破产申请后、宣告债务人破产前，债务人或者出资额占债务人注册资本1/10以上的出资人，可以向人民法院申请重整。

自人民法院裁定债务人重整之日起至重整程序终止，为重整期间。在重整期间，经债务人申请，人民法院批准，债务人可以在管理人的监督下自行管理财产和营业事务。管理人负责管理财产和营业事务的，可以聘任债务人的经营管理人员负责营业事务。

在重整期间，有下列情形之一的，经管理人或者利害关系人请求，人民法院应当裁定终止重整程序，并宣告债务人破产：

(1) 债务人的经营状况和财产状况继续恶化，缺乏挽救的可能性。

(2) 债务人有欺诈、恶意减少债务人财产或者其他显著不利于债权人的行为。

(3) 由于债务人的行为致使管理人无法执行职务。

2. 重整计划的制定和批准

债务人或者管理人应当自人民法院裁定债务人重整之日起 6 个月内，同时向人民法院和债权人会议提交重整计划草案。前述期限届满，经债务人或者管理人请求，有正当理由的，人民法院可以裁定延期 3 个月。债务人或者管理人未按期提出重整计划草案的，人民法院应当裁定终止重整程序，并宣告债务人破产。

债务人自行管理财产和营业事务的，由债务人制作重整计划草案。管理人负责管理财产和营业事务的，由管理人制作重整计划草案。

各类债权的债权人参加讨论重整计划草案的债权人会议，依照债权分类分组对重整计划草案进行表决。人民法院应当自收到重整计划草案之日起 30 日内召开债权人会议，对重整计划草案进行表决。出席会议的同一表决组的债权人过半数同意重整计划草案，并且其所代表的债权额占该组债权总额的 2/3 以上的，即为该组通过重整计划草案。各表决组均通过重整计划草案时，重整计划即为通过。

自重整计划通过之日起 10 日内，债务人或者管理人应当向人民法院提出批准重整计划的申请。人民法院经审查认为符合《企业破产法》规定的，应当自收到申请之日起 30 日内裁定批准，终止重整程序，并予以公告。

重整计划草案未获得通过或者已通过的重整计划未获得批准的，人民法院应当裁定终止重整程序，并宣告债务人破产。

3. 重整计划的执行

重整计划由债务人负责执行。人民法院裁定批准重整计划后，已接管财产和营业事务的管理人应当向债务人移交财产和营业事务。

自人民法院裁定批准重整计划之日起，在重整计划规定的监督期内，由管理人监督重整计划的执行。在监督期内，债务人应当向管理人报告重整计划执行情况和债务人财务状况。

债务人不能执行或者不执行重整计划的，人民法院经管理人或者利害关系人请求，应当裁定终止重整计划的执行，并宣告债务人破产。

(二) 和解

和解是指为避免债务人破产，在人民法院主持下由债务人和债权人就债务清偿达成协议。

债务人可以直接向人民法院申请和解，也可以在人民法院受理破产申请后、宣告债务人破产前，向人民法院申请和解。

债务人申请和解，应当提出和解协议草案。人民法院经审查认为和解申请符规定的，应当裁定和解，予以公告，并召集债权人会议讨论和解协议草案。债权人会议通过和解协议的决议，由出席会议的有表决权的债权人过半数同意，并且其所代表的债权额占无财产担保债权总额的2/3以上。

债权人会议通过和解协议的，由人民法院裁定认可，终止和解程序，并予以公告。管理人应当向债务人移交财产和营业事务，并向人民法院提交执行职务的报告。

和解协议草案经债权人会议表决未获得通过，或者已经债权人会议通过的和解协议未获得人民法院认可的，人民法院应当裁定终止和解程序，并宣告债务人破产。

经人民法院裁定认可的和解协议，对债务人和全体和解债权人均有约束力。债务人不能执行或者不执行和解协议的，人民法院经和解债权人请求，应当裁定终止和解协议的执行，并宣告债务人破产。

六、破产清算

1. 破产宣告

破产宣告是指由人民法院依法对符合破产条件的企业作出宣告破产的裁定。

人民法院依法宣告债务人破产的，应当自裁定作出之日起5日内送达债务人和管理人，自裁定作出之日起10日内通知已知债权人，并予以公告。

破产宣告前，有下列情形之一的，人民法院应当裁定终结破产程序，并予以公告：第三人为债务人提供足额担保或者为债务人清偿全部到期债务的；债务人已清偿全部到期债务的。

2. 变价和分配

管理人应当及时拟订破产财产变价方案，提交债权人会议讨论。管理人应当按照债权人会议通过的或者人民法院裁定的破产财产变价方案，适时变价出售破产财产。变价出售破产财产应当通过拍卖进行。但是，债权人会议另有决议的除外。破产企业可以全部或者部分变价出售。企业变价出售时，可以将其中的无形资产和其他财产单独变价出售。

破产财产在优先清偿破产费用和共益债务后，依照下列顺序清偿：

（1）破产人所欠职工的工资和医疗、伤残补助、抚恤费用，所欠的应当划入职工个人账户的基本养老保险、基本医疗保险费用，以及法律、行政法规规定应当支付给职工的补偿金。

（2）破产人欠缴的除前项规定以外的社会保险费用和破产人所欠税款。

（3）普通破产债权。

破产财产不足以清偿同一顺序的清偿要求的，按照比例分配。破产企业的董事、监事和高级管理人员的工资按照该企业职工的平均工资计算。破产财产的分配应当以货币分配方式进行。但是，债权人会议另有决议的除外。

3. 破产程序的终结

破产人无财产可供分配的，管理人应当请求人民法院裁定终结破产程序。管理人在最后分配完结后，应当及时向人民法院提交破产财产分配报告，并提请人民法院裁定终结破产程序。

人民法院应当自收到管理人终结破产程序的请求之日起15日内作出是否终结破产程序的裁定。裁定终结的，应当予以公告。

管理人应当自破产程序终结之日起10日内，持人民法院终结破产程序的裁定，向破产人的原登记机关办理注销登记。

七、违反企业破产法的法律责任

企业董事、监事或者高级管理人员违反忠实义务、勤勉义务，致使所在企业破产的，依法承担民事责任。且自破产程序终结之日起3年内不得担任任何企业的董事、监事、高级管理人员。

有义务列席债权人会议的债务人的有关人员，经人民法院传唤，无正当理由拒不列席债权人会议的，人民法院可以拘传，并依法处以罚款。债务人的有关人员违反《企业破产法》的规定，拒不陈述、回答，或者作虚假陈述、回答的，人民法院可以依法处以罚款。

债务人违反《企业破产法》的规定，拒不向人民法院提交或者提交不真实的财产状况说明、债务清册、债权清册、有关财务会计报告以及职工工资的支付情况和社会保险费用的缴纳情况的，人民法院可以对直接责任人员依法处以罚款。债务人违反《企业破产法》的规定，拒不向管理人移交财产、印章和账簿、文书等资料的，或者伪造、销毁有关财产证据材料而使财产状况不明的，人民法院可以对直接责任人员依法处以罚款。

债务人有涉及财产的可撤销或者无效行为，损害债权人利益的，债务人的法定代表人和其他直接责任人员依法承担赔偿责任。

债务人的有关人员违反《企业破产法》的规定，擅自离开住所地的，人民法院可以予以训诫、拘留，可以依法并处罚款。

管理人未依法勤勉尽责，忠实执行职务的，人民法院可以依法处以罚款；

给债权人、债务人或者第三人造成损失的，依法承担赔偿责任。

本章小结

企业是市场经济的最基本主体，有关企业的法律法规不但数量大而且层次高。全民所有制和集体所有制企业是社会主义公有制经济的承载者。公司是企业的最基本、也是最重要的法律形式。个人独资企业和合伙企业是中小经营者经常采用的企业形式。外商投资企业法是调整外商直接投资的基本法律。企业破产法律制度则是实现优胜劣汰的市场法则、保护企业和债权人的有效手段。

复习思考

1. 全民所有制企业每年应从工资总额的新增部分中提取不少于______，建立企业工资储备基金，由企业自主使用。

2. ________是城镇集体企业的权力机构，它选举和罢免企业管理人员，决定企业经营管理的重大问题。

3. 有限责任公司股东会会议作出________、增加或者减少注册资本的决议，以及公司合并、分立、解散或者变更公司形式的决议，必须经代表2/3以上表决权的股东通过。

4. 董事、高级管理人员执行公司职务时违反法律、行政法规或者公司章程的规定，给公司造成损失的，有限责任公司的股东、股份有限公司连续____日以上单独或者合计持有公司1%以上股份的股东，可以书面请求监事会或者不设监事会的有限责任公司的监事向人民法院提起诉讼。

5. 有限合伙企业应有2个以上50个以下合伙人，至少应当有________个普通合伙人。

6. 个人独资企业成立后无正当理由超过________个月未开业的，或者开业后自行停业连续6个月以上的，吊销营业执照。

7. 中外合资经营企业合同中规定分期缴付出资的，合营各方第一期出资不得低于各自认缴的出资额的________，并且应当在营业执照签发之日起3个月内缴清。

8. 中外合作经营企业依法取得中国法人资格的，为________ 公司。

9. 国家鼓励外资企业采用先进技术和设备，从事新产品开发，实现产品升级换代，节约能源和原材料，并鼓励举办________的外资企业。

10. 破产财产不足以清偿同一顺序的清偿要求的，按照________分配。

11. 全民所有制工业企业享有哪些经营权？

12. 股份有限公司的设立条件包括哪些？

13. 退伙的原因包括哪些？

14. 什么是中外合资经营企业？它有哪些特征？

15. 《企业破产法》规定的共益债务包括哪些？

第三章　反不正当竞争法律制度

内容提要

本章包括四节内容。首先概括介绍了反不正当竞争、反不正当竞争法，其次详细阐述了反不正当竞争法规定的各种行为，随后介绍了对不正当竞争行为的监督检查制度，最后阐释了违反反不正当竞争法的法律责任。其中，各种不正当竞争行为的概念和内容是学习的重点。

学习目标

1. 了解对不正当竞争的监督检查和违反反不正当竞争法的法律责任。
2. 理解各种不正当竞争行为的概念和内涵。
3. 能够应用所学知识解决现实生活中遇到的实际问题。
4. 能够分析不正当竞争案例。

学习提示

1. 关注现实生活中有关不正当竞争问题的报道。
2. 阅读相关论文、著作和案例分析材料。
3. 主动运用所学知识思考生活中遇到的实际问题。

第一节　反不正当竞争法概述

一、反不正当竞争法的概念

反不正当竞争法，是指调整反不正当竞争关系的法律规范的总称。具体而言，反不正当竞争法是调整在制止不正当竞争行为，维护公平、自由和有效的竞争秩序，保护其他经营者和消费者合法权益的过程中所产生的社会关系的法律规范的总称。

广义的反不正当竞争法是指调整反不正当竞争过程中产生的社会关系的所有法律规范的总称，狭义的反不正当竞争法是指 1993 年 9 月 2 日第八届全国人大常委会第三次会议通过的《中华人民共和国反不正当竞争法》（以下简称《反不正当竞争法》）。在我国实行高度集中的计划经济体制时期，社会经济生活中基本上不存在竞争，也就没有不正当竞争产生的土壤。改革开放后，竞争机制被引入社会经济生活，不正当竞争现象也随之出现。1980 年 10 月 17 日，国务院发布了《关于开展和保护社会主义竞争的暂行规定》，这是我国第一个关于维护经济生活中竞争秩序的专门法规。1993 年 9 月 2 日，八届人大常委会第三次会议通过了《反不正当竞争法》。国家工商行政管理局针对特殊的不正当竞争行为，陆续发布了《关于禁止公用企业限制竞争行为的若干规定》《关于禁止有奖销售活动中不正当竞争行为的若干规定》《关于禁止仿冒知名商品特有名称、包装、装潢的不正当竞争行为的若干规定》《关于禁止侵犯商业秘密行为的若干规定》《关于禁止商业贿赂行为的暂行规定》《关于禁止串通招标投标行为的暂行规定》等。

二、不正当竞争概述

（一）不正当竞争的概念和特征

不正当竞争是指经营者违反反不正当竞争法的规定，损害其他经营者的合法权益，扰乱社会经济秩序的行为。

不正当竞争具有以下特征：

（1）不正当竞争行为的主体一般是经营者。所谓经营者，是指从事商品经营或者营利性服务的法人、其他经济组织和个人，例如，商场、餐饮企业、美容院等。非经营者不能成为不正当竞争行为的主体。

（2）不正当竞争行为具有违法性。不正当竞争行为破坏了市场中公平自由的竞争秩序，阻碍了科技进步和生产力的发展，损害了其他经营者和消费者的合法权益；同时不正当竞争行为违反了经营者应遵循的自愿、平等、公平和诚实信用等公认的商业道德，因而是一种法律所禁止的行为。

(3) 不正当竞争行为损害了其他经营者的合法权益。例如，经营者实施的采取假冒注册商标、盗窃商业秘密等不正当手段夺取他人的竞争优势的行为，采取贬低竞争对手、虚假宣传等不正当手段谋取竞争优势的行为，都损害了其他经营者的合法权益。

(4) 不正当竞争行为扰乱了社会经济秩序。不正当竞争行为不仅损害了其他经营者的合法权益，而且破坏了市场中公平自由的竞争秩序，损害了社会公共利益。

(二) 不正当竞争行为与其他行为辨析

1. 不正当竞争行为与一般民事侵权行为

不正当竞争行为与一般民事侵权行为都是违法行为，都会给对方当事人造成损害。二者相似之处很多，但也有明显的区别：(1) 目的不同。不正当竞争行为人实施不正当竞争行为是为了获得比其他经营者更高的竞争优势；一般民事侵权行为人实施民事侵权行为，则并不一定出于竞争的考虑。(2) 主体不同。实施不正当竞争行为的主体是经营者；实施一般民事侵权行为的主体可以是任何自然人、法人和其他经济组织，而不限于经营者。(3) 侵害的客体不同。不正当竞争行为不但侵害了其他经营者的利益，而且会损害消费者的合法权益，扰乱市场经济秩序；一般民事侵权行为侵害的是对方当事人的人身、财产利益。(4) 归责原则不同。不正当竞争行为不以损害结果为承担责任的必要条件；一般民事侵权行为以损害后果的发生作为责任承担的必要条件。

2. 不正当竞争行为与损害消费者合法权益行为

不正当竞争行为往往会损害消费者的合法权益，因而不正当竞争行为与损害消费者合法权益行为有着密切的联系和诸多相似之处。但二者也存在着如下区别：(1) 目的不同。经营者实施不正当竞争行为是为了在竞争中取得优势；经营者实施损害消费者合法权益的行为不具有上述目的。(2) 侵害的客体不同。不正当竞争行为侵害了与行为人竞争的其他经营者的利益，扰乱了市场经济秩序，同时也会损害消费者的合法权益；损害消费者合法权益行为主要是损害了消费者的合法权益。(3) 行为方式不同。不正当竞争行为是以违背诚实信用原则和公认商业道德的假冒、胁迫、利诱、贿赂等方式进行的；损害消费者合法权益则是以经营者在提供商品和服务时，直接侵害消费者的安全权、知情权、公平交易权等权利的方式表现出来的。

三、我国《反不正当竞争法》的立法目的和原则

（一）我国《反不正当竞争法》的立法目的

我国《反不正当竞争法》开宗明义地规定："为保障社会主义市场经济健康发展，鼓励和保护公平竞争，制止不正当竞争行为，保护经营者和消费者的合法权益，制定本法。"这条规定说明《反不正当竞争法》的最直接的目的是制止不正当竞争行为。《反不正当竞争法》通过制止不正当竞争行为，使诚实经营、公平竞争的经营者以及消费者成为受益主体，他们的合法权益因此得以保护。《反不正当竞争法》的终极目的是在制止不正当竞争行为的基础上维护公平自由的竞争秩序，从而为社会主义市场经济的健康发展提供保障。

（二）我国《反不正当竞争法》的原则

根据《反不正当竞争法》的规定，经营者在市场交易中应当遵循以下原则：

1. 自愿原则

自愿原则，是指经营者在市场交易中，根据自己的意志从事交易活动，不受他人欺诈、胁迫的原则。自愿是经营者和消费者在交易中意志自由，在法律规定的范围内有权自主决定是否进行经营行为、进行何种经营行为以及与谁进行该行为，经营者在受欺诈、胁迫的情况下所为的行为无效，经营者要尊重其他经营者和消费者的意愿。

2. 平等原则

平等原则，是指经营者在市场交易中，彼此法律地位平等，平等地享受权利和承担义务，平等地受到法律保护的原则。法律上的地位平等意味着经营者在享受权利的同时必须承担相应的义务，侵害其他主体的合法权益的经营者一概要承担相应的责任，不允许任何一个经营者享有特权，任何经营者都不许将自己的意志强加给他人。

3. 公平原则

公平原则，是指经营者在市场交易中，应当合情合理、正当地行使自己的权利，尊重他人利益和社会公共利益的原则。经营者的市场竞争机会是均等的，不允许任何主体采用不正当的方式破坏竞争秩序，经营者和消费者在权利的享有和义务的承担上不能明显地失当。

4. 诚实信用原则

诚实信用原则，是指经营者在市场交易中，应当坦诚相待，恪守信用，不得弄虚作假和损人利己的原则。经营者在市场交易中要如实宣传自己经营的商品和提供的服务，要信守诺言，遵守合同，注意维护良好的商业信誉。

（三）我国《反不正当竞争法》的立法体例

现代完整的竞争法体系应当包括调整禁止垄断、反对限制竞争和反对不正当竞争等社会关系的法律规范在内。但是在立法体例上不同的国家和地区却存在很大差异：(1) 合并立法。即将禁止垄断、反限制竞争和反不正当竞争的法律规范规定于一部法律中，对这三大类行为进行统一调整，如匈牙利的“反不正当竞争法”和我国台湾地区的“公平交易法”。(2) 分别立法。即将禁止垄断和反限制竞争的法律规范规定于一部法律之中，将反不正当竞争的法律规范规定于一部专门的法律之中，如德国、瑞士、日本和韩国。德国1896年制定的“反不正当竞争法”被视为世界上第一部专门的反不正当竞争法。(3) 不制定专门的反不正当竞争法。美国就是以专项法规和判例来规制不正当竞争行为的，不存在专门的反不正当竞争法。

我国的《反不正当竞争法》从立法体例上看属于分别立法。

第二节 反不正当竞争法规定的行为

一、不正当竞争行为

（一）采用欺骗性标志从事市场交易的行为

(1) 假冒他人注册商标

注册商标是经商标局核准注册的商品生产者或经营者在其制造、加工、拣选、经销的商品上或者对其从事的服务所加的标志。注册商标可与同种类的商品和服务相区别，同时也代表着使用该商标商品或服务的质量信誉，因而具有专用性。

(2) 擅自使用知名商品特有的名称、包装、装潢，或者使用与知名商品近似的名称、包装、装潢，造成和他人的知名商品相混淆，使购买者误认为是该知名商品。知名商品是指具有良好的商品声誉而在一定的范围内具有知名度的商品。知名商品的名称、包装、装潢是该商品与其他商品相区别的重要标志，代表着一定的无形财产价值。

(3) 擅自使用他人的企业名称或者姓名，引人误认为是他人的商品。企业名称或姓名是商品或服务来源的标志，反映着经营者的商业信誉和商品声誉，是无形财产权的体现。

(4) 在商品上伪造或冒用认证标志、名优标志等质量标志，伪造产地，对商品质量作引人误解的虚假表示。认证标志和名优标志是商品质量的外在表现，商品的产地往往代表着商品的信誉和质量指标。对商品质量作引人误解的虚假表示，是指经营者对反映商品质量的品质、成分、性能、用途、日期的指标作出可能使消费者发生错误认识的标注的行为。

上述四种行为具有下列特征：(1) 主观上是故意，并且具有欺骗他人以使他人误认的目的。(2) 采用会使他人发生错误认识的不诚实方式进行。(3) 经营者的仿冒、擅自使用行为挤占了有权使用该标志的商品的市场份额，损害该商品生产者或服务提供者的利益，同时也会在事实上无端提高其经营的商品或提供的服务的价格，侵害与其竞争的经营者和广大消费者的利益。

（二）商业贿赂行为

商业贿赂是指经营者在商品的购买或销售活动中，为了获得交易机会和市场竞争优势，通过秘密给付财物或者其他利益等不正当手段收买客户及其工作人员、政府有关部门工作人员以及其他能够影响该交易的人员的行为。商业贿赂主体可以是商品的买方，也可以是卖方；主观上是故意并具有取得竞争优势的目的；商业贿赂的方式除给予财物外，还包括免费旅游，高档宴席，房屋装修，解决子女入学、出国、就业等。商业贿赂扭曲了市场中的公平竞争秩序，违背了价值规律，阻碍了社会资源的合理配置，而且是导致腐败的重要原因，社会危害性极大。

《反不正当竞争法》还规定，在账外暗中给予对方单位或者个人回扣的，以行贿论处；对方单位或者个人在账外暗中收受回扣的，以受贿论处。经营者销售或者购买商品，可以以明示方式给对方折扣，可以给中间人佣金。经营者给对方折扣、给中间人佣金的，必须如实入账。接受折扣、佣金的经营者必须如实入账。可见，如实入账的折扣、佣金是合法的，只有账外暗中的回扣才是不正当竞争行为。

（三）引人误解的虚假宣传行为

引人误解的虚假宣传行为是指经营者利用广告或其他类似的宣传方法，对商品的质量、制作成分、性能、用途、生产者、有效期限、产地等进行的能够引起他人误解的虚假的散布和传播行为。虚假宣传可以由经营者亲自进行也可以委托他人进行，广告的经营者明知或者应知的情况下，代理、制作、发布虚假广告的，也要承担法律责任。

（四）侵犯商业秘密的行为

商业秘密是指不为公众所知悉、能为权利人带来经济利益、具有实用性并经权利人采取保密措施的技术信息和经营信息。商业秘密包括工艺流程、技术秘诀、产品配方等技术信息和具有秘密性质的管理方法、产销策略、客户名单等经营信息两大部分。秘密性、实用性和保密性是商业秘密的构成条件。

根据《反不正当竞争法》的规定，侵犯商业秘密的不正当竞争行为有下列三种情形：

（1）以盗窃、利诱、胁迫或者其他不正当手段获取权利人的商业秘密。

（2）披露、使用或者允许他人使用上述手段获取的权利人的商业秘密。

（3）违反约定或者违反权利人有关保守商业秘密的要求，披露、使用或者允许他人使用其所掌握的商业秘密。

此外，第三人明知或者应知以上违法行为，获取、使用或者披露他人的商业秘密，视为侵犯商业秘密。

（五）降价排挤竞争对手的行为

降价排挤竞争对手的行为是指经营者以排挤竞争对手为目的，以低于成本的价格销售商品的行为。这种行为具有两个明显的特征：其一，主观上以排挤竞争对手为目的，而不是为了让利于消费者。其二，客观上以低于成本的价格销售商品。但这种销售价格只是暂时的，一旦挤垮竞争对手，经营者立刻会抬高价格。

但是，下列情形不属于不正当竞争行为：

（1）销售鲜活商品。

（2）处理有效期限即将到期的商品或者其他积压的商品。

（3）季节性降价。

（4）因清偿债务、转产、歇业降价销售商品。

上述行为由于不具有排挤竞争对手的目的，即使在客观上挤占了其他经营者的市场份额，也不承担法律责任。

（六）搭售或者附加其他不合理的条件而销售商品的行为

这种行为是指经营者在销售商品的时候违背购买者的意愿搭售商品或者附加其他不合理的条件。搭售商品是指经营者利用商品紧缺等有利条件在销售一种商品或提供一种服务时，要求购买者必须购买另一种商品或接受另一种服务，例如购买电视机时搭售室外天线，乘坐长途汽车必须交纳车载录像放映费。附加不合理的条件是指经营者就商品或服务的价格、购买对象、销售对象、销售地区等对购买者加以不合理的限制，如要求购买者不许购买其他经营者的商品就是一例。违背购买者的意愿指的是与购买者的内心真实的意思表示不符，购买者接受搭售以及其他不合理的条件并不一定意味着购买者是心甘情愿的。当然，如果搭售或者所附加的条件是合理的，则该行为不能被认定为不正当竞争行为。合理与否的判断标准是有关的法律政策、商业惯例和市场交易中应当遵循的公认商业道德。

搭售或者附加其他不合理的条件而销售商品的行为不但违背了市场交易中的公平自愿原则，而且被搭售商品的额外销售和附加的不合理条件的消极后果会传递错误的市场信息，扭曲价值规律的作用。

（七）不当有奖销售行为

有奖销售是指经营者以提供奖品或奖金的手段促进销售的行为。有奖销售可分为附赠式和抽奖式两种形式。附赠式的有奖销售是一种较为普遍的商业促销方式，各国一般均予认可，但有时也会对赠品的价值、品质、中奖确定方式等方面加以限制。抽奖式的有奖销售被许多国家明确禁止，即使是允许其存在的国家也对其加以种种限制。我国规定下列三种形式的有奖销售是不正当竞争行为：

(1) 采用谎称有奖或者故意让内定人员中奖的欺骗方式进行有奖销售。这种欺骗性的有奖销售会误导消费者的消费心理，挤占同类经营者的市场份额，从而破坏市场竞争秩序，是一种典型的不正当竞争行为。

(2) 利用有奖销售的手段推销质次价高的商品。这种行为利用消费者希望获奖的心理使得销售的商品价格高于价值，一方面违背了价值规律使同类商品的经营者处于不利的地位，另一方面也损害了消费者的合法权益。至于质次价高的认定，应由市场管理机关依据法定权限和程序进行。

(3) 抽奖式的有奖销售，最高奖的金额超过5000元。我国对于抽奖式的有奖销售采用的是有条件地加以承认的原则，最高奖不超过5000元的合法有效，超过5000元的即被禁止。最高奖超过5000元的抽奖式的有奖销售在我国被视为巨奖销售。巨奖销售会引发消费者的赌博暴利心理，消费者会为了获得抽奖机会而盲目购买不需要的商品，这样不但会损害其他经营者的利益，破坏市场竞争秩序，同时也会传递错误的市场信息，妨碍市场资源配置作用的发挥。

（八）商业诽谤行为

商业诽谤行为是指经营者捏造、散布虚伪事实，损害竞争对手的商业信誉、商品声誉的行为。商业信誉是社会对经营者的综合评价，商品声誉是社会对经营者的产品的综合评价。商业信誉和商品声誉是经营者在市场竞争中通过技术开发、商品促销、广告宣传、售后服务等方面的努力所形成的一种无形资产。良好的商业信誉和商品声誉是经营者在激烈的市场竞争中获得竞争优势的重要条件。经营者损害竞争对手的商业信誉和商品声誉的目的，是使竞争对手失去其合作者和消费大众的信任，损害其竞争优势地位，从而使得该经营者自己获益。这种行为的客观表现是无中生有，编造对竞争对手的商业信誉和商品声誉不利的谎言并加以传播。需要注意的是，如果经营者对竞争对手客观存在的有损其商业信誉和商品声誉的事实情况加以揭露，则该行为不属于这类不正当竞争行为。

（九）投标招标中的不正当竞争行为

这种行为是指投标者之间相互串通，抬高标价或者压低标价，投标者和招标者相互勾结，排挤竞争对手的公平竞争的行为。从定义中可以得知，这种不正当竞争行为包括两种类型：

1. 投标者串通投标，抬高标价或压低标价的行为

这种行为的主体是参加投标的所有投标人，其目的是为了避免投标人间的竞争，损害招标人的利益，客观方面表现为投标者之间事先经过策划，一致抬高标价或者压低标价。

2. 投标者和招标者之间相互勾结，以排挤竞争对手的行为

这种行为的主体是招标者和特定的投标者，其目的是为了排挤该投标者的竞争对手，损害其他投标人的利益，客观方面主要表现为：(1) 招标者在开标前，泄露其他投标者的投标文件以及自己的标底给内定投标者。(2) 招标者在审查投标书时，对不同的投标者给予差别对待。(3) 投标者在公开投标中压低或抬高标价，中标后再给招标者额外补偿。

二、限制竞争行为和行政垄断行为

（一）限制竞争行为

在《反不正当竞争法》中的限制竞争行为是该法第 6 条规定的，是指公用企业或者其他依法具有独占地位的经营者限定他人购买其指定的经营者的商品，以排挤其他经营者的公平竞争的行为。

这种行为的主体是公用企业和其他依法具有独占地位的经营者。依据国家工商行政管理局《关于禁止公用企业限制竞争行为的若干规定》，公用企业是指与大众社会生活密切相关的公用事业的经营者，包括供水、供电、供热、供气、邮政、电讯、交通运输等行业的经营者。依法具有独占地位的经营者是指在特定的市场上依法具有绝对的优势和市场支配地位，能够控制和操纵市场的经营者。国务院的规范性文件规定某一特定市场的特定商品或服务由一个经营者或者几个经营者生产经营的，就可以认定该经营者依法具有独占地位。

行为的客观方面表现为经营者滥用市场支配地位限定他人购买其指定的经营者的商品，例如以往常见的电信局要求安装电话的客户必须购买其提供的电话机，煤气公司要求用户使用其下属企业销售的燃器具。享有独占地位的经营者与被指定的经营者往往在商品的供销或者行业管理方面存在一定的联系，例如固定的供销关系，上下级企业关系等。

（二）行政垄断行为

《反不正当竞争法》中的行政垄断行为是第 7 条规定的政府及其所属部门

滥用行政权力，限定他人购买其指定的经营者的商品，限制其他经营者正当的经营活动，限制外地商品进入本地市场，或者本地商品流向外地市场的行为。其中，限定他人购买指定的经营者的商品，限制其他经营者正当的经营活动的行为是超经济强制交易的行为；限制外地商品进入本地市场，或者本地商品流向外地市场的行为是地区封锁行为。

行政垄断是相对于传统的经济垄断而言的，是计划经济体制向市场经济体制转轨过程中的残留物。政府及其所属部门滥用行政权力的行为，保护了落后，人为地破坏了正常的市场竞争秩序，阻碍了全国统一大市场的形成，扭曲了价值规律的作用，对社会主义市场经济体制的建立危害极大。这种行为还损害了消费者自由选择的合法权利，而且会导致权钱交易，滋生腐败，因而应受到法律的严厉禁止。

第三节　对不正当竞争行为的监督检查

一、监督检查的部门及其职权

根据《反不正当竞争法》规定，县级以上人民政府工商行政管理部门和法律、行政法规规定的其他部门依法对不正当竞争行为进行监督检查。

监督检查部门在监督检查不正当竞争行为时依法行使下列职权：

（1）询问权，即有权按照规定程序询问被检查的经营者、利害关系人、证明人，并要求提供证明材料或者与不正当竞争行为有关的其他资料。

（2）查询、复制权，即有权查询、复制与不正当竞争行为有关的协议、账册、单据、文件、记录、业务函电和其他资料。

（3）检查权，即有权检查与《反不正当竞争法》规定的不正当竞争行为有关的财物，必要时可以责令被检查的经营者说明该商品的来源和数量，暂停销售，听候检查，不得转移、隐匿、销毁该财物。

二、监督检查部门的工作人员及有关人员的义务

监督检查部门的工作人员在监督检查不正当竞争行为时，应当出示检查证件，以便明确自己的身份，取得被监督检查者的配合。

监督检查部门在监督检查不正当竞争行为时，被检查的经营者、利害关系人和证明人应当如实提供有关资料或情况。这里的利害关系人是指与被检查人具有法律上的权利义务关系，监督检查的后果影响其利益的法人、其他经济组织或个人。证明人是指能够证明与监督检查的事实有关的一切真实情况的法

人、其他经济组织或个人。

第四节 违反反不正当竞争法的法律责任

根据《反不正当竞争法》的规定，违反该法所应承担的法律责任包括民事责任、行政责任和刑事责任，具体规定如下。

一、经营者的法律责任

经营者违反《反不正当竞争法》的规定，给被侵害的经营者造成损害的，应当承担损害赔偿责任，被侵害的经营者的损失难以计算的，赔偿额为侵权人在侵权期间因侵权所获得的利润；并应当承担被侵害的经营者因调查该经营者侵害其合法权益的不正当竞争行为所支付的合理费用。

被侵害的经营者的合法权益受到不正当竞争行为损害的，可以向人民法院提起诉讼。

经营者假冒他人的注册商标，擅自使用他人的企业名称或者姓名，伪造或者冒用认证标志、名优标志等质量标志，伪造产地，对商品质量作引人误解的虚假表示的，依照《中华人民共和国商标法》《中华人民共和国产品质量法》的规定处罚。

经营者擅自使用知名商品特有的名称、包装、装潢，或者使用与知名商品近似的名称、包装、装潢，造成和他人的知名商品相混淆，使购买者误认为是该知名商品的，监督检查部门应当责令停止违法行为，没收违法所得，可以根据情节处以违法所得 1 倍以上 3 倍以下的罚款；情节严重的，可以吊销营业执照；销售伪劣商品，构成犯罪的，依法追究刑事责任。

经营者采用财物或者其他手段进行贿赂以销售或者购买商品，构成犯罪的，依法追究刑事责任；不构成犯罪的，监督检查部门可以根据情节处以 1 万元以上 20 万元以下的罚款，有违法所得的，予以没收。

经营者利用广告或者其他方法，对商品作虚假宣传，监督检查部门应当责令停止违法行为，消除影响，可以根据情节处以 1 万元以上 20 万元以下的罚款。

广告的经营者，在明知或者应知的情况下，代理、设计、制作、发布虚假广告的，监督检查部门应当责令停止违法行为，没收违法所得，并依法处以罚款。

侵犯商业秘密的，监督检查部门应当责令停止违法行为，可以根据情节处以 1 万元以上 20 万元以下的罚款。

违法进行有奖销售的，监督检查部门应当责令停止违法行为，可以根据情节处以 1 万元以上 10 万元以下的罚款。

投标者串通投标，抬高标价或者压低标价；投标者和招标者相互勾结，以排挤竞争对手公平竞争的，其中标无效。监督检查部门可以根据情节处以 1 万元以上 20 万元以下的罚款。

经营者有违反被责令暂停销售，不得转移、隐匿、销毁与不正当竞争行为有关的财物的行为的，监督检查部门可以根据情节处以被销售、转移、隐匿、销毁财物的价款的 1 倍以上 3 倍以下的罚款。

当事人对监督检查部门作出的处罚决定不服的，可以自收到处罚决定之日起 15 日内向上一级主管机关申请复议；对复议决定不服的，可以自收到复议决定书之日起 15 日内向人民法院提起诉讼；也可以直接向人民法院提起诉讼。

公用企业或者其他依法具有独占地位的经营者，限定他人购买其指定的经营者的商品，以排挤其他经营者的公平竞争的，省级或者设区的市的监督检查部门应当责令停止违法行为，可以根据情节处以 5 万元以上 20 万元以下的罚款。被指定的经营者借此销售质次价高商品或者滥收费用的，监督检查部门应当没收违法所得，可以根据情节处以违法所得 1 倍以上 3 倍以下的罚款。

二、政府及其所属部门、国家机关工作人员的法律责任

政府及其所属部门违法限定他人购买其指定的经营者的商品、限制其他经营者正当的经营活动，或者限制商品在地区之间正常流通的，由上级机关责令其改正；情节严重的，由同级或者上级机关对直接责任人员给予行政处分。被指定的经营者借此销售质次价高商品或者滥收费用的，监督检查部门应当没收违法所得，可以根据情节处以违法所得 1 倍以上 3 倍以下的罚款。

监督检查不正当竞争行为的国家机关工作人员滥用职权、玩忽职守，构成犯罪的，依法追究刑事责任；不构成犯罪的，给予行政处分。

监督检查不正当竞争行为的国家机关工作人员徇私舞弊，对明知有违反《反不正当竞争法》规定构成犯罪的经营者故意包庇不使他受追诉的，依法追究刑事责任。

本章小结

某些经营者为了获得竞争优势从而最终获得经济利益不惜采用违法的不正当竞争手段。不正当竞争是扭曲市场机制的违法现象，对不正当竞争行为加以

规制是维护经济秩序，保护消费者和其他经营者合法权益的法律措施。获得有关不正当竞争行为的表现形式和应承担的法律责任的知识是维护合法权益和正当经营的重要条件。

复习思考

1. 低价倾销行为，是指经营者以排挤竞争对手为目的，以________价格销售商品的行为。

2. 地区封锁行为，是指政府及其所属部门________，限制外地商品进入本地市场，或者本地商品流向外地市场的行为。

3. 《反不正当竞争法》规定，在账外暗中给予对方单位或者个人________的，以行贿论处。

4. ________串通投标，抬高标价或压低标价的行为是不正当竞争行为。

5. 经营者违反《反不正当竞争法》的规定，给被侵害的经营者造成损害的，应当承担损害赔偿责任，被侵害的经营者的损失难以计算的，赔偿额为侵权人在侵权期间因侵权________。

6. 采用欺骗性标志从事市场交易的不正当竞争行为包括哪些表现形式？

7. 什么是商业秘密？侵犯商业秘密的行为有哪些情形？

8. 不当有奖销售行为有哪些表现形式？

第四章　反垄断法律制度

内容提要

本章包括四节内容。首先介绍了反垄断法的概念和适用范围，其次详细阐述了垄断行为，随后介绍了对涉嫌垄断行为的调查，最后阐释了违反反垄断法的法律责任。其中，各种垄断行为是学习的重点。

学习目标

1. 了解违反反垄断法的法律责任。
2. 理解各种垄断行为内涵。
3. 能够应用所学知识解决现实生活中遇到的实际问题。
4. 能够分析反垄断案例。

学习提示

1. 关注现实生活中有关垄断问题的报道。
2. 阅读相关论文、著作和案例分析材料。
3. 主动运用所学知识思考生活中遇到的实际问题。

第一节 反垄断法概述

一、反垄断法的概念

反垄断法是调整在制止垄断行为，维护公平、自由和有效的竞争秩序过程中所产生的社会关系的法律规范的总称。

广义的反垄断法是指所有制止垄断行为的法律规范的总称，狭义的反垄断法是指 2007 年 8 月 30 日第十届全国人大常委会第二十九次会议通过的《中华人民共和国反垄断法》（以下简称《反垄断法》)。《反垄断法》第 1 条明确规定，反垄断法的立法目的是为了预防和制止垄断行为，保护市场公平竞争，提高经济运行效率，维护消费者利益和社会公共利益，促进社会主义市场经济健康发展。

反垄断法是维护市场经济秩序的重要法律制度。竞争是市场经济的本质特征，没有竞争就没有市场经济。一些经营者在市场竞争中为了实现利益最大化，往往会通过各种手段排挤竞争对手。只要有竞争，就会有排除、限制竞争的垄断行为。市场机制本身并不能有效制止垄断行为，必须由国家通过反垄断法对市场失灵进行矫正，从而维护市场竞争秩序。美国 1890 年《谢尔曼法》是世界上第一部反垄断法。此后，越来越多的国家制定了反垄断法。

二、我国反垄断法的适用范围

1. 我国反垄断法适用的主体

我国反垄断法适用的主体包括经营者、行政机关和法律法规授权的具有管理公共事务职能的组织和行业协会。

经营者是指从事商品生产、经营或者提供服务的自然人、法人和其他组织。行政机关和法律法规授权的具有管理公共事务职能的组织滥用行政权力排除、限制竞争的行为也在禁止之列，因此这类主体也是我国反垄断法适用的主体。我国《反垄断法》明确规定行业协会不得组织本行业的经营者从事垄断行为，因此行业协会也是我国反垄断法适用的主体。

2. 我国反垄断法适用的对象

我国反垄断法适用的对象是垄断行为。垄断行为包括：经营者达成垄断协议，经营者滥用市场支配地位和具有或者可能具有排除、限制竞争效果的经营者集中。

同时，《反垄断法》专章规定禁止滥用行政权力排除、限制竞争。行政机关和法律法规授权的具有管理公共事务职能的组织滥用行政权力排除、限制竞争的行为也是我国反垄断法适用的对象。

3. 我国反垄断法适用的地域范围

《反垄断法》第2条规定："中华人民共和国境内经济活动中的垄断行为，适用本法；中华人民共和国境外的垄断行为，对境内市场竞争产生排除、限制影响的，适用本法。"

在经济全球化进程中，国际经济领域垄断行为对国内市场竞争的影响日益明显，一些国家已规定反垄断法的域外适用效力。为避免在国际经济竞争中处于不利地位，我国也作出了反垄断法域外适用的规定。

4. 我国反垄断法的适用除外

根据《反垄断法》，经营者依照有关知识产权的法律、行政法规规定行使知识产权的行为，不适用该法；但是，经营者滥用知识产权，排除、限制竞争的行为，适用该法。农业生产者及农村经济组织在农产品生产、加工、销售、运输、储存等经营活动中实施的联合或者协同行为，不适用反垄断法。

第二节 垄断行为

一、垄断协议

（一）垄断协议的概念

根据《反垄断法》，垄断协议是指排除、限制竞争的协议、决定或者其他协同行为。垄断协议实施的主体是两个或者两个以上的经营者。垄断协议通过协议、决定或者其他协同行为建立经营者之间的意思联络。

经营者达成垄断协议，共同实施市场行为，会影响市场竞争。此时，虽然特定市场中经营者数量没有变化，但市场结构发生了变化，通过垄断协议联合起来的经营者一般占有较大的市场份额，可以通过固定价格、划分市场、限制数量等获取垄断利润。因此，垄断协议是直接破坏竞争的行为。

（二）垄断协议的种类

垄断协议可以划分为横向垄断协议和纵向垄断协议。

1. 横向垄断协议

横向垄断协议又称"卡特尔协议"，是两个或两个以上处于同一经济层次，经营同一类商品的具有竞争关系的经营者达成的垄断协议。

根据《反垄断法》，禁止具有竞争关系的经营者达成下列垄断协议：

(1) 固定或者变更商品价格。

(2) 限制商品的生产数量或者销售数量。

(3) 分割销售市场或者原材料采购市场。

(4) 限制购买新技术、新设备或者限制开发新技术、新产品。

(5) 联合抵制交易。

(6) 国务院反垄断执法机构认定的其他垄断协议。

2. 纵向垄断协议

纵向垄断协议是指两个或两个以上处于不同经济层次，无直接竞争关系但有买卖关系的经营者达成的垄断协议。

根据《反垄断法》，禁止经营者与交易相对人达成下列垄断协议：

(1) 固定向第三人转售商品的价格。

(2) 限定向第三人转售商品的最低价格。

(3) 国务院反垄断执法机构认定的其他垄断协议。

(三) 垄断协议的例外

各国反垄断法原则上禁止垄断协议。但是，有些垄断协议虽然具有排除、限制竞争的效果，但总体上有利于提高经济效益，推动技术进步，符合公共利益。因此，这样的垄断协议在一定条件下可以被允许存在。

根据《反垄断法》，经营者能够证明所达成的协议属于下列情形之一的，不适用《反垄断法》的规定：

(1) 为改进技术、研究开发新产品的。

(2) 为提高产品质量、降低成本、增进效率，统一产品规格、标准或者实行专业化分工的。

(3) 为提高中小经营者经营效率，增强中小经营者竞争力的。

(4) 为实现节约能源、保护环境、救灾救助等社会公共利益的。

(5) 因经济不景气，为缓解销售量严重下降或者生产明显过剩的。

(6) 为保障对外贸易和对外经济合作中的正当利益的。

(7) 法律和国务院规定的其他情形。

二、滥用市场支配地位

(一) 市场支配地位的概念

根据《反垄断法》，市场支配地位是指经营者在相关市场内具有能够控制商品价格、数量或者其他交易条件，或者能够阻碍、影响其他经营者进入相关市场能力的市场地位。

市场支配地位是经营者的一种状态，经营者具有市场支配地位，很多情况下并没有达到垄断市场的程度。反垄断法一般不对经营者能够影响市场的状态予以否定性评价，但滥用市场支配地位影响市场竞争的行为是被禁止的。

（二）市场支配地位的认定

要禁止滥用市场支配地位的行为，首先要认定经营者是否具有市场支配地位。根据《反垄断法》，认定经营者具有市场支配地位，应当依据下列因素：

(1) 该经营者在相关市场的市场份额，以及相关市场的竞争状况。

(2) 该经营者控制销售市场或者原材料采购市场的能力。

(3) 该经营者的财力和技术条件。

(4) 其他经营者对该经营者在交易上的依赖程度。

(5) 其他经营者进入相关市场的难易程度。

(6) 与认定该经营者市场支配地位有关的其他因素。

为了便于反垄断执法，《反垄断法》规定了市场支配地位推定制度。有下列情形之一的，可以推定经营者具有市场支配地位：

(1) 一个经营者在相关市场的市场份额达到1/2的。

(2) 两个经营者在相关市场的市场份额合计达到2/3的。

(3) 三个经营者在相关市场的市场份额合计达到3/4的。

有前述第（2）项、第（3）项规定的情形，其中有的经营者市场份额不足1/10的，不应当推定该经营者具有市场支配地位。被推定具有市场支配地位的经营者，有证据证明不具有市场支配地位的，不应当认定其具有市场支配地位。

（三）滥用市场支配地位的行为

《反垄断法》规定，具有市场支配地位的经营者，不得滥用市场支配地位，排除、限制竞争。《反垄断法》禁止具有市场支配地位的经营者从事下列滥用市场支配地位的行为：

(1) 以不公平的高价销售商品或者以不公平的低价购买商品。

(2) 没有正当理由，以低于成本的价格销售商品。

(3) 没有正当理由，拒绝与交易相对人进行交易。

(4) 没有正当理由，限定交易相对人只能与其进行交易或者只能与其指定的经营者进行交易。

(5) 没有正当理由搭售商品，或者在交易时附加其他不合理的交易条件。

(6) 没有正当理由，对条件相同的交易相对人在交易价格等交易条件上实行差别待遇。

(7) 国务院反垄断执法机构认定的其他滥用市场支配地位的行为。

三、经营者集中

（一）经营者集中的概念

经营者集中是指经营者合并，通过取得股权或者资产的方式取得对其他经营者的控制权，通过合同等方式取得对其他经营者的控制权或者能够对其他经营者施加决定性影响。

经营者集中是以取得企业控制权为目的合并、取得股权、获得资产等活动。企业并购是最为常见的一种经营者集中方式。从我国现实国情来看，既要防止经营者过度集中影响市场竞争，又要保证企业通过集中发展规模经济，增强竞争力。因此《反垄断法》一方面规定，经营者可以通过公平竞争、自愿联合，依法实施集中，扩大经营规模，提高市场竞争能力；另一方面禁止某些影响市场竞争的经营者集中。

（二）经营者集中申报

经营者集中申报是指企业必须依法向执法机关申请报告企业集中的程序。经营者集中申报可以使企业集中处于执法机关的监控之下。

《反垄断法》规定，经营者集中达到国务院规定的申报标准的，经营者应当事先向国务院反垄断执法机构申报，未申报的不得实施集中。

《反垄断法》同时规定，经营者集中有下列情形之一的，可以不向国务院反垄断执法机构申报：

(1) 参与集中的一个经营者拥有其他每个经营者50%以上有表决权的股份或者资产的。

(2) 参与集中的每个经营者50%以上有表决权的股份或者资产被同一个未参与集中的经营者拥有的。

经营者向国务院反垄断执法机构申报集中，应当提交下列文件、资料：

(1) 申报书，申报书应当载明参与集中的经营者的名称、住所、经营范围、预定实施集中的日期和国务院反垄断执法机构规定的其他事项。

(2) 集中对相关市场竞争状况影响的说明。

(3) 集中协议。

(4) 参与集中的经营者经会计师事务所审计的上一会计年度财务会计报告。

(5) 国务院反垄断执法机构规定的其他文件、资料。

经营者提交的文件、资料不完备的，应当在国务院反垄断执法机构规定的期限内补交文件、资料。经营者逾期未补交文件、资料的视为未申报。

（三）经营者集中的审查

国务院反垄断执法机构应当自收到经营者提交的符合《反垄断法》规定的文件、资料之日起30日内，对申报的经营者集中进行初步审查，作出是否实施进一步审查的决定，并书面通知经营者。国务院反垄断执法机构作出决定前，经营者不得实施集中。国务院反垄断执法机构作出不实施进一步审查的决定或者逾期未作出决定的，经营者可以实施集中。国务院反垄断执法机构决定实施进一步审查的，应当自决定之日起90日内审查完毕，作出是否禁止经营者集中的决定，并书面通知经营者。作出禁止经营者集中的决定，应当说明理由。审查期间，经营者不得实施集中。

有下列情形之一的，国务院反垄断执法机构经书面通知经营者，可以延长前款规定的审查期限，但最长不得超过60日：

(1) 经营者同意延长审查期限的。

(2) 经营者提交的文件、资料不准确，需要进一步核实的。

(3) 经营者申报后有关情况发生重大变化的。

国务院反垄断执法机构逾期未作出决定的，经营者可以实施集中。

国务院反垄断执法机构审查经营者集中，应当考虑下列因素：

(1) 参与集中的经营者在相关市场的市场份额及其对市场的控制力。

(2) 相关市场的市场集中度。

(3) 经营者集中对市场进入、技术进步的影响。

(4) 经营者集中对消费者和其他有关经营者的影响。

(5) 经营者集中对国民经济发展的影响。

(6) 国务院反垄断执法机构认为应当考虑的影响市场竞争的其他因素。

经营者集中具有或者可能具有排除、限制竞争效果的，国务院反垄断执法机构应当作出禁止经营者集中的决定。但是，经营者能够证明该集中对竞争产生的有利影响明显大于不利影响，或者符合社会公共利益的，国务院反垄断执法机构可以作出对经营者集中不予禁止的决定。对不予禁止的经营者集中，国务院反垄断执法机构可以决定附加减少集中对竞争产生不利影响的限制性条件。

四、滥用行政权力排除、限制竞争

《反垄断法》规定，行政机关和法律、法规授权的具有管理公共事务职能的组织不得滥用行政权力，排除、限制竞争。《反垄断法》第五章规定了滥用行政权力排除、限制竞争的行为。

（一）指定交易

行政机关和法律、法规授权的具有管理公共事务职能的组织不得滥用行政权力，限定或者变相限定单位或者个人经营、购买、使用其指定的经营者提供的商品。

（二）限制商品在地区间自由流通

行政机关和法律、法规授权的具有管理公共事务职能的组织不得滥用行政权力，实施下列行为，妨碍商品在地区之间的自由流通：

(1) 对外地商品设定歧视性收费项目、实行歧视性收费标准，或者规定歧视性价格。

(2) 对外地商品规定与本地同类商品不同的技术要求、检验标准，或者对外地商品采取重复检验、重复认证等歧视性技术措施，限制外地商品进入本地市场。

(3) 采取专门针对外地商品的行政许可，限制外地商品进入本地市场。

(4) 设置关卡或者采取其他手段，阻碍外地商品进入或者本地商品运出。

(5) 妨碍商品在地区之间自由流通的其他行为。

（三）排斥或者限制招标投标

行政机关和法律、法规授权的具有管理公共事务职能的组织不得滥用行政权力，以设定歧视性资质要求、评审标准或者不依法发布信息等方式，排斥或者限制外地经营者参加本地的招标投标活动。

（四）排斥或者限制投资或者设立分支机构

行政机关和法律、法规授权的具有管理公共事务职能的组织不得滥用行政权力，采取与本地经营者不平等待遇等方式，排斥或者限制外地经营者在本地投资或者设立分支机构。

（五）强制经营者从事垄断行为

行政机关和法律、法规授权的具有管理公共事务职能的组织不得滥用行政权力，强制经营者从事本法规定的垄断行为。

（六）制定含有排除、限制竞争内容的规定

行政机关不得滥用行政权力，制定含有排除、限制竞争内容的规定。

第三节　对涉嫌垄断行为的调查

一、调查涉嫌垄断行为采取的措施

反垄断执法机构依法对涉嫌垄断行为进行调查。对涉嫌垄断行为，任何单位和个人有权向反垄断执法机构举报。反垄断执法机构应当为举报人保密。举报采用书面形式并提供相关事实和证据的，反垄断执法机构应当进行必要的调查。

反垄断执法机构调查涉嫌垄断行为，可以采取下列措施：

（1）进入被调查的经营者的营业场所或者其他有关场所进行检查。

（2）询问被调查的经营者、利害关系人或者其他有关单位或者个人，要求其说明有关情况。

（3）查阅、复制被调查的经营者、利害关系人或者其他有关单位或者个人的有关单证、协议、会计账簿、业务函电、电子数据等文件、资料。

（4）查封、扣押相关证据。

（5）查询经营者的银行账户。

采取前款规定的措施，应当向反垄断执法机构主要负责人书面报告，并经批准。

二、反垄断执法机构及有关人员的权利义务

反垄断执法机构调查涉嫌垄断行为，执法人员不得少于2人，并应当出示执法证件。执法人员进行询问和调查，应当制作笔录，并由被询问人或者被调查人签字。反垄断执法机构及其工作人员对执法过程中知悉的商业秘密负有保密义务。

被调查的经营者、利害关系人或者其他有关单位或者个人应当配合反垄断执法机构依法履行职责，不得拒绝、阻碍反垄断执法机构的调查。被调查的经营者、利害关系人有权陈述意见。反垄断执法机构应当对被调查的经营者、利害关系人提出的事实、理由和证据进行核实。

反垄断执法机构对涉嫌垄断行为调查核实后，认为构成垄断行为的，应当依法作出处理决定，并可以向社会公布。

三、涉嫌垄断行为调查的中止

对反垄断执法机构调查的涉嫌垄断行为，被调查的经营者承诺在反垄断执法机构认可的期限内采取具体措施消除该行为后果的，反垄断执法机构可以决定中止调查。中止调查的决定应当载明被调查的经营者承诺的具体内容。

反垄断执法机构决定中止调查的，应当对经营者履行承诺的情况进行监督。经营者履行承诺的，反垄断执法机构可以决定终止调查。

有下列情形之一的，反垄断执法机构应当恢复调查：

（1）经营者未履行承诺的。

（2）作出中止调查决定所依据的事实发生重大变化的。

（3）中止调查的决定是基于经营者提供的不完整或者不真实的信息作出的。

第四节 违反反垄断法的法律责任

一、达成垄断协议的法律责任

经营者违反《反垄断法》规定，达成并实施垄断协议的，由反垄断执法机构责令停止违法行为，没收违法所得，并处上一年度销售额1%以上10%以下的罚款；尚未实施所达成的垄断协议的，可以处50万元以下的罚款。经营者主动向反垄断执法机构报告达成垄断协议的有关情况并提供重要证据的，反垄断执法机构可以酌情减轻或者免除对该经营者的处罚。行业协会违反规定，组织本行业的经营者达成垄断协议的，反垄断执法机构可以处以50万元以下的罚款；情节严重的，社会团体登记管理机关可以依法撤销登记。

二、滥用市场支配地位的法律责任

经营者违反《反垄断法》规定，滥用市场支配地位的，由反垄断执法机构责令停止违法行为，没收违法所得，并处上一年度销售额1%以上10%以下的罚款。

三、违法实施经营者集中的法律责任

经营者违反《反垄断法》规定实施集中的，由国务院反垄断执法机构责令停止实施集中、限期处分股份或者资产、限期转让营业以及采取其他必要措施恢复到集中前的状态，可以处50万元以下的罚款。

四、滥用行政权力排除、限制竞争行为的法律责任

行政机关和法律、法规授权的具有管理公共事务职能的组织滥用行政权力，实施排除、限制竞争行为的，由上级机关责令改正；对直接负责的主管人员和其他直接责任人员依法给予处分。反垄断执法机构可以向有关上级机关提出依法处理的建议。

五、拒绝、阻碍反垄断执法机构依法实施审查和调查的法律责任

对反垄断执法机构依法实施的审查和调查，拒绝提供有关材料、信息，或

者提供虚假材料、信息，或者隐匿、销毁、转移证据，或者有其他拒绝、阻碍调查行为的，由反垄断执法机构责令改正，对个人可以处 2 万元以下的罚款，对单位可以处 20 万元以下的罚款；情节严重的，对个人处 2 万元以上 10 万元以下的罚款，对单位处 20 万元以上 100 万元以下的罚款；构成犯罪的，依法追究刑事责任。

六、反垄断执法机构工作人员的法律责任

反垄断执法机构工作人员滥用职权、玩忽职守、徇私舞弊或者泄露执法过程中知悉的商业秘密，构成犯罪的，依法追究刑事责任；尚不构成犯罪的，依法给予处分。

七、垄断行为的民事责任

经营者实施垄断行为，给他人造成损失的，依法承担民事责任。

本章小结

竞争是市场经济的本质特征，一些经营者为了获得垄断利润而采用法律所禁止的垄断行为。反垄断法对垄断行为矫治的目的是维护公平、有效的竞争秩序。垄断行为表现为垄断协议、滥用市场优势地位、经营者集中和滥用行政权力排除、限制竞争。反垄断执法机构有权调查涉嫌垄断行为。违反反垄断法要承担相应的法律责任。

复习思考

1. 垄断协议是指排除、限制竞争的协议、决定或者其他________。

2. 市场支配地位是指经营者在相关市场内具有能够控制商品价格、数量或者其他交易条件，或者能够阻碍、影响其他经营者________能力的市场地位。

3. 经营者集中是指经营者合并，通过取得股权或者资产的方式取得对其他经营者的控制权，通过合同等方式取得对其他经营者的控制权或者能够对其他经营者施加________。

4. 行政机关不得滥用行政权力，制定含有________内容的规定。

5. 反垄断执法机构对涉嫌垄断行为调查核实后，认为构成垄断行为的，应当依法作出处理决定，并可以________。

6. 经营者能够证明所达成的协议属于哪些情形之一的，不适用《反垄断法》的规定？

7.《反垄断法》禁止具有市场支配地位的经营者从事哪些滥用市场支配地位的行为？

8. 滥用行政权力妨碍商品在地区之间自由流通的行为有哪些？

第五章　产品质量法律制度

内容提要

本章包括四节内容。首先介绍了产品，产品质量，产品质量法的目的、原则和调整对象等内容。其次介绍了产品质量的监督管理体制、监督管理制度和产品质量的监督检查。随后阐述了生产者和销售者的产品质量义务。最后，阐述了违反产品质量法的法律责任。其中，产品质量的监督检查、生产者和销售者的产品质量义务、产品质量民事责任是学习重点。

学习目标

1. 了解对产品，产品质量，产品质量法的目的、原则和调整对象。
2. 理解产品质量监督管理体制、监督管理制度、产品质量的监督检查、生产者和销售者的产品质量义务。
3. 能够应用所学知识解决现实生活中遇到的有关产品质量的实际问题。
4. 能够分析产品质量案例。

学习提示

1. 关注现实生活中有关产品质量问题的报道。
2. 阅读相关论文、著作和案例分析材料。
3. 主动运用所学知识思考生活中遇到的有关产品质量的实际问题。

第一节　产品质量法概述

一、产品质量法的概念

产品质量法，是调整在生产、流通和消费领域因产品质量而产生的社会关系法律规范的总称。广义的产品质量法是指由不同立法机关制定的调整因产品质量而产生的社会关系的所有法律规范，狭义的产品质量法是指 1993 年 2 月 22 日第七届全国人大常委会第三十次会议通过的《中华人民共和国产品质量法》(以下简称《产品质量法》)。2000 年 7 月 8 日，第九届全国人大常委会第十六次会议审议通过了《中华人民共和国产品质量法》修正案。修正案进一步明确了各级政府在产品质量工作中的责任，加强了行政执法机关的执法手段，特别是对生产、销售伪劣产品的行为加大了法律制裁力度，在对产品质量监督部门以及产品质量检验机构、认证机构等社会中介组织赋予质量监督、质量评价权力的同时，增加了这些主体承担相应法律责任和防止滥用权力的规定。

（一）产品

从广义上讲，产品泛指与自然物相对的一切经由劳动而生产的物品。有关产品质量的法律中的产品，则因各国法律规定的不同而有不同的范围。美国以产品是否投入流通来确定产品责任法中产品的范围，《美国统一产品责任示范法》规定，产品是指真正有价值的，为进入市场而生产的能够作为组装整体或者作为部件、零件交付的物品。由此可见美国产品责任法中的产品不仅包括工业产品，而且还包括农业产品；既包括动产也包括不动产。德国《产品责任法》规定，产品是指任何动产及电流，其中动产也指构成其他动产或不动产的部分。凡是出自土地、动物饲养、养蜂业和捕渔业的农产品（天然农产品），只要未经加工，都不是产品；本法规定同样适用于狩猎物品。我国《产品质量法》规定的产品是指，经过加工、制作，用于销售的产品。这就意味着该法规定的产品是指进入流通领域的工业产品，原始农产品被排除在外。这样规定的理由在于：未经加工的农产品易受客观环境的影响而存在生产者所不能控制的潜在缺陷，而且确定是在生产还是在销售环节产生缺陷特别困难。《产品质量法》还规定，建设工程不适用该法。但是建设工程使用的建筑材料、建筑构配件和设备，属于《产品质量法》规定的产品范围的，适用该法规定。

（二）产品质量

国际标准化组织颁布的 ISO8402《质量—术语》规定，质量是指产品和服务满足规定或者潜在需要的特征和特性的总和。在产品质量所包含的两个基本要素中，产品特性往往用以区别产品的使用属性，产品特征则用以区别不同产品的外观性能。产品质量是生产者提高竞争能力、谋求生存发展和满足社会需求的前提条件。在市场竞争全球化的今天，产品质量业已成为一个重要的国际性问题。随着生产社会化程度以及科学技术水平的提高，对产品质量的监督管理也必须纳入法制化的轨道。

二、产品质量法的目的、原则

（一）产品质量法的立法目的

我国《产品质量法》的立法目的是，加强对产品质量的监督管理，提高产品质量水平，明确产品质量责任，保护消费者的合法权益，维护社会经济秩序。

（二）产品质量法的原则

1. 保证质量、奖优罚劣

《产品质量法》规定，产品的生产者和销售者要保证产品质量，不允许以不合格产品冒充合格产品；禁止伪造或者冒用认证标志、名优标志等质量标志；禁止伪造产品的产地，伪造或者冒用他人的厂名、厂址；禁止在生产、销售的产品中掺杂、掺假、以假充真、以次充好。否则，生产者、销售者要依照该法规定承担产品质量责任。另一方面该法又规定，国家鼓励推行科学的质量管理方法，采用先进的科学技术，鼓励企业产品质量达到并且超过行业标准、国家标准和国际标准。对产品质量管理先进和产品质量达到国际先进水平、成绩显著的单位和个人，给予奖励。

2. 国家对产品质量分类管理

根据《产品质量法》的规定，可能危及人体健康和人身、财产安全的工业产品，必须符合保障人体健康，人身、财产安全的国家标准、行业标准；未制定国家标准、行业标准的，必须符合保障人体健康，人身、财产安全的要求，即对这类产品实行强制性管理；一般产品主要通过市场竞争规律和价值规律来促使企业保证产品质量；对优质产品要给予保护和奖励。

3. 事先认证和事后监督相结合，国家监督和社会监督相结合

《产品质量法》明确规定，对可能危及人体健康和人身、财产安全的产品实行生产许可证制度，推行企业质量体系认证制度和产品质量认证制度；同时对产品质量进行管理和监督，以查处违法的经营者和销售者。在产品质量的监督管理中，有关国家机关和职能部门、社会、用户和消费者互相配合，共同构成一个完整的监督管理体系。

第二节 产品质量的监督管理

一、产品质量的管理体制

各级人民政府应当把提高产品质量纳入国民经济和社会发展规划，加强对产品质量工作的统筹规划和组织领导，引导、督促生产者、销售者加强产品质量管理，提高产品质量，组织各有关部门依法采取措施，制止产品生产、销售中违反《产品质量法》规定的行为。

国务院产品质量监督管理部门是代表国家对产品质量进行监督管理的职能部门，它主管全国的产品质量监督管理工作。其主要职责是：（1）组织宣传、贯彻、实施国家的产品质量法律。（2）参与国家产品质量法律、法规的制定。（3）提出有关的方针、政策。（4）制定规划、计划，组织推行先进的、科学的产品质量管理方法。（5）组织全国范围内的产品质量监督检查。（6）推动产品质量认证、企业质量体系认证工作。（7）协调产品质量方面的工作。

县级以上地方人民政府产品质量监督管理部门，主管本行政区域内的产品质量监督管理工作。其主要职责是在其所在行政区域内组织宣传、贯彻、实施国家的产品质量法律、法规、方针、政策、规划、计划以及组织本行政区域的产品质量监督检查工作。

国务院和县级以上地方人民政府设置的有关部门，在各自的职责范围内根据行政区划和行业分工负责产品质量的监督管理工作。

各级人民政府工作人员和其他国家机关工作人员不得滥用职权、玩忽职守或者徇私舞弊，包庇、放纵本地区、本系统发生的产品生产、销售中的违法行为，或者阻挠、干预依法对产品生产、销售中的违法行为进行查处。各级地方人民政府和其他国家机关有包庇、放纵产品生产、销售中违反《产品质量法》规定的行为的，依法追究其主要负责人的法律责任。

任何单位和个人有权对违反《产品质量法》规定的行为，向产品质量监督部门或者其他有关部门检举。产品质量监督部门和有关部门应当为检举人保密，并按照省、自治区、直辖市人民政府的规定给予奖励。

任何单位和个人不得排斥非本地区或者非本系统企业生产的质量合格产品进入本地区、本系统。

二、产品质量的管理制度

（一）产品质量检验合格制度

产品质量检验合格制度是指任何产品在出厂前都必须经过检验，合格的产品才允许销售的制度。

《产品质量法》规定，产品质量应当检验合格，不得以不合格产品冒充合格产品。合格产品的标准可以作如下区分：可能危及人体健康和人身、财产安全的工业产品必须符合保障人体健康和人身、财产安全的国家标准或行业标准，没有上述标准的必须符合保障人体健康和人身、财产安全的要求；对于上述产品以外的产品，如果合同双方当事人在合同中有约定的，产品必须符合该标准，没有约定标准的必须符合企业标准，即企业自己制定的标准。

（二）企业质量体系认证制度

企业质量体系认证制度是指由认证机构对企业质量体系进行审核、评定，对符合标准要求的企业颁发认证证书，确认其质量保证能力达到一定水平的制度。

企业质量体系是为保证企业产品质量符合国际通用的“质量管理和质量保证”系列标准，有计划地把产品生产过程中各个环节的质量职能组织起来而形成的职责明确，互相协调、互相促进的有机整体。国际通用的“质量管理和质量保证”系列标准，即国际标准化组织（ISO）发布的系列标准。中国企业质量体系认证的依据是ISO9002的中国国家产品质量管理和质量保证系列标准。当现行标准不能满足认证需要时，法律规定认证机构可以组织制定补充标准，经国务院产品质量监督管理部门确认后实施。

企业质量体系认证是对企业的质量体系和质量保证能力进行的认证，是企业质量管理综合能力的展示和保证。其基本程序是先由企业自愿向国家认可的认证机构提出认证申请，并按照规定报送有关的文件材料，经认证机构审查合格的，发给企业质量体系认证证书。认证机构要经国家产品质量监督管理部门或者由它授权的部门认可，且必须具备独立进行认证的能力。

（三）产品质量认证制度

产品质量认证制度，是指由认证机构参照国际先进的产品标准和技术要求，对企业的产品进行检测，并对符合相应标准和技术要求的产品生产企业颁发认证证书和允许其使用产品质量认证标志的制度。

产品质量认证分为安全认证和合格认证。产品质量安全认证是指对涉及人体健康和人身、财产安全的产品，依照国家法律规定的强制性标准进行的证明产品符合安全要求的认证。产品质量安全认证的标准是《中华人民共和国标准化法》规定的有关强制性标准。产品质量合格认证是指对一般产品依据国家标准或行业标准进行的证明产品符合要求的认证。产品质量合格认证的标准是《中华人民共和国标准化法》规定的国家标准或者行业标准。

产品质量认证实行自愿原则，由企业向国家产品质量监督管理部门或者由它授权的部门认可的认证机构提出申请。要求进行产品质量认证的企业必须具备如下条件：(1) 产品符合国家标准或者行业标准的要求。(2) 产品质量稳定，能正常批量生产。(3) 生产企业的质量体系符合国家质量管理和质量保证标准及补充要求。符合标准的企业可以获得产品质量认证证书，并可以在该产品及其包装上使用认证标志。获得质量认证的产品，除国家法律和行政法规规定的检查外，免予其他检查，并享有优质优价、优先推荐评定为国优产品等国家规定的优惠。但同时获得产品质量认证的企业应承担下列义务：(1) 在认证证书上规定的范围内使用认证标志。(2) 按照规定的方法和要求使用认证标志。(3) 保证使用认证标志的产品符合获准认证时的质量水平等。

1987 年中国开始借鉴国外的先进经验开展产品质量认证工作，最初认证的产品是电子产品，现今水泥、乳胶、汽车用安全玻璃、儿童玩具、消防器材等产品都可以进行产品质量认证。

企业质量体系认证与产品质量认证都是企业自愿申请的由认证机构进行的认证活动，但二者之间却有着明显的区别：(1) 认证对象不同。企业质量体系认证是对企业综合的质量管理和质量保证能力进行的认证，产品质量对产品进行的认证。(2) 认证的标准不同。企业质量体系认证依据国际通用的质量管理标准和质量保证系列标准，而产品质量认证则是参照国际先进的产品标准和技术要求，采用国家标准或行业标准进行认证。(3) 认证标志的使用不同。产品质量认证标志可以在该产品及其包装上使用，企业质量体系认证标志则只能在企业使用，其产品未经产品质量认证不得使用产品质量认证标志。

三、产品质量的监督检查

(一) 行政性监督检查

产品质量的行政性监督检查，是指国务院产品质量监督管理部门和县级以上地方人民政府管理产品质量监督工作的部门，依照法定职权法定程序，对产品质量进行的监督检查。它包括国家监督检查和地方监督检查两个方面。

1. 监督检查产品的范围

(1) 可能危及人体健康和人身、财产安全的产品，如药品、食品、医疗器械、易燃易爆产品等。

(2) 影响国计民生的重要工业产品，如农药、化肥、建材等。

(3) 用户、消费者、有关组织反映有质量问题的产品，如掺杂掺假、以假充真、以次充好的产品。

2. 监督检查的方式

行政性监督检查以抽查为主要方式。国务院产品质量监督管理部门负责规划和组织全国范围内的监督抽查工作。县级以上地方人民政府管理产品质量监督工作的部门在本行政区域内也可以组织监督抽查，但是应注意防止重复抽查，以免增加企业负担。

3. 检验机构及检验费用的负担

根据监督抽查的需要，可以对产品进行检验。产品质量检验机构必须具备相应的检测条件和能力，经省级以上人民政府产品质量监督管理部门或者其授权的部门考核合格后，方可承担产品质量检验工作。另外我国有关法律法规，对专业监督检验机构及其检验的产品范围作出了如下规定：(1) 进出口商品检验检疫局负责组织管理全国进出口商品的检验工作和国家或国外委托的检验业务。(2) 交通部船舶检验局负责船舶、船用设备及材料的质量监督检验。(3) 劳动部的锅炉压力容器安全监督局及省级相应机构，主管锅炉、压力容器的安全监督检验工作。(4) 卫生部药品检验局和县级以上卫生机关的药检所，负责药品的监督检验工作。(5) 卫生部食品卫生监督局及各地卫生行政部门，负责全国或本地区的食品卫生的监督检验工作。

监督抽查不得向企业收取产品检验费用，监督抽查所需检验费用按照国务院规定列支。

(二) 舆论和社会团体监督

舆论监督是指广播、电视、报刊等新闻媒介，按照国家的有关规定，以新闻报道的形式对产品质量进行的监督。舆论监督影响范围广，独立性强，其作用是不容忽视的。

社会团体监督是指消费者协会等消费者组织以及其他社会组织依法对产品质量进行的社会监督。其作用在于以集体的力量消除生产者和销售者因产品质量对消费者造成的侵害。《产品质量法》规定，保护消费者权益的社会组织可以就消费者反映的产品质量问题建议有关部门负责处理，支持消费者对因产品质量造成的损害向人民法院起诉。

(三) 消费者、用户监督

消费者和用户是产品的最终消费、使用主体，同时也是不合格产品的直接受害者，因而消费者和用户的监督更具有主动性和普遍性。他们的监督在维护自身合法权益的同时也会促使生产者和销售者提高和保持产品质量。消费者和用户有权就产品质量问题向产品的生产者和销售者查询，可以向产品质量监督管理部门、工商行政管理部门和其他有关部门申诉，上述部门应当负责处理。

第三节　生产者、销售者的产品质量义务

生产者、销售者的产品质量义务是指生产者、销售者依照《产品质量法》的规定为保证产品质量而为或不为一定行为的义务。

一、生产者的产品质量义务

（一）对生产者产品质量的原则要求

根据《产品质量法》的规定，生产者的产品质量必须符合下列要求：

(1) 不存在危及人身、财产安全的不合理的危险，有保障人体健康，人身、财产安全的国家标准、行业标准的，应当符合该标准。

(2) 具备产品应当具备的使用性能，但是，对产品存在使用性能的瑕疵作出说明的除外。

(3) 符合在产品或者其包装上注明采用的产品标准，符合以产品说明、实物样品等方式表明的质量状况。

（二）对产品标识及包装的特殊规定

《产品质量法》对产品或者其包装上的标识提出了如下列要求：

(1) 有产品质量检验合格证明。

(2) 有中文标明的产品名称、生产厂厂名和厂址。

(3) 根据产品的特点和使用要求，需要标明产品规格、等级、所含主要成分的名称和含量的，用中文相应予以标明；需要事先让消费者知晓的，应当在外包装上标明，或者预先向消费者提供有关资料。

(4) 限期使用的产品，应当在显著位置清晰地标明生产日期和安全使用期或者失效日期。

(5) 使用不当，容易造成产品本身损坏或者可能危及人身、财产安全的产品，应当有警示标志或者中文警示说明。

裸装的食品和其他根据产品的特点难以附加标识的裸装产品，可以不附加产品标识。

易碎、易燃、易爆、有毒、有腐蚀性、有放射性等危险物品以及储运中不能倒置和其他有特殊要求的产品，其包装质量必须符合相应要求，依照国家有关规定作出警示标志或者中文警示说明，标明储运注意事项。

（三）产品生产的禁止性规定

(1) 生产者不得生产国家明令淘汰的产品。

（2）不得伪造产地，不得伪造或者冒用他人的厂名、厂址。

（3）生产者不得伪造或者冒用认证标志、名优标志等质量标志。

（4）生产者生产产品，不得掺杂、掺假，不得以假充真、以次充好，不得以不合格产品冒充合格产品。

二、销售者的产品质量义务

（一）销售者应当采取的产品质量保证措施

（1）销售者应当执行进货检查验收制度，验明产品的合格证明和其他标识。

（2）销售者应当采取措施，保证销售产品的质量。

（3）销售者销售的产品的标识应当符合《产品质量法》对生产者提出的有关产品及包装上的标识规定。

（二）产品销售的禁止性规定

（1）销售者不得销售国家明令淘汰并停止销售的产品和失效、变质的产品。

（2）销售者不得伪造产地，不得伪造或者冒用他人的厂名、厂址。

（3）销售者不得伪造或者冒用认证标志、名优标志等质量标志。

（4）销售者销售产品，不得掺杂、掺假，不得以假充真、以次充好，不得以不合格产品冒充合格产品。

第四节　违反产品质量法的法律责任

一、民事法律责任

《产品质量法》规定了产品的生产者、销售者以及其他主体违反产品质量法的规定而应承担的民事责任。

（一）产品质量民事责任的构成要件

构成产品质量民事责任，一般应具备以下要件：

（1）具有违反《产品质量法》的行为。包括生产或销售不符合产品质量要求的产品，生产国家明令淘汰的产品，伪造、冒用产地、厂名、厂址、质量标志，伪造检验数据、检验结论等行为。

（2）具有财产损失、人身伤亡的事实。

（3）上述违法行为与损害结果之间有因果关系。

（二）产品质量不合格的民事责任

销售者售出的产品不具备产品应当具备的使用性能而事先未作说明的，不符合在产品或其包装上注明采用的产品标准的，不符合以产品说明、实物样品等方式表明的质量的，销售者应负责修理、更换、退货；给购买产品的用户、消费者造成损失的，应负责赔偿。如果上述责任属于生产者或供货者，销售者有权向其追偿。生产者之间、销售者之间、生产者与销售者之间订立的产品购销、加工承揽合同另有约定的，按照合同约定执行。

（三）产品存在缺陷的损害赔偿责任

产品存在缺陷是指产品存在危及人身、他人财产安全的不合理的危险；产品有保障人体健康和财产安全的国家标准和行业标准，违反相关标准的，属于有缺陷的产品。产品存在缺陷的构成要件包括。

1. 责任主体

因产品存在缺陷造成人身、他人财产损害的，产品生产者应当承担赔偿责任。

由于销售者的过错使产品存在缺陷，造成人身、他人财产损害的，或者销售者不能指明缺陷产品的生产者或供货者的，销售者应当承担赔偿责任。

因产品存在缺陷造成人身、他人损害的，受害人可以向产品生产者要求赔偿，也可以向产品的销售者要求赔偿。属于产品生产者的责任，销售者赔偿了的，销售者有权向生产者追偿。属于产品的销售者的责任，生产者赔偿的，生产者有权向销售者追偿。

2. 免责条件

生产者能够证明有下列情况之一的，不承担赔偿责任：未将产品投入流通的；产品投入流通时，引起损害的缺陷尚不存在的；将产品投入流通时的科学技术水平尚不能发现缺陷存在的。

3. 赔偿范围

因产品存在缺陷造成受害人人身伤害的，侵害人应当赔偿医疗费、治疗期间的护理费、因误工减少的收入等费用；造成残疾的，还应当支付残疾者生活自助费、生活补助费、残疾赔偿金以及由其扶养的人所必需的生活费等费用；造成受害人死亡的，应当支付丧葬费、死亡赔偿金以及由死者生前扶养的人所必需的生活费等费用。

造成受害人财产损失的，侵害人应当恢复原状或者折价赔偿。受害人因此遭受其他重大损失的，侵害人应当赔偿损失。

（四）民事责任的诉讼时效和除斥期间

因产品存在缺陷造成损害要求赔偿的诉讼时效期间为 2 年，自当事人知道或者应当知道其权益受到损害时起计算。因产品存在缺陷造成损害要求赔偿的请求权，在造成损害的缺陷产品交付最初消费者满 10 年丧失；但是，尚未超过明示的安全使用期的除外。

（五）产品质量纠纷的解决途径

因产品质量发生民事纠纷时，当事人可以通过协商或者调解解决。当事人不愿通过协商、调解解决或者协商、调解不成的，可以根据当事人各方的协议向仲裁机构申请仲裁；当事人各方没有达成仲裁协议或者仲裁协议无效的，可以直接向人民法院起诉。

二、违反产品质量法的行政法律责任和刑事法律责任

（一）生产者、销售者违反产品质量法的法律责任

根据《产品质量法》的规定，生产者、销售者承担的法律责任有：

(1) 生产、销售不符合保障人体健康和人身、财产安全的国家标准、行业标准的产品的，责令其停止生产、销售，没收违法生产、销售的产品，并处违法生产、销售产品（包括已售出和未售出的产品，下同）货值金额等值以上3倍以下的罚款；有违法所得的，并处没收违法所得；情节严重的，吊销营业执照；构成犯罪的，依法追究刑事责任。

(2) 在产品中掺杂、掺假，以假充真，以次充好，或者以不合格产品冒充合格产品的，责令停止生产、销售，没收违法生产、销售的产品，并处违法生产、销售产品货值金额50%以上3倍以下的罚款；有违法所得的，并处没收违法所得；情节严重的，吊销营业执照；构成犯罪的，依法追究刑事责任。

(3) 生产国家明令淘汰的产品的，销售国家明令淘汰并停止销售的产品的，责令停止生产、销售，没收违法生产、销售的产品，并处违法生产、销售产品货值金额等值以下的罚款；有违法所得的，并处没收违法所得；情节严重的，吊销营业执照。

(4) 销售失效、变质的产品的，责令停止销售，没收违法销售的产品，并处违法销售产品货值金额2倍以下的罚款；有违法所得的，并处没收违法所得；情节严重的，吊销营业执照；构成犯罪的，依法追究刑事责任。

(5) 伪造产品产地的，伪造或者冒用他人厂名、厂址的，伪造或者冒用认证标志等质量标志的，责令改正，没收违法生产、销售的产品，并处违法生产、销售产品货值金额等值以下的罚款1有违法所得的，并处没收违法所得；情节严重的，吊销营业执照。

(6) 产品标识不符合《产品质量法》第27条规定的，责令改正；有包装的产品标识不符合《产品质量法》第27条第（四）项、第（五）项规定，情节严重的，责令停止生产、销售，并处违法生产、销售产品货值金额30%以下的罚款；有违法所得的，并处没收违法所得。

(7) 销售者销售上述第 (1) ～ (5) 项规定禁止销售的产品，有充分证据证明其不知道该产品为禁止销售的产品并如实说明其进货来源的，可以从轻或者减轻处罚。

(8) 拒绝接受依法进行的产品质量监督检查的，给予警告，责令改正；拒不改正的，责令停业整顿；情节特别严重的，吊销营业执照。

(9) 在广告中对产品质量作虚假宣传，欺骗和误导消费者的，依照《中华人民共和国广告法》的规定追究法律责任。

(10) 对生产者专门用于生产上述 (1) (3) 项中所列的产品或者以假充真的产品的原辅材料、包装物、生产工具，应当予以没收。

(11) 隐匿、转移、变卖、损毁被产品质量监督部门或者工商行政管理部门查封、扣押的物品的，处被隐匿、转移、变卖、损毁物品货值金额等值以上3倍以下的罚款；有违法所得的，并处没收违法所得。

(二) 产品质量检验机构、认证机构违反产品质量法的法律责任

产品质量检验机构、认证机构伪造检验结果或者出具虚假证明的，责令改正，对单位处5万元以上10万元以下的罚款，对直接负责的主管人员和其他直接责任人员处1万元以上5万元以下的罚款；有违法所得的，并处没收违法所得；情节严重的，取消其检验资格、认证资格；构成犯罪的，依法追究刑事责任。

产品质量检验机构、认证机构出具的检验结果或者证明不实，造成损失的，应当承担相应的赔偿责任；造成重大损失的，撤销其检验资格、认证资格。

产品质量认证机构违反《产品质量法》第21条第2款的规定，对不符合认证标准而使用认证标志的产品，未依法要求其改正或者取消其使用认证标志资格的，对因产品不符合认证标准给消费者造成的损失，与产品的生产者、销售者承担连带责任；情节严重的，撤销其认证资格。

产品质量检验机构违反《产品质量法》第25条规定，向社会推荐生产者的产品或者以监制、监销等方式参与产品经营活动出，由产品质量监督部门责令改正，消除影响；有违法收入的予以没收，可以并处违法收入1倍以下的罚款；情节严重的，撤销其质量检验资格。

(三) 社会团体、社会中介机构违反产品质量法的法律责任

社会团体、社会中介机构对产品质量作出承诺、保证，而该产品又不符合其承诺、保证的质量要求，给消费者造成损失的，与产品的生产者、销售者承担连带责任。

（四）运输、保管、仓储等经营者违反产品质量法的法律责任

知道或者应当知道属于《产品质量法》规定禁止生产、销售的产品而为其提供运输、保管、仓储等便利条件的，或者为以假充真的产品提供制假生产技术的，没收全部运输、保管、仓储或者提供制假生产技术的收入，并处违法收入50%以上3倍以下的罚款；构成犯罪的，依法追究刑事责任。

（五）经营性服务经营者违反产品质量法的法律责任

服务业的经营者将上述（一）之（1）～（6）项中禁止销售的产品用于经营性服务的，责令停止使用；对知道或者应当知道所使用的产品属于法律规定禁止销售的产品的，按照违法使用的产品（包括已使用和尚未使用的产品）的货值金额，依照《产品质量法》对销售者的处罚规定处罚。

（六）国家机关及其工作人员违反产品质量法的法律责任

各级人民政府工作人员和其他国家机关工作人员有下列情形之一的，依法给予行政处分；构成犯罪的，依法追究刑事责任：

（1）包庇、放纵产品生产、销售中违反《产品质量法》规定行为的。

（2）向从事违反《产品质量法》规定的生产、销售活动的当事人通风报信，帮助其逃避查处的。

（3）阻挠、干预产品质量监督部门或者工商行政管理部门依法对产品生产、销售中违反《产品质量法》规定的行为进行查处，造成严重后果的。

产品质量监督部门在产品质量监督抽查中超过规定的数量索取样品或者向被检查人收取检验费用的，由上级产品质量监督部门或者监察机关责令退还；情节严重的，对直接负责的主管人员和其他直接责任人员依法给予行政处分。

产品质量监督部门或者其他国家机关违反《产品质量法》第25条的规定，向社会推荐生产者的产品或者以监制、监销等方式参与产品经营活动的，由其上级机关或者监察机关责令改正，消除影响，有违法收入的予以没收；情节严重的，对直接负责的主管人员和其他直接责任人员依法给予行政处分。

产品质量监督部门或者工商行政管理部门的工作人员滥用职权、玩忽职守、徇私舞弊，构成犯罪的，依法追究刑事责任；尚不构成犯罪的，依法给予行政处分。

（七）违反产品质量法法律责任的其他规定

以暴力、威胁的方法阻碍产品质量监督部门或者工商行政管理部门的工作人员依法执行职务的，依法追究刑事责任；拒绝、阻碍未使用暴力、威胁方法的，由公安机关依照治安管理处罚条例的规定处罚。

吊销营业执照的行政处罚由工商行政管理部门决定，《产品质量法》第49条至第57条、第60条至第63条规定的行政处罚由产品质量监督部门或者工

商行政管理部门按照国务院规定的职权范围决定，法律、行政法规对行使行政处罚权的机关另有规定的，依照有关法律、行政法规的规定执行。

按规定没收的产品，依照国家有关规定进行销毁或者采取其他方式处理。

《产品质量法》第49条至54条、第62条、第63条所规定的货值金额以违法生产、销售产品的标价计算，没有标价的，按照同类产品的市场价格计算。

本章小结

产品质量关涉消费者的生命财产安全，因此以法律手段调控有关产品质量的社会关系是必需的。产品质量的监督管理是使产品达到质量标准的保障。产品的生产者和销售者履行相关义务是保证产品符合要求的有效手段。产品质量责任的确定和承担是救济受害者和惩戒责任人的最终措施。

复习思考

1. 产品质量监督管理部门主要是对以下三类产品进行日常的抽查：可能危及人体健康和人身；影响国计民生的______________；用户、消费者、有关组织反映有质量问题的产品。

2. 使用不当，容易造成产品本身损坏或者可能危及人身、财产安全的产品，应当有______________或者______________。

3. 生产产品，不得掺杂、掺假，不得______________，______________，不得以不合格产品冒充合格产品。

4. 因产品存在缺陷造成损害要求赔偿的请求权，在造成损害的缺陷产品交付最初消费者满______________年丧失；但是，尚未超过明示的______________的除外。

5. 服务业的经营者知道或者应当知道所使用的产品属于法律规定禁止销售的产品的，按照违法使用的产品的______________，依照《产品质量法》对销售者的处罚规定处罚。

6. 企业质量体系认证与产品质量认证的区别是什么？

7. 《产品质量法》对产品或者其包装上的标识提出了哪些要求？

8. 产品销售的禁止性规定包括哪些？

第六章 消费者权益保护法律制度

内容提要

本章包括五节内容。首先介绍了消费，消费者及消费者权益保护法的立法目的、原则等内容。其次阐述了消费者的权利和经营者的义务。随后介绍了国家和社会对消费者合法权益的保护措施。再次阐释了消费者权益争议的解决途径。最后阐述了违反消费者权益保护法的法律责任。其中，消费者的权利和经营者的义务、消费争议的解决是学习重点。

学习目标

1. 了解消费，消费者及消费者权益保护法的立法目的、原则，违反消费者权益保护法的法律责任等内容。
2. 理解消费者的权利和经营者的义务。
3. 能够应用所学知识解决现实生活中遇到的实际问题。
4. 能够分析有关消费者权益保护的案例。

学习提示

1. 关注现实生活中有关消费者权益保护问题的报道。
2. 阅读相关论文、著作和案例分析材料。
3. 主动运用所学知识思考生活中遇到的有关消费者权益保护的实际问题。

第一节 消费者权益保护法概述

一、消费者权益保护法的概念

消费者权益保护法，是调整在保护消费者权益过程中发生的社会关系的法律规范的总称。广义的消费者权益保护法是指所有调整在保护消费者权益过程中发生的社会关系的法律规范的总称，《反不正当竞争法》《产品质量法》《广告法》中的相关法律规范都包括在内。狭义的消费者权益保护法是指第八届全国人大常委会于1993年10月31日通过的《中华人民共和国消费者权益保护法》(以下简称《消费者权益保护法》)。

一般认为，1890年美国《谢尔曼法》是消费者权益保护立法的肇端，该法以规制垄断为宗旨，但由于其对消费者同时提供了相关的法律保护，所以也被认为是一部消费者权益保护法。

若要准确理解消费者权益保护法，应把握以下两个概念：

(一) 消费

从社会生产的角度来审视，消费是生产、交换、分配的目的，同时消费也为社会生产提供了动力。从社会个体的角度分析，消费是满足个体生存和发展需要的途径。“消费”一词通常具有以下几层含义：其一，消费指人类生产和生活领域的一切物质消耗活动；其二，消费是指人类为满足个人及家庭的生活需要而进行的物质消耗活动；其三，消费是指人类为满足个人及家庭的生活需要，通过市场获得、使用消费资料和接受服务的活动。第三种意义上的消费是消费者权益保护法所指向的消费。我国《消费者权益保护法》规定，消费者为生活消费需要购买、使用商品或者接受服务，其权益受该法保护；经营者为消费者提供其生产、销售的商品或者接受服务，应遵守该法。由于农民购买、使用直接用于农业生产的生产资料与消费者的生活消费有相似之处，因而这种行为可以参照该法执行。

(二) 消费者

对于消费者的理解，人们的认识较为一致。国际标准化组织（ISO）认为，消费者是以个人消费为目的而购买或使用商品和服务的个体社会成员。泰国规定，消费者是指买主和从生产经营者那里接受服务的人，包括为了购进商品和享受服务而接受生产经营者的提议和说明的人。依据我国《消费者权益保护法》，所谓消费者，是指为了满足个人生活消费的需要而购买、使用或者接受经营者提供的商品和服务的人。

消费者在现代社会当中处于一种弱者的地位，原因在于：(1) 现代社会中消费者必须获得商品和服务才能满足需要。(2) 与现代经济组织相比，消费者的实力很弱，经营者迫于竞争的压力往往会侵害消费者的利益。(3) 现代商品生产以及营销技术的发展与消费者的识别能力的发展不对称。(4) 现代市场的扩展与产销多层次化使消费者的救济发生困难。正因为如此，对消费者的权益加以专门的立法保护就显得十分重要。

二、消费者权益保护法的立法目的和原则

(一) 消费者权益保护法的立法目的

我国《消费者权益保护法》最直接的目的是保护消费者的合法权益，此外通过规制经营者的行为维护整个社会经济秩序的稳定，从而促进社会主义市场经济的健康发展。

(二) 消费者权益保护法的原则

(1) 经营者应当依法提供商品或者服务的原则。

(2) 经营者与消费者进行交易应当遵循自愿、平等、公平、诚实信用的原则。

(3) 国家干预的原则，即国家保护消费者的合法权益不受侵犯。

(4) 社会监督的原则，即一切组织和个人对损害消费者合法权益的行为都有权进行监督。

第二节 消费者的权利和经营者的义务

一、消费者的权利

消费者权利是指国家规定的公民为生活消费而购买、使用接受经营者提供的商品和服务时享有的不可剥夺的权利。

消费者问题是商品经济的产物，在现代社会当人们认识到对消费者加以保护的重要性后，以法律保护消费者的利益的行动在各国相继发展起来。一般认为，“消费者权利”的概念是由美国总统约翰·肯尼迪提出来的。1962 年 3 月 15 日，肯尼迪总统向国会提出了一份题为“保护消费者利益的总统特别国情咨文”，指出消费者应享有如下四项权利：获得安全商品的权利；获得正确的商品信息资料的权利；自由选择商品的权利；就与消费者有关的事务提出意见和建议的权利。“肯尼迪四权论”在国际消费者运动中具有极其重要的意义，1983 年“国际消费者组织联盟”决定将 3 月 15 日作为“国际消费者权益日”。

1968年，日本首先制定了《保护消费者基本法》，将消费者的权利确定为任何人都不可随意剥夺的受法律保护的法定权利。此后，韩国、泰国、西班牙等国相继制定了消费者权益保护法。另外，1985年联合国大会通过了《保护消费者准则》，国际消费者组织联盟也提出了消费者应享有的八项权利，是为消费者权利保护的国际化。

我国《消费者权益保护法》在广泛吸取各国及国际组织经验的基础上，规定了消费者应享有的九项权利。

（一）安全权

安全权是指消费者在购买、使用商品和接受服务时所享有的人身、财产安全不受损害的权利。安全权包括人身安全权和财产安全权，人身安全权又可分为生命安全权和健康安全权。消费者的安全权是消费者最基本的权利，商品和服务必须安全可靠，消费者依法有权要求经营者提供的商品和服务必须符合保障人身、财产安全的要求。

（二）知悉权

知悉权是指消费者依法享有的知悉其购买、使用的商品或者接受服务的真实情况的权利。消费者有权根据商品或者服务的不同情况，要求经营者提供商品的价格、产地、生产者、用途、性能、规格、等级、主要成分、生产日期、有效期限、检验合格证明、使用方法说明书、售后服务，或者服务的内容、规格、费用等有关情况。在了解上述事实的基础上，消费者才能作出准确合理的判断，才能表达出自己的真实意愿，最终体现交易的公平性。

（三）选择权

选择权是指消费者依法享有的自主选择商品或者服务的权利。选择权具体体现为：

（1）自主选择提供商品或者服务的经营者的权利。

（2）自主选择商品品种或者服务方式的权利。

（3）自主决定购买或者不购买任何一种商品、接受或者不接受任何一项服务的权利。

为保证消费者的选择权的实现，法律规定消费者在选择商品或服务时享有进行比较、鉴别和挑选的权利。

（四）公平交易权

公平交易权是指消费者在购买商品或者接受服务时所享有的获得质量保障和价格合理、计量正确等公平交易条件，拒绝经营者的强制交易行为的权利。交易条件不公平会损害消费者的经济利益，这是与消费者权益保护法基本原则中的自愿、公平的要求相违背的。

（五）求偿权

求偿权是指消费者在因购买、使用商品或者接受服务受到人身、财产损害时，依法享有的要求赔偿的权利。求偿权是消费者在其利益受损时的救济性权利，消费者可以据此向造成损害的经营者索赔，也可以向有关部门申诉，甚至直接向人民法院起诉。

（六）结社权

结社权是指消费者依法享有的为维护自身合法权益而依法组织社会团体的权利。消费者人数众多，但却是孤立分散的个体；尽管消费者与经营者的法律地位平等，但是消费者所面对的却往往是实力强大、组织完善、专业经验丰富的现代化企业，因而消费者必须以集体的力量与经营者相抗衡。

（七）求教获知权

求教获知权是指消费者依法享有的获得有关消费和消费者权益保护方面的知识的权利。在现代社会消费者与经营者在产品和服务信息的掌握方面明显不对称，这一权利的实现可以使消费者掌握所需商品或者服务的知识和使用技能，正确使用商品，提高自我保护意识。这是一项法定权利，同时也是消费者的义务。

（八）受尊重权

受尊重权是指消费者在购买、使用商品和接受服务时依法享有的人格尊严、民族风俗习惯得到尊重的权利。尊重消费者的人格尊严和民族风俗习惯是《宪法》和《民法通则》中相关权利的具体体现，对推动社会主义精神文明建设也具有重要意义。

（九）监督权

监督权是指消费者依法享有的对商品和服务以及保护消费者权益工作进行监督的权利。为保证这项权利的实现，法律规定消费者有权检举、控告侵害消费者权益的行为和国家机关及其工作人员在保护消费者权益工作中的违法失职行为，并有权对保护消费者权益工作提出批评、建议。

二、经营者的义务

经营者的义务是指为保证消费者权利的实现而由国家法律规定的经营者在提供商品和服务时所应承担的义务。《消费者权益保护法》规定经营者负有下列义务：

（一）依法定或约定履行义务

经营者向消费者提供商品或者服务，应当依照《中华人民共和国产品质量法》和其他有关法律、法规的规定履行义务；经营者和消费者有约定的，应当按照约定履行义务，但双方的约定不得违背法律、法规的规定。经营者提供商品或者服务，按照国家规定或者与消费者的约定，承担包修、包换、包退或者其他责任的，应当按照国家规定或者约定履行，不得故意拖延或者无理拒绝。《产品质量法》《食品卫生法》《药品管理法》等法律法规有强行性规定的，经营者不得以约定排除其适用，没有上述强行性规定的经营者必须按照约定履行。

（二）接受监督的义务

经营者应当听取消费者对其提供的商品或者服务的意见，接受消费者的监督。这项义务与消费者的监督权是相对应的，它对于加强经营者与消费者的沟通，提高消费者的地位具有积极作用。

（三）保障商品和服务安全的义务

经营者应当保证其提供的商品或者服务符合保障人身、财产安全的要求。对可能危及人身、财产安全的商品和服务，应当向消费者作出真实的说明和明确的警示，并说明和标明正确使用商品或者接受服务的方法以及防止危害发生的方法。经营者发现其提供的商品或者服务存在严重缺陷，即使正确使用商品或者接受服务仍然可能对人身、财产安全造成危害的，应当立即向有关行政部门报告和告知消费者，并采取防止危害发生的措施。

（四）提供真实信息的义务

经营者应当向消费者提供有关商品或者服务的真实信息，不得作引人误解的虚假宣传。经营者对消费者就其提供的商品或者服务的质量和使用方法等具体问题提出的询问，应当作出真实、明确的答复。商店提供商品应当明码标价。经营者的这项义务是保证消费者知悉权实现的重要条件。

（五）标明身份的义务

经营者应当标明其真实名称和标记；租赁他人柜台或者场地的经营者，应当标明其真实名称和标记。这项义务有助于消费者正确地选择和判断，保证其选择权和求偿权的实现。

（六）出具相应的凭证和单据的义务

经营者提供商品或者服务，应当按照国家有关规定或者商业惯例向消费者出具购货凭证或者服务单据；消费者索要购货凭证或者服务单据的，经营者必须出具。购货凭证和服务单据是消费者和经营者之间合同的证明，可以为消费者行使其求偿权和监督权提供证据。

（七）品质担保的义务

经营者应当保证在正常使用商品或者提供服务的情况下其提供的商品或者服务应当具有的质量、性能、用途和有效期限；但消费者在购买该商品或者接受该服务前已经知道其存在瑕疵的除外。经营者以广告、产品说明、实物样品或者其他方式表明商品或者服务的质量状况的，应当保证其提供的商品或者服务的实际质量与表明的质量状况相符。经营者的这项义务对于实现消费者的安全权和公平交易权具有重大意义。

（八）不得从事不公平、不合理交易的义务

经营者不得以格式合同、通知、声明、店堂告示等方式作出对消费者不公平、不合理的规定，或者减轻、免除其损害消费者合法权益应当承担的民事责任。格式合同、通知、声明、店堂告示等含有对消费者作出的不公平、不合理的规定或者减轻、免除经营者损害赔偿责任等内容的，其内容无效。这项义务是实现消费者公平交易权的重要保障。

（九）尊重消费者人身权的义务

经营者不得对消费者进行侮辱、诽谤，不得搜查消费者的身体及其携带的物品，不得侵犯消费者的人身自由。对于消费者的违法行为经营者应依法定程序送交有关机关处理，不得越俎代庖。

第三节　国家和社会对消费者合法权益的保护

一、国家对消费者合法权益的保护

国家是凌驾于社会之上的公共权力的代表，保障公民生命财产安全，增进公民福利是国家的职能之一。而消费者是公民众多社会角色之一种，这个群体理应得到国家的保护。国家对消费者合法权益的保护是通过国家机关的职能活动进行的，主要体现在以下几个方面。

（一）立法保护

国家在制定有关消费者权益的法律、法规时，应当听取消费者的意见和要求。这样就可以使得有关的法律法规充分反映消费者的意见和要求，真正体现对消费者利益的保护。

（二）行政保护

各级人民政府应当加强领导，组织、协调、督促有关行政部门做好保护消费者合法权益的工作。各级人民政府应当加强监督，预防危害消费者人身、财产安全行为的发生，及时制止危害消费者人身、财产安全的行为。

各级人民政府工商行政管理部门和其他有关行政部门，如物价管理部门、质量技术监督部门、卫生行政管理部门等，应当依照法律、法规的规定，在各自的职责范围内，采取措施，保护消费者的合法权益。

有关行政部门应当听取消费者及其社会团体对经营者交易行为、商品和服务质量问题的意见，及时调查处理。

（三）司法保护

对违法犯罪行为有惩处权力的有关国家机关，应当依照法律、法规的规定，惩处经营者在提供商品和服务中侵害消费者合法权益的违法犯罪行为，以切实保护消费者的合法权益。这类机关包括行使侦查权的公安机关，行使检察权的检察机关，行使审判权的人民法院。

人民法院应当采取措施，方便消费者提起诉讼。对于符合《中华人民共和国民事诉讼法》起诉条件的消费者权益争议，人民法院必须受理，并应及时审理，以使消费者权益争议尽快得到解决。

二、社会对消费者合法权益的保护

现代社会中的每一个人都是消费者，但消费者基于对商品的生存依赖、知识经验的限制以及经济实力的差距又处于弱者的地位。因而《消费者权益保护法》明确规定，保护消费者的合法权益是全社会的共同责任，国家鼓励、支持一切组织和个人对损害消费者合法权益的行为进行社会监督；大众传播媒介应当做好维护消费者合法权益的宣传，对损害消费者合法权益的行为进行有效的舆论监督。

消费者组织在保护消费者合法权益方面起着重要作用，依据《消费者权益保护法》的规定，消费者组织是依法成立的对商品和服务进行社会监督的保护消费者合法权益的社会团体。该法对消费者组织规定了两方面的限制：其一，不得从事商品经营和营利性服务，包括从事商品生产流通和以营利为目的收取咨询费、劳务费。其二，不得以牟利为目的向社会推荐商品和服务，以保证其行为的客观公正性。

消费者协会是我国消费者组织体系中最具有代表性、结构最健全、影响最大的消费者组织。消费者协会依法履行以下职能：

（1）向消费者提供消费信息和咨询服务。

（2）参与有关行政部门对商品和服务的监督、检查。

（3）就有关消费者合法权益的问题，向有关行政部门反映、查询，提出建议。

（4）受理消费者的投诉，并对投诉事项进行调查、调解。

（5）投诉事项涉及商品和服务质量问题的，可以提请鉴定部门鉴定，鉴定部门应当告知鉴定结论。

（6）就损害消费者合法权益的行为，支持受损害的消费者提起诉讼。

（7）对损害消费者合法权益的行为，通过大众传播媒介予以揭露、批评。

各级人民政府对消费者协会履行职能应当予以支持。

第四节　消费者权益争议的解决

一、消费者权益争议的解决方式

消费者和经营者发生消费者权益争议的，可以通过下列途径解决：

（1）与经营者协商和解。

（2）请求消费者协会调解。

（3）向有关行政部门申诉。

（4）根据与经营者达成的仲裁协议提请仲裁机构仲裁。

（5）向人民法院提起诉讼。

二、赔偿责任主体的确定

消费者在购买、使用商品时，其合法权益受到损害的，可以向销售者要求赔偿。销售者赔偿后，属于生产者的责任或者属于向销售者提供商品的其他销售者的责任的，销售者有权向生产者或者其他销售者追偿。

消费者或者其他受害人因商品缺陷造成人身、财产损害的，可以向销售者要求赔偿，也可以向生产者要求赔偿。属于生产者责任的，销售者赔偿后，有权向生产者追偿。属于销售者责任的，生产者赔偿后，有权向销售者追偿。

消费者在接受服务时，其合法权益受到损害的，可以向服务者要求赔偿。

消费者在购买、使用商品或者接受服务时，其合法权益受到损害，因原企业分立、合并的，可以向变更后承受其权利义务的企业要求赔偿。

使用他人营业执照的违法经营者提供商品或者服务，损害消费者合法权益的，消费者可以向其要求赔偿，也可以向营业执照的持有人要求赔偿。

消费者在展览会、租赁柜台购买商品或者接受服务，其合法权益受到损害的，可以向销售者或者服务者要求赔偿。展览会结束或者柜台租赁期满后，也可以向展览会的举办者、柜台的出租者要求赔偿。展览会的举办者、柜台的出租者赔偿后，有权向销售者或者服务者追偿。

消费者因经营者利用虚假广告提供商品或者服务，其合法权益受到损害的，可以向经营者要求赔偿。广告的经营者发布虚假广告的，消费者可以请求行政主管部门予以惩处。广告的经营者不能提供经营者的真实名称、地址的，应当承担赔偿责任。

第五节 违反消费者权益保护法的法律责任

一、民事责任

1. 民事责任的原则性规定

经营者提供商品或者服务有下列情形之一的，除《消费者权益保护法》另有规定的以外，应当按照《产品质量法》和其他有关法律、法规的规定，承担民事责任：

(1) 商品存在缺陷的。

(2) 不具备商品应当具备的使用性能而在出售时未作说明的。

(3) 不符合在商品或者其包装上注明采用的商品标准的。

(4) 不符合商品说明、实物样品等方式表示的质量状况的。

(5) 生产国家明令淘汰的商品或者销售失效、变质的商品的。

(6) 销售的商品数量不足的。

(7) 服务的内容和费用违反约定的。

(8) 对消费者提出的修理、重作、更换、退货、补足商品数量、退还货款和服务费用或者赔偿损失的要求，故意拖延或者无理拒绝的。

(9) 法律、法规规定的其他损害消费者权益的情形。

2. 侵犯人身权的民事责任

(1) 经营者提供商品或者服务，造成消费者或者其他受害人人身伤害的，应当支付医疗费、治疗期间的护理费、因误工减少的收入等费用，造成残疾的，还应当支付残疾者生活自助费、生活补助费、残疾赔偿金以及由其扶养的人所必需的生活费等费用。

(2) 经营者提供商品或者服务，造成消费者或者其他受害人死亡的，应当支付丧葬费、死亡赔偿金以及由死者生前扶养的人所必需的生活费等费用。

(3) 经营者侵害消费者的人格尊严或者侵犯消费者人身自由的，应当停止侵害、恢复名誉、消除影响、赔礼道歉，并赔偿损失。

3. 造成财产损害的民事责任

经营者提供商品或者服务，造成消费者财产损害的，应当按照消费者的要求，以修理、重作、更换、退货、补足商品数量、退还货款和服务费用或者赔偿损失等方式承担民事责任。消费者与经营者另有约定的，按照约定履行。

4. 违反约定的民事责任

（1）对国家规定或者经营者与消费者约定包修、包换、包退的商品，经营者应当负责修理、更换或者退货。在保修期内两次修理仍不能正常使用的，经营者应当负责更换或者退货。对包修、包换、包退的大件商品，消费者要求经营者修理、更换、退货的，经营者应当承担运输等合理费用。

另外，依法经有关行政部门认定为不合格的商品，消费者要求退货的，经营者也应当负责退货。

（2）经营者以邮购方式提供商品的，应当按照约定提供。未按照约定提供的，应当按照消费者的要求履行约定或者退回贷款；并应当承担消费者必须支付的合理费用。

（3）经营者以预收款方式提供商品或者服务的，应当按照约定提供。未按照约定提供的，应当按照消费者的要求履行约定或者退回预付款；并应当承担预付款的利息和消费者必须支付的合理费用。

5. 欺诈行为的民事责任

经营者提供商品或者服务有欺诈行为的，应当按照消费者的要求增加赔偿其受到的损失，增加赔偿的金额为消费者购买商品的价款或者接受服务的费用的1倍。

二、行政责任

经营者有下列情形之一的，《产品质量法》和其他有关法律、法规对处罚机关和处罚方式有规定的，则依照这些法律、法规的规定执行；若上述法律、法规未作规定，则由工商行政管理部门责令改正，可以根据情节单处或者并处警告、没收违法所得、处以违法所得1倍以上5倍以下的罚款，没有违法所得的，处以1万元以下的罚款；情节严重的，责令停业整顿、吊销营业执照：

（1）生产、销售的商品不符合保障人身、财产安全要求的。

（2）在商品中掺杂、掺假，以假充真，以次充好，或者以不合格商品冒充合格商品的。

（3）生产国家明令淘汰的商品或者销售失效、变质的商品的。

（4）伪造商品的产地，伪造或者冒用他人的厂名、厂址，伪造或者冒用认证标志、名优标志等质量标志的。

（5）销售的商品应当检验、检疫而未检验、检疫或者伪造检验、检疫结果的。

（6）对商品或者服务作引人误解的虚假宣传的。

（7）对消费者提出的修理、重作、更换、退货、补足商品数量、退还货款和服务费用或者赔偿损失的要求，故意拖延或者无理拒绝的。

（8）侵害消费者人格尊严或者侵犯消费者人身自由的。

（9）法律、法规规定的对损害消费者权益应当予以处罚的其他情形。

经营者对上述处罚决定不服的，可以自收到处罚决定之日起15日内向上一级机关申请复议，对复议决定不服的，可以自收到复议决定书之日起15日内向人民法院提起诉讼；也可以直接向人民法院提起诉讼。

另外，拒绝、阻碍有关行政部门工作人员依法执行职务，未使用暴力、威胁方法的，由公安机关依照《中华人民共和国治安管理处罚法》的规定处罚；国家机关工作人员有玩忽职守或者包庇经营者侵害消费者合法权益的行为的、由其所在单位或者上级机关给予行政处分。

三、刑事责任

经营者提供商品或者服务，造成消费者或者其他受害人人身伤害，构成犯罪的，依法追究刑事责任。

经营者提供商品或者服务，造成消费者或者其他受害人死亡，构成犯罪的，依法追究刑事责任。

以暴力、威胁等方法阻碍有关行政部门工作人员依法执行职务的，依法追究刑事责任。

国家机关工作人员玩忽职守或者包庇经营者侵害消费者合法权益的行为，情节严重构成犯罪的，依法追究刑事责任。

本章小结

消费者问题是世界各国普遍关注的社会问题。消费者作为弱势群体，其合法权益很容易受到来自经营者的侵害。为保护消费者的合法权益，应以法律的形式规定消费者享有的权利和经营者的义务。为保障消费者权利地实现，国家和社会应当为消费者提供帮助。经营者对受到侵害的消费者要承担法律责任，法律责任的承担是填补消费者损害的措施，也是惩戒经营者的手段。

复习思考

1. 消费者组织不得从事商品经营和__________服务。

2. 消费者或者其他受害人因商品缺陷造成人身、财产损害的，可以向____________要求赔偿，也可以向____________要求赔偿。

3. 使用他人营业执照的违法经营者提供商品或者服务，损害消费者合法权益的，消费者可以向其要求赔偿，也可以向____________要求赔偿。

4. 消费者在展览会、租赁柜台购买商品或者接受服务，其合法权益受到损害的，展览会结束或者柜台租赁期满后，可以向____________、柜台的出租者要求赔偿。

5. 经营者提供商品或者服务有欺诈行为的，应当按照消费者的要求增加赔偿其受到的损失。增加赔偿的金额为消费者购买商品的价款或者接受服务的费用的____________倍。

6. 根据《消费者权益保护法》，我国消费者享有哪些权利？

7. 根据《消费者权益保护法》，经营者负有哪些义务？

8. 消费者协会的职能是什么？

第七章　广告法律制度

内容提要

本章包括四节内容。首先概括介绍了广告的概念和特征、广告法等内容。其次阐释了广告的一般准则和特殊准则。随后阐述了广告活动的主体和广告活动的规则。再次介绍了广告审查的范围、审查机关和审查程序。最后阐述了违反广告法的法律责任。其中，广告准则和广告活动是学习重点。

学习目标

1. 了解广告的概念和特征、广告法、广告审查、违反广告法的法律责任等内容。
2. 理解广告准则和广告活动。
3. 能够应用所学知识解决现实生活中有关广告的实际问题。
4. 能够分析有关广告的案例。

学习提示

1. 关注各种媒体发布的广告，并主动运用所学知识思考该广告是否符合法律规定。
2. 阅读相关论文、著作和案例分析材料。

第一节 广告法概述

一、广告的概念、特征及分类

从广义上讲，广告是指公开发布某种信息，公益广告和商业广告都包括在内。从狭义上讲，广告是指商品经营者或者服务提供者承担费用，通过一定媒介和形式直接或者间接地介绍自己所推销的商品或者所提供的服务的商业广告。如无特别说明，本章所称“广告”是指商业广告。

广告具有以下特征：

(1) 广告活动的主体是商品的经营者或者服务的提供者，即广告主。广告是商品经营者或者服务提供者自行或委托他人设计、制作、发布的。商品经营者或者服务提供者是广告的发动者，同时也是广告传播的受益者。正因为商品经营者或者服务提供者从广告宣传中获益，所以广告费用由他们承担。

(2) 广告的目的是宣传、推销商品和服务，从而获得更大效益。商品经营者或者服务提供者进行广告宣传的目的是宣传、推销商品或者服务，吸引社会公众与其进行交易，以促进商品的销售和服务业务的开展，最终获取经济利益。

(3) 广告所包含的信息通过一定的媒介传播。广告包含有关商品和服务的丰富信息，这种信息要借助于一定的媒介传达给公众。在现代社会，广告的媒介包括广播、电视、报刊、路牌、橱窗、霓虹灯、网络等多种形式。

二、广告法

广告法是调整广告活动中发生的社会关系的法律规范的总称。1994 年 10 月 27 日，第八届全国人大常委会第十次会议通过了《中华人民共和国广告法》(以下简称《广告法》)，该法于 1995 年 2 月 1 日起施行。《广告法》的颁布对加强广告管理，规范广告市场，充分发挥广告的作用具有重要意义。

第二节 广告准则

广告准则是指广告的基本要求，是判断广告的内容及形式是否合法的重要标准。广告准则可以分为一般准则和特殊准则。

一、广告的一般准则

广告的一般准则是所有类型的广告都应当遵循的基本要求。广告的一般准则是合法、真实和明确。

（一）合法性

从原则上讲，广告内容应当有利于人民的身心健康，促进商品和服务质量的提高，保护消费者的合法权益，遵守社会公德和职业道德，维护国家的尊严和利益。

广告不得有下列情形：

（1）使用中华人民共和国国旗、国徽、国歌。

（2）使用国家机关和国家机关工作人员的名义。

（3）使用国家级、最高级、最佳等用语。

（4）妨碍社会安定和危害人身、财产安全，损害社会公共利益。

（5）妨碍社会公共秩序和违背社会良好风尚。

（6）含有淫秽、迷信、恐怖、暴力、丑恶的内容。

（7）含有民族、种族、宗教、性别歧视的内容。

（8）妨碍环境和自然资源保护。

（9）法律、行政法规规定禁止的其他情形。

广告不得损害未成年人和残疾人的身心健康。

广告不得贬低其他生产经营者的商品或者服务。

（二）真实性

广告应当客观、公正地传达信息，不存在虚假内容。广告真实性的具体要求是：

（1）广告不得含有虚假的内容，不得欺骗和误导消费者。

（2）广告中对商品的性能、产地、用途、质量、价格、生产者、有效期限、允诺或者对服务的内容、形式、质量、价格、允诺有表示的，应当清楚、明白。广告中表明推销商品、提供服务附带赠送礼品的，应当标明赠送的品种和数量。

（3）广告使用数据、统计资料、调查结果、文摘、引用语，应当真实、准确，并表明出处。

（4）广告中涉及专利产品或者专利方法的，应当标明专利号和专利种类。未取得专利权的，不得在广告中谎称取得专利权。禁止使用未授予专利权的专利申请和已经终止、撤销、无效的专利做广告。

（三）明确性

广告的明确性是指广告应当具有区别于其他宣传形式的特征。广告的明确性要求包括：

（1）广告应当具有可识别性，能够使消费者辨明其为广告。

（2）大众传播媒介不得以新闻报道形式发布广告。

（3）通过大众传播媒介发布的广告应当有广告标记，与其他非广告信息相区别，不得使消费者产生误解。

二、广告的特殊准则

广告的特殊准则是对特殊类型广告的特殊要求。

（一）药品、医疗器械广告的特殊准则

药品、医疗器械广告不得有下列内容：

（1）含有不科学的表示功效的断言或者保证的。

（2）说明治愈率或者有效率的。

（3）与其他药品、医疗器械的功效和安全性相比较的。

（4）利用医药科研单位、学术机构、医疗机构或者专家、医生、患者的名义和形象作证明的。

（5）法律、行政法规规定禁止的其他内容。

药品广告的内容必须以国务院卫生行政部门或者省、自治区、直辖市卫生行政部门批准的说明书为准。

国家规定的应当在医生指导下使用的治疗性药品广告中，必须注明“按医生处方购买和使用”。

麻醉药品、精神药品、毒性药品、放射性药品等特殊药品，不得做广告。

（二）农药广告的特殊准则

农药广告不得有下列内容：

（1）使用无毒、无害等表明安全性的绝对化断言的。

（2）含有不科学的表示功效的断言或者保证的。

（3）含有违反农药安全使用规程的文字、语言或者画面的。

（4）法律、行政法规规定禁止的其他内容。

（三）烟草广告的特殊准则

（1）禁止利用广播、电影、电视、报纸、期刊发布烟草广告。

（2）禁止在各类等候室、影剧院、会议厅堂、体育比赛场馆等公共场所设置烟草广告。

（3）烟草广告中必须标明“吸烟有害健康”。

（四）食品、酒类、化妆品广告的特殊准则

食品、酒类、化妆品广告的内容必须符合卫生许可的事项，并不得使用医疗用语或者易与药品混淆的用语。

第三节 广告活动

广告活动是指广告主、广告经营者和广告发布者设计、制作、发布广告的一系列行为的总和。

一、广告活动的主体

广告活动主体，是指依法从事广告活动的当事人。根据《广告法》的规定，广告主、广告经营者、广告发布者在中华人民共和国境内从事广告活动，应当遵守该法。可见，在我国广告活动的主体可分为三类：

1. 广告主

即为推销商品或者提供服务，自行或者委托他人设计、制作、发布广告的法人、其他经济组织或者个人。

2. 广告经营者

即接受委托提供广告设计、制作等服务的法人、其他经济组织或者个人。

3. 广告发布者

即为广告主或者广告主委托的广告经营者发布广告的法人或者其他经济组织。

根据《广告法》的规定，从事广告经营的，应当具有必要的专业技术人员、制作设备并依法办理公司或者广告经营登记，方可从事广告活动。广播电台、电视台、报刊出版单位的广告业务，应当由其专门从事广告业务的机构办理，并依法办理兼营广告的登记。

二、广告活动规则

广告主自行或者委托他人设计、制作、发布广告，所推销的商品或者所提供的服务应当符合广告主的经营范围。

广告主、广告经营者、广告发布者不得在广告活动中进行任何形式的不正当竞争。

广告主委托设计、制作、发布广告，应当委托具有合法经营资格的广告经营者、广告发布者。

广告主自行或者委托他人设计、制作、发布广告，应当具有或者提供真实、合法、有效的下列证明文件：

（1）营业执照以及其他生产、经营资格的证明文件。

（2）质量检验机构对广告中有关商品质量内容出具的证明文件。

(3) 确认广告内容真实性的其他证明文件。

发布广告除需要经有关行政主管部门审查外，还应当提供有关批准文件。

广告主或者广告经营者在广告中使用他人名义、形象的，应当事先取得他人的书面同意；使用无民事行为能力人、限制民事行为能力人的名义、形象的，应当事先取得其监护人的书面同意。

广告经营者、广告发布者根据法律、行政法规查验有关证明文件，核实广告内容。对内容不实或者证明文件不全的广告，广告经营者不得提供设计、制作、代理服务，广告发布者不得发布。

广告经营者、广告发布者应当按照国家有关规定，建立、健全广告业务的承接登记、审核、档案管理制度。

广告收费应当合理、公开。收费标准和收费办法应当向物价管理部门和工商行政管理部门备案。此外，广告经营者、广告发布者应当公布其收费标准和收费办法。

法律、行政法规规定禁止生产、销售的商品或者提供的服务以及禁止发布广告的商品或者服务，不得设计、制作、发布广告。

三、户外广告的设置规则

户外广告包括路牌、电子显示屏、橱窗、灯箱、墙壁、交通工具外表、气球等形式。根据法律规定，有下列情形之一的，不得设置户外广告：

(1) 利用交通安全设施、交通标志的。

(2) 影响市政公共设施、交通安全设施、交通标志使用的。

(3) 妨碍生产或者人民生活，损害市容市貌的。

(4) 国家机关、文物保护单位和名胜风景点的建筑控制地带。

(5) 当地县级以上地方人民政府禁止设置户外广告的区域。

户外广告的设置规划和管理办法，由当地县级以上地方人民政府组织广告监督管理、城市建设、环境保护、公安等有关部门制定。

第四节 广告的审查

广告审查，是指广告审查机关依照法律、行政法规的规定，在广告发布前对广告的真实性、合法性进行审核检查的制度。

一、广告审查的范围

广告审查的范围，各国规定不尽一致，但是各国重点审查的是涉及人体健康和人身及财产安全的广告。

根据《广告法》的规定，我国必须审查的广告是利用广播、电影、电视、报纸、期刊以及其他媒介发布药品、医疗器械、农药、兽药等商品的广告，以及法律、行政法规规定应当进行审查的其他广告。

二、广告审查机关

广告审查机关是指审查特殊商品或服务的行政主管机关。广告审查具有很强的专业性和技术性，《广告法》规定，特殊商品或服务的广告由有关行政主管部门审查。依据我国现行法律、行政法规的规定，药品广告由省级以上卫生行政主管部门审查，医疗器械广告由省级以上医药行政管理部门审查，农药、兽药广告由省级以上农业行政主管部门审查。

三、广告审查程序

根据《广告法》的规定，广告审查的程序包括以下三个方面：

(1) 提出申请。广告发布前，广告主向广告审查机关提出审查申请，并提交有关证明文件。

(2) 审查。广告审查机关在收到广告主提交的有关证明、文件后，依照法律、行政法规的有关规定对广告进行审查。

(3) 决定。广告审查机关依照法律、行政法规的规定，对广告作出批准发布或者不准许发布的决定。广告内容符合法律、行政法规规定的，审查机关应当作出准予发布的决定。广告审查机关作出批准决定后，要制作审查决定文件。任何单位和个人不得伪造、变造或者转让广告审查文件。

第五节　违反广告法的法律责任

一、行政责任

(一) 广告主、广告经营者、广告发布者的行政责任

违反《广告法》规定，利用广告对商品或者服务作虚假宣传的，由广告监督管理机关责令广告主停止发布、并以等额广告费用在相应范围内公开更正消除影响，并处广告费用1倍以上5倍以下的罚款；对负有责任的广告经营者、广告发布者没收广告费用，并处广告费用1倍以上5倍以下的罚款；情节严重的，依法停止其广告业务。

发布广告违反《广告法》第7条第2款规定的，由广告监督管理机关责令

负有责任的广告主、广告经营者、广告发布者停止发布、公开更正，没收广告费用，并处广告费用1倍以上5倍以下的罚款；情节严重的，依法停止其广告业务。

发布广告违反《广告法》第9条至第12条规定的，由广告监督管理机关责令负有责任的广告主、广告经营者、广告发布者停止发布、公开更正，没收广告费用，可以并处广告费用1倍以上5倍以下的罚款。

发布广告违反《广告法》第13条规定的，由广告监督管理机关责令广告发布者改正，处以1000元以上1万元以下的罚款。

违反《广告法》第14条至第17条、第19条规定，发布药品、医疗器械、农药、食品、酒类、化妆品广告的，或者违反《广告法》第31条规定发布广告，由广告监督管理机关责令负有责任的广告主、广告经营者、广告发布者改正或者停止发布，没收广告费用，可以并处广告费用1倍以上5倍以下的罚款；情节严重的，依法停止其广告业务。

违反《广告法》第18条的规定，利用广播、电视、电影、报纸、期刊发布烟草广告，或者在公共场所设置烟草广告的，由广告监督管理机关责令负有责任的广告主、广告经营者、广告发布者停止发布，没收广告费用，可以并处广告费用1倍以上5倍以下的罚款。

违反《广告法》第34条的规定，未经广告审查机关审查批准，发布广告的，由广告监督管理机关责令负有责任的广告主、广告经营者、广告发布者停止发布，没收广告费用，并处广告费用1倍以上5倍以下的罚款。

广告主提供虚假证明文件的，由广告监督管理机关处以1万元以上10万元以下的罚款。伪造、变造或者转让广告审查决定文件的，由广告监督管理机关没收违法所得，并处1万元以上10万元以下的罚款。

（二）国家机关及其工作人员的行政责任

广告审查机关对违法的广告内容作出审查批准决定的，对直接负责的主管人员和其他直接责任人员，由其所在单位、上级机关、行政监察部门依法给予行政处分。

广告监督管理机关和广告审查机关的工作人员玩忽职守、滥用职权、徇私舞弊的，给予行政处分。

（三）行政处罚的复议和诉讼

当事人对行政处罚决定不服的，可以在接到处罚通知之日起15日内向作出处罚决定的机关的上一级机关申请复议；当事人也可以在接到处罚通知之日起15日内直接向人民法院起诉。

复议机关应当在接到复议申请之日起60日内作出复议决定。当事人对复议决定不服的，可以在接到复议决定之日起 15 日内向人民法院起诉。复议机关逾期不作出复议决定的，当事人可以在复议期满之日起 15 日内向人民法院起诉。

当事人逾期不申请复议也不向人民法院起诉；又不履行处罚决定的，作出处罚决定的机关可以申请人民法院强制执行。

二、民事责任

违反《广告法》规定，发布虚假广告，欺骗和误导消费者，使购买商品或者接受服务的消费者的合法权益受到损害的，由广告主依法承担民事责任；广告经营者、广告发布者明知或者应知广告虚假仍设计、制作、发布的，应当依法承担连带责任。

广告经营者、广告发布者不能提供广告主的真实名称、地址的，应当承担全部民事责任。

社会团体或者其他组织，在虚假广告中向消费者推荐商品或者服务，使消费者的合法权益受到损害的，应当依法承担连带责任。

广告主、广告经营者、广告发布者违反《广告法》规定，有下列侵权行为之一的，依法承担民事责任：

（1）在广告中损害未成年人或者残疾人的身心健康的。

（2）假冒他人专利的。

（3）贬低其他生产经营者的商品或者服务的。

（4）广告中未经同意使用他人名义、形象的。

（5）其他侵犯他人合法民事权益的。

三、刑事责任

利用广告对商品或者服务作虚假宣传构成犯罪的，依法追究刑事责任。

违反《广告法》第 7 条第 2 款规定构成犯罪的，依法追究刑事责任。

伪造、变造或者转让广告审查决定文件构成犯罪的，应依法追究刑事责任。

广告监督管理机关和广告审查机关的工作人员玩忽职守、滥用职权、徇私舞弊构成犯罪的，依法追究刑事责任。

本章小结

在现代社会，广告已经渗透到社会生活的方方面面，对人们的影响也越来越大。广告的一般准则和特殊准则是衡量广告是否符合要求的尺度。从事广告活动的主体应符合法律规定，其从事广告活动要遵循法定的规则。广告审查是广告符合要求的有力措施。违法从事广告活动要承担相应法律责任。

复习思考

1. 药品、医疗器械广告不得含有不科学的____________的断言或者保证。
2. 农药广告不得使用无毒、无害等表明____________的绝对化断言。
3. 烟草广告中必须标明“____________”。
4. 食品、酒类、化妆品广告不得使用医疗用语或者易与________相混淆的用语。
5. 根据《广告法》的规定，我国必须审查的广告是利用广播、电影、电视、报纸、期刊以及其他媒介发布药品、医疗器械、农药、________等商品的广告，以及法律、行政法规规定应当进行审查的其他广告。
6. 广告的一般准则是什么？
7. 广告活动应遵循哪些规则？
8. 在哪些情况下不得设置户外广告？

第八章　房地产法律制度

内容提要

本章包括六节内容。首先概括介绍了房地产法和房地产主管部门。其次阐述了土地使用权出让和土地使用权划拨。随后阐述了房地产开发。而后阐释了房地产转让、抵押、房屋出租和中介服务等有关房地产交易的内容。再次介绍了房地产权属登记。最后阐述了违反房地产法的法律责任。其中，房地产开发用地、房地产开发、房地产交易是学习重点。

学习目标

1. 了解房地产法和房地产主管部门、房地产权属登记、违反房地产法的法律责任等内容。
2. 理解房地产开发用地、房地产开发、房地产交易等内容。
3. 能够应用所学知识解决现实生活中有关房地产的实际问题。
4. 能够分析有关房地产管理的案例。

学习提示

1. 关注现实生活中有关房地产管理方面的报道。
2. 阅读相关论文、著作和案例分析材料。
3. 主动运用所学知识思考生活中遇到的有关房地产的实际问题。

第一节 房地产法概述

一、房地产法的概念

房地产法是指调整在房地产开发经营和管理过程中发生的社会关系的法律规范的总称，这是广义的房地产法的概念。狭义的房地产法仅指1994年7月5日第八届全国人大常委会第八次会议通过，2007年8月30日第十届全国人大常委会第二十九次会议修改的《中华人民共和国城市房地产管理法》（以下简称《房地产法》）。

房地产是房产和地产的统称，这二者有着密不可分的关系，习惯上往往把二者作为一体对待，称为“房地产”。对房地产一词也有广义和狭义两种理解，广义的房地产与国际上通用的“不动产”同义，指一个地区所有的土地及其附属物，包括房屋、道路、桥梁、树木等。狭义的房地产是指房屋、地基及其附属土地。我国《房地产法》采用狭义说。

房地产包括土地和房屋两种构成要素。土地是陆地的表层，其按照不同的标准可以进行不同的分类，如建筑用地和非建筑用地，国有土地和集体土地，农村土地和城市土地等。房地产开发只能在城市的国有土地上进行，城市土地是指市、县城、县属建制镇行政区划内和工矿区范围内的土地。城市土地可分为九类，即居住用地、公共设施用地（含商业用地）、工业用地、仓储用地、对外交通用地、道路广场用地、市政公用设施用地、绿地和特殊用地。

房屋是人类赖以生存和发展的物质基础之一，它是人类用以居住或从事生产经营的构筑物。房屋按用途可分为住宅、工业厂房和仓库、商场和商业店铺、办公用房、宾馆饭店、文体娱乐设施、政府和公用设施用房、多功能建筑；按价格构成可分为商品房和房改房；按权属可分为公房和私房，公房又可分为由国家各级房地产管理部门直接经营管理的直管公房和由各机关、团体、企事业单位自行经营管理的自管公房。

二、房地产行政主管部门

《房地产法》规定，国务院建设行政主管部门、土地管理部门依照国务院规定的职权划分，各司其职，密切配合，管理全国的房地产工作。县级以上地方人民政府房产管理、土地管理部门的机构设置及其职权由省、自治区、直辖市人民政府确定。我国主要实行房产、地产分别管理的体制，在政府中分别设立房产管理部门和土地管理部门。也有少数地方实行房产和地产统一管理的体制，只设立一个房地产管理部门，统一行使房产、地产管理职权。

第二节　房地产开发用地

房地产开发用地是指依法取得国有土地使用权用于基础设施和房屋建设的土地。房地产开发所使用的土地只能是国有土地，集体所有的土地必须经过征用转化为国有土地之后才能用于房地产开发。房地产开发用地可以通过土地使用权出让和土地使用权划拨两种方式取得。

一、土地使用权出让

（一）土地使用权出让的概念

土地使用权出让，是指国家将国有土地使用权在一定年限内出让给土地使用者，由土地使用者向国家支付土地使用权出让金的行为。土地使用权出让具有如下特征：

（1）土地使用权的出让是以国有土地所有权权能的分离为基础的。国家出让的是土地的占有、使用和收益的权能，土地的国家所有的性质没有改变。

（2）土地使用权的出让方是国家，由人民政府代表其进行。《房地产法》规定，土地使用权的出让，由市、县人民政府有计划、有步骤地进行。出让的每幅地块、用途、年限和其他条件，由市、县人民政府土地管理部门会同城市规划、建设、房产管理部门共同拟订方案，按照国务院规定，报经有批准权的人民政府批准后，由市、县人民政府土地管理部门实施。而且土地使用权出让合同由市、县人民政府土地管理部门与土地使用者签订。

（3）土地使用权出让是一种有偿的法律行为。受让方要按照使用土地的年限和土地的用途向国家支付一定数额土地使用权出让金。土地使用权出让和土地使用权划拨的最主要的区别就是是否支付货币给国家。

（4）土地使用权的出让是有期限的，不同用途的土地有不同的最高出让年限。《房地产法》规定土地使用权的最高出让年限由国务院规定。

（5）土地使用权出让是一种要式法律行为。土地使用权出让，必须签订书面出让合同，并由有关部门办理土地使用权登记。

（二）土地使用权出让的管理

（1）禁止集体所有土地使用权的有偿出让。

（2）土地使用权出让，必须符合土地利用总体规划、城市规划和年度建设用地计划。

（3）土地使用权出让，必须拟订年度出让土地使用权总面积方案。

(4) 土地使用权出让，必须由市、县人民政府土地管理部门会同城市规划、建设、房产管理部门共同拟订方案。

(三) 土地使用权出让的方式

《房地产法》规定，土地使用权出让，可以采取拍卖、招标或者双方协议的方式进行。商业、旅游、娱乐和豪华住宅用地，有条件的，必须采取拍卖、招标方式；没有条件，不能采取拍卖、招标方式的，可以采取双方协议的方式。

1. 拍卖出让方式

拍卖出让方式，是指由国有土地管理部门组织的，在指定的时间、地点，向符合条件的组织和个人，就某块土地的使用权公开叫价竞买，按照“价高者得”的原则当场确定土地使用权受让人的方式。这种方式体现了公正、公平、公开的特点，不但能够排除暗箱操作，而且能够使国家获得较高的土地使用权出让金。

2. 招标出让方式

招标出让方式，是指由土地管理部门根据出让土地使用权的条件发出投标邀请，由符合条件的组织或个人以书面方式竞投某块土地的使用权，而后由招标人择优确定土地使用权受让人的方式。

3. 协议出让方式

协议出让方式，是指市、县人民政府土地管理部门与申请使用土地的组织或个人直接进行协商，达成协议的土地使用权出让方式。《房地产法》规定，采取双方协议方式出让土地使用权的出让金不得低于按国家规定所确定的最低价。

(四) 土地使用权出让的最高年限

土地使用权出让的最高年限，是指法律规定的不同用途的土地一次出让的最长使用年限。每一地块的具体使用年限，在土地使用权出让之时确定，不能高于法定最高年限。国务院发布的《城镇国有土地使用权出让和转让暂行条例》第12条确定了土地使用权出让的最高年限：

(1) 居住用地70年。

(2) 工业用地50年。

(3) 教育、科技、文化、卫生、体育用地50年。

(4) 商业、旅游、娱乐用地40年。

(5) 综合或其他用地50年。

(五) 土地使用权出让合同

土地使用权出让合同，是市、县人民政府土地管理部门与申请使用土地的组织或个人，就出让某块特定土地的使用权经协商达成一致意见，明确双方权利义务关系的书面协议。土地使用权出让合同通常包括下列主要条款：

(1) 合同的双方当事人。合同的一方当事人是出让方，即代表国家的土地管理部门，另一方是土地的使用者。

(2) 合同的标的。即以一定的位置、编号、面积、范围等标准确定的土地。

(3) 出让期限。

(4) 土地使用权出让金的数额、币种、支付方式和支付期限。

(5) 定金。各地一般都规定土地使用者在签订合同后，要按出让金的一定比例支付定金。

(6) 出让的土地的用途、规划要求和建设管理要求。

(7) 交付出让土地的期限和方式。

(8) 违约责任。出让方不按合同规定提供出让的土地的，受让方有权解除合同，要求返还土地使用权出让金，并可请求违约赔偿。如果受让方不按时交纳出让金，出让方有权解除合同，并可请求违约赔偿。

(9) 纠纷的解决。

(六) 土地使用权的终止和续期

1. 土地使用权的终止

土地使用权的终止是指在出现法律规定的情况时候，受让人丧失了土地使用权。《房地产法》规定土地使用权在出现下列情况时终止：

(1) 使用期限届满。土地使用权出让合同约定的年限届满，土地使用者未申请续期或者虽申请续期但未获批准的，土地使用权由国家无偿收回。

(2) 提前收回。国家在特殊情况下，根据社会公共利益的需要，可以依照法律程序提前收回，并根据土地使用者使用土地的实际年限和开发土地的实际情况给予相应的补偿。

(3) 因逾期开发而被无偿收回。以出让方式取得土地使用权进行房地产开发的，必须按照土地使用权出让合同约定的土地用途、动工开发期限开发土地。满2年未动工开发的，国家可以无偿收回土地使用权。

(4) 土地灭失。土地使用权因土地灭失而终止。

2. 土地使用权的续期

土地使用权的使用年限届满，土地使用者需要继续使用土地的，可以申请续期。申请应当至迟于届满前一年提出。除根据社会公共利益需要收回该幅土地外，应当批准续期申请。经批准后，出让方与受让方应当重新签订土地使用权出让合同，依照规定支付土地使用权出让金。

二、土地使用权划拨

（一）土地使用权划拨的概念

土地使用权划拨，是指县级以上人民政府依法批准，在土地使用者缴纳补偿、安置等费用后将该幅土地交付其使用，或者将国有土地使用权无偿交付给土地使用者使用的行为。

以划拨方式取得的土地使用权除法律、行政法规另有规定外，没有使用期限的限制。使用划拨的土地无须向国家支付价金，但是必要时要缴纳补偿原土地使用者的损失、安置该土地上的居民等费用。

在实行城市国有土地有偿出让以前，城市的土地使用者是通过划拨这种行政方式获得土地使用权的。土地使用权划拨仍然是以国有土地所有权与使用权分离为基础的。在土地使用权划拨和出让这两种取得土地使用权的方式并存的情况下，以划拨方式取得土地使用权的使用者如果不补办土地使用权出让手续，就不能进行土地使用权的交易行为。

（二）土地使用权划拨的范围

《房地产法》规定，下列建设用地的土地使用权，确属必需的，可以由县级以上人民政府依法批准划拨：

（1）国家机关用地和军事用地。

（2）城市基础设施用地和公益事业用地。

（3）国家重点扶持的能源、交通、水利等项目用地。

（4）法律、行政法规规定的其他用地。

第三节 房地产开发

一、房地产开发的概念

房地产开发，是指在依法取得土地使用权的国有土地上进行基础设施、房屋建设的行为。

房地产开发可以是地产开发和再开发，即投入资金和劳动把土地开发为可供建造房屋和设施的建设用地的活动；也可以是房产开发和再开发，即在已经开发的土地上投入资金和劳动通过有计划的建设施工而获得具有特定用途的房产的活动；也可以是地产房产一体化开发。可以是经营性开发，也可以是自用性开发。可以是单项开发，也可以是有计划的成片开发。

二、房地产开发的原则

1. 房地产开发必须严格执行城市规划

《城市规划法》规定，城市规划区的土地利用和各项建设必须符合城市规划，服从规划管理。《房地产法》规定，房地产开发必须严格执行城市规划。为此必须严格执行"一书两证"制度，即送审《选址意见书》和申领《建设用地规划许可证》和《建设工程规划许可证》。

2. 房地产开发必须坚持经济效益、社会效益和环境效益相统一

追求经济效益是从事房地产开发活动的主要目的之一。但房地产的开发对城市建设和社会文化事业发展，对城市生态环境的改善都有重要影响。因而在房地产开发过程中既要正确决策、加强管理，取得经济效益，又要注重建设布局的科学性，局部利益服从城市建设和社会文化事业发展以及城市生态环境改善的大局。

3. 房地产开发必须全面规划、合理布局、综合开发、配套建设

实行全面规划、合理布局、综合开发、配套建设是我国城市建设、房地产开发的经验总结，实践证明这是一条行之有效的正确原则，必须坚持贯彻。

4. 房地产开发必须保证质量

房地产的质量是事关大众生命财产的重大问题。房地产开发项目的设计、施工，必须符合国家的有关标准和规范。房地产开发项目竣工，经验收合格后，方可交付使用。

5. 鼓励开发、建设居民住宅

住房是衡量人民生活水平的重要指标，国家非常重视居民住宅的开发建设。《房地产法》规定，国家根据社会、经发展水平，扶持发展居民住宅建设，逐步改善居民的居住条件；国家采取税收等方面的优惠措施鼓励和扶持房地产开发企业开发建设居民住宅。

三、房地产开发企业

产地产开发企业，是以营利为目的从事房地产开发和经营的企业。包括房地产开发的专营企业和兼营企业。

（一）房地产开发企业的设立条件

根据《房地产法》的规定，设立房地产开发企业应当具备下列条件：

（1）有自己的名称和组织机构。

（2）有固定的经营场所。

（3）有符合国务院规定的注册资本。

(4) 有足够的专业技术人员。

(5) 法律、行政法规规定的其他条件。

(二) 房地产开发企业的设立程序

设立房地产开发企业，应当向工商行政管理部门申请设立登记。工商管理部门对符合《房地产法》规定条件的，应当予以登记，发给营业执照；对不符合条件的，不予登记。

设立有限责任公司、股份有限公司，从事房地产开发经营的，还应当执行公司法的有关规定。

房地产开发企业在领取营业执照后的1个月内，应当到登记机关所在地的县级以上人民政府规定的部门备案。

为加强对房地产开发业的管理，国家实行房地产开发企业的资质等级评定制度。按照资金状况、技术力量、工程质量以及开发业绩等标准，可以将房地产开发企业分为5个等级。

第四节 房地产交易

一、房地产交易概述

房地产交易，是房地产在二级市场和三级市场上的流通活动的总称，包括房地产转让、房地产抵押和房屋租赁。

房地产所有人的权利包括房屋所有权和土地使用权。房屋与土地是不可分割的，房地产的房产所有权和土地使用权必须由同一主体享有。因此，房地产转让、抵押时，房屋的所有权和该房屋占用范围内的土地使用权同时转让、抵押。

(一) 房地产价格管理

房地产交易价格接受国家的管理，国家定期确定并公布基准地价、标定地价和各类房屋的重置价格。

1. 基准地价

基准地价是国家按照土地等级或收益状况计算或评定的，一定时间内某一区域的土地使用权的平均价格。基准地价反映的是地价的总体发展变化趋势和土地使用权的较稳定的平均价格，是国家对土地使用权价格进行管理、控制和引导的基础，也是国家征收土地使用税、参与土地收益分配的依据。

2. 标定地价

标定地价是土地管理部门以基准地价为基础，根据现行政策、市场行情、地块面积、形状、位置和土地使用年限等条件评定的某一地块在某一时间的具体价格。

3. 房屋的重置价格

房屋的重置价格是房屋的现价或时价，是指按照当前的建筑技术、工艺水平、建材价格、人工和运输费用等条件，重新建造同类结构、式样、质量标准的房屋所需的费用。

（二）房地产价格评估

房地产价格评估是指专业的房地产价格评估机构、人员，遵循一定的原则，采用科学合理的评估方法，分析影响房地产价格的因素，对某一房地产最可能实现的价格进行的推测和判断活动。

国家实行房地产价格评估制度。房地产价格评估，应当遵循公正、公平、公开的原则，按照国家规定的技术标准和评估程序，以基准地价、标定地价和各类房屋的重置价格为基础，参照当地的市场价格进行。

为保证价格评估的客观公正，国家实行房地产价格评估人员资格认证制度。

（三）房地产价格申报

为维护正常的房地产市场交易秩序，加强对房地产交易的管理，国家实行房地产成交价格申报制度。房地产权利人转让房地产，应当向县级以上人民政府规定的部门如实申报成交价，不得瞒报或作不实的申报。

二、房地产转让

房地产转让，是指房地产权利人通过买卖、赠与或者其他合法方式将房地产转移给他人的行为。国有土地使用权的有偿出让构成一级市场，房地产转让是房地产二级市场和三级市场的重要组成部分。

（一）房地产转让的条件

1. 以出让方式取得土地使用权的房地产转让条件

(1) 按照出让合同约定已经支付全部使用权出让金，并取得土地使用权证书。

(2) 按照出让合同约定进行投资开发，属于房屋建设工程的，应完成开发投资总额的25%以上；属于成片开发土地的，形成工业用地或者其他建设用地条件。

转让房地产时房屋已经建成的还应当持有房屋所有权证书。

2. 以划拨方式取得土地使用权的房地产转让条件

以划拨方式取得土地使用权的，转让房地产时，应当按照国务院规定，报有批准权的人民政府审批。有批准权的人民政府准予转让的，应当由受让方办理土地使用权出让手续，并依照国家有关规定缴纳土地使用权出让金。

以划拨方式取得土地使用权的，转让房地产报批时，有批准权的人民政府按照国务院规定决定可以不办理土地使用权出让手续的，转让方应当按照国务院规定将转让房地产所获收益中的土地收益上缴国家或者作其他处理。

3. 房地产转让的禁止条件

《房地产法》明确规定，下列房地产，不得转让：

（1）以出让方式取得的土地使用权，不符合上述以出让方式取得土地使用权的房地产转让的条件的。

（2）司法机关和行政机关依法裁定、决定查封或者以其他形式限制房地产权利的。

（3）依法收回土地使用权的。

（4）共有房地产，未经其他共有人书面同意的。

（5）权属有争议的。

（6）未依法登记领取权属证书的。

（7）法律、行政法规规定禁止转让的其他情形。

（二）房地产受让人的权利义务

房地产转让，应当签订书面转让合同，合同中应当载明土地使用权取得的方式。房地产转让时，土地使用权出让合同载明的权利、义务随之转移给受让人。

以出让方式取得土地使用权的，转让房地产后，其土地使用权的使用年限为原土地使用权出让合同约定的使用年限减去原土地使用者已经使用年限后的剩余年限。

以出让方式取得土地使用权的，转让房地产后，受让人改变原土地使用权出让合同约定的土地用途的，必须取得原出让方和市、县人民政府城市规划行政主管部门的同意，签订土地使用权出让合同变更协议或者重新签订土地使用权出让合同，相应调整土地使用权出让金。

（三）商品房预售

商品房预售是房地产开发企业将正在建设中的房屋预先出售给承购人，并由承购人支付定金或房屋价款的行为。

商品房预售应符合下列条件：

（1）已交付全部土地使用权出让金，取得土地使用权证书。

（2）持有建设工程规划许可证和施工许可证。

（3）按提供的预售商品房计算，投入开发建设的资金达到工程建设总投资的 25%以上，并已经确定施工进度和竣工交付日期。

(4) 向县级以上人民政府房产管理部门办理预售登记，取得商品房预售许可证明。

房地产开发企业预售商品房时，应当向承购人出示商品房预售许可证明。

商品房预售人应当在商品房预售合同签订之日起1个月内，持合同向县级以上人民政府房地产管理部门和土地行政主管部门办理备案手续。

商品房预售所得的款项必须用于所预售的商品房建设。

预售的商品房交付使用后，购买人应当自商品房交付使用之日起3个月内，办理土地使用权变更和房屋所有权登记手续，房地产开发企业应当予以协助。

三、房地产抵押

房地产抵押，是指抵押人以其合法的房地产以不转移占有的方式向抵押权人提供债务履行担保的行为。债务人不履行债务时，抵押权人有权依法以抵押的房地产拍卖所得的价款优先受偿。

(一) 房地产抵押的范围

根据《房地产法》和《担保法》的规定，下列房地产可以设定抵押：

(1) 依法取得的房屋所有权连同该房屋占用范围内的土地使用权要同时抵押。

(2) 以出让方式取得的土地使用权。

(二) 房地产抵押的特别规定

房地产抵押应遵循《担保法》的一般规定，但是《房地产法》对此另有一些特别规定。

设定房地产抵押权的土地使用权是以划拨方式取得的，依法拍卖该房地产后，应当从拍卖所得的价款中缴纳相当于应缴纳的土地使用权出让金后，抵押权人方可优先受偿。

房地产抵押合同签订后，土地上新增的房屋不属于抵押范围。需要拍卖该抵押的房地产时，可以依法将土地上新增的房屋一起拍卖，但对拍卖新增房屋所得，抵押权人无权优先受偿。

(三) 房地产抵押的程序

(1) 抵押人和抵押权人以书面形式签订抵押合同。

(2) 当事人凭土地使用权证书和房屋所有权证书办理抵押登记，抵押合同自登记之日起生效。

(3) 因抵押房地产被拍卖而取得土地使用权和房屋所有权的组织或个人，

要依法办理过户登记手续。

四、房屋租赁

房屋租赁，是指房屋所有权人作为出租人将其房屋出租给承租人使用，由承租人向出租人支付租金的行为。

（一）房屋租赁的种类

房屋租赁按照租赁用途可划分为住宅用房租赁和经营性用房租赁两种形式。

1. 住宅用房租赁

住宅用房租赁是指租赁房屋供家庭居住使用。住宅用房与大众生活联系密切，法律规定住宅用房租赁执行特殊政策。《房地产法》规定，住宅用房的租赁，应当执行国家和房屋所在城市人民政府规定的租赁政策。

2. 经营性用房租赁

经营性用房租赁是指租赁房屋从事生产、经营活动。租赁房屋从事生产、经营活动的，由租赁双方协商议定租金和其他租赁条款。以营利为目的，房屋所有权人将以划拨方式取得使用权的国有土地上建成的房屋出租的，应当将租金中所含土地收益上缴国家。

（二）房屋租赁合同

房屋租赁合同，是指出租人将其所有或授权其经营管理的房屋交付承租人使用，承租人按约定支付租金，在租赁关系终止时返还房屋的书面协议。

租赁合同应当具备以下条款：

（1）当事人姓名或者名称。

（2）房屋的位置、面积等状况。

（3）租赁用途。

（4）租赁期限。

（5）租金及交付方式。

（6）房屋修缮责任。

（7）转租的约定。

（8）变更和解除合同的条件。

房屋租赁合同签订后应向房产管理部门登记备案。

五、房地产中介服务

房地产中介服务是指房地产咨询、房地产价格评估、房地产经纪等中介服务活动的总称。

（一）房地产中介服务机构的种类

1. 房地产咨询机构

房地产咨询机构是指为从事房地产活动的当事人提供房地产开发、房地产转让、房地产抵押、房屋租赁方面的政策、法律、技术、信息等服务的中介机构。

2. 房地产价格评估机构

房地产价格评估机构是指接受房地产开发企业、有关部门以及其他组织和个人的委托，评定房地产价格的中介服务机构。

3. 房地产经纪机构

房地产经纪机构是指接受委托人委托为其提供房地产信息和从事居间代理业务的中介服务机构。

（二）房地产中介服务机构的设立条件和程序

房地产中介服务机构应当具备下列条件：

（1）有自己的名称和组织机构。

（2）有固定的服务场所。

（3）有必要的财产和经费。

（4）有足够数量的专业人员。

（5）法律、行政法规规定的其他条件。

设立房地产中介服务机构，应当向工商行政管理部门申请设立登记，领取营业执照后，方可开业。

第五节　房地产权属登记管理

房地产权属登记管理，是指房地产管理部门对房地产的权属状况，包括权利的种类、范围等情况进行持续的记录，并据此向房地产权利人颁发权利证明书的活动。

一、国有土地使用权登记

国有土地使用权登记，是指土地管理部门根据申请，按照法定程序对依法取得国有土地使用权的组织和个人进行审查核实、注册登记、核发土地使用权证书的活动。

以出让或者划拨方式取得土地使用权，应当向县级以上地方人民政府土地管理部门申请登记，经县级以上地方人民政府土地管理部门核实，由同级人民政府颁发土地使用权证书。

二、房屋所有权登记

房屋所有权登记，是指房产管理部门根据申请，依照法定程序对房屋所有权人的房屋进行核实、登记注册、颁发房屋所有权证书的活动。

在依法取得的房地产开发用地上建成房屋的，应当凭土地使用权证书向县级以上地方人民政府房产管理部门申请登记，由县级以上地方人民政府房产管理部门核实并颁发房屋所有权证书。

三、房地产变更登记

房地产变更登记，是指房地产管理部门依据申请，依照法定程序对权利发生变更的房地产重新进行核实，登记注册，并更换或者更改房地产权利证书的活动。

房地产作为不断流转的商品，它可以通过买卖、赠与、交换或者其他合法方式转让给他人而使权利发生变化；也可能由于扩建、改建、增建、翻建、拆除以及权利人名称或姓名的改变等变更而使权利内容发生变化，这时就要进行房地产变更登记。

房地产转让或者变更时，应当向县级以上地方人民政府房产管理部门申请房产变更登记，并凭变更后的房屋所有权证书向同级人民政府土地管理部门申请土地使用权变更登记，经同级人民政府土地管理部门核实，由同级人民政府更换或者更改土地使用权证书。

四、房地产抵押登记

房地产抵押登记，是指房地产管理部门依据申请，依照法定程序对房地产权利人对房地产设定抵押的情况在房地产登记簿上进行记载的活动。

房地产抵押登记时，应当向县级以上地方人民政府规定的部门办理抵押登记。因处分抵押房地产而取得土地使用权和房屋所有权的，应当依照规定办理过户登记。

五、房地产权属统一登记

我国设立土地管理部门和房产管理部门分别对土地和房屋进行管理，但是实践中有的地方由一个部门统一对房地产实行管理。因而《房地产法》规定，经省、自治区、直辖市人民政府确定，县级以上地方人民政府由一个部门统一负责房产管理和土地管理工作的，可以制作、颁发统一的房地产权证书，将房屋的所有权和该房屋占用范围内的土地使用权的确认和变更，分别载入房地产权证书。

第六节 违反房地产法的法律责任

违反房地产法的法律责任，是指公民、法人或者其他组织违反房地产法所应承担的法律后果。《房地产法》规定了如下法律责任：

一、擅自批准出让或擅自出让土地使用权的法律责任

擅自批准出让或者擅自出让土地使用权用于房地产开发的，由上级机关或者所在单位给予有关责任人员行政处分。

二、违法开发房地产的法律责任

未取得营业执照擅自从事房地产开发业务的，由县级以上工商行政管理部门责令停止房地产开发业务活动，没收违法所得，可以并处罚款。

三、违法转让出让土地使用权的法律责任

转让不符合转让条件的出让土地使用权的，由县级以上人民政府土地管理部门没收违法所得，可以并处罚款。

四、违法转让房地产的法律责任

转让不符合转让条件的划拨土地的房地产的，由县级以上人民政府土地管理部门责令缴纳土地使用权出让金，没收违法所得，可以并处罚款。

五、违法预售商品房的法律责任

预售商品房不符合法定条件的，由县级以上人民政府房产管理部门责令停止预售活动，没收违法所得，可以并处罚款。

六、擅自从事房地产中介服务的法律责任

未取得营业执照擅自从事房地产中介服务业务的，由县级以上人民政府工商行政管理部门责令停止房地产中介服务、没收违法所得，可并处罚款。

七、房地产管理机关及其工作人员的法律责任

没有法律、法规的依据，向房地产开发企业收费的，上级机关应当责令退回所收取的钱款；情节严重的，由上级机关或者所在单位给予直接责任人员行

政处分。

房地产管理部门工作人员玩忽职守、滥用职权，构成犯罪的，依法追究刑事责任；不构成犯罪的，给予行政处分。

房地产管理部门工作人员利用职务上的便利，索取他人财物，或者非法收受他人财物，为他人谋取利益，构成犯罪的，依法追究刑事责任；不构成犯罪的、给予行政处分。

本章小结

房地产不但是价值较大的财产，而且关系到经济发展和人们的日常生活，依法管理房地产是各国的通行做法。在我国，土地所有权属于国家和集体所有，进行房地产开发建设要以出让或者划拨的方式取得土地使用权。房地产开发由房地产开发企业进行，而且要遵循一定的原则。房地产交易是房地产流转的基本形式。房地产权属登记是确认房地产权属的手段和进行管理的前提条件。

复习思考

1. 商业、旅游、娱乐用地出让的最高年限是______年。

2. 土地使用权的使用年限届满，土地使用者需要继续使用土地的，可以申请续期。申请应当至迟于届满前______年提出。

3. 在依法取得的房地产开发用地上建成房屋的，应当凭土地使用权证书向县级以上地方人民政府__________申请登记，由其核实并颁发房屋所有权证书。

4. 经省、自治区、直辖市人民政府确定，县级以上地方人民政府由一个部门统一负责房产管理和土地管理工作的，可以制作、颁发统一的__________证书。

5. 未取得__________擅自从事房地产开发业务的，由县级以上工商行政管理部门责令停止房地产开发业务活动，没收违法所得，可以并处罚款。

6. 什么是土地使用权出让？它具有哪些特征？

7. 土地使用权在哪些情况下终止？

8. 在哪些情况下房地产禁止转让？

第九章　会计和审计法律制度

内容提要

本章包括会计法和审计法两节内容。首先阐述了会计法的概念、会计工作管理体制、会计工作制度和违反会计法的法律责任等内容。其次阐述了审计法的概念、审计机关和审计人员、审计程序和违反审计法的法律责任等内容。其中，会计工作制度和审计程序是学习的重点。

学习目标

1. 了解会计工作管理体制、审计机关和审计人员、法律责任等内容。
2. 理解会计法的概念、会计工作制度和审计法的概念、审计程序等内容。
3. 能够应用所学知识分析有关案例。

学习提示

1. 阅读相关文献和案例分析材料。
2. 主动运用所学知识思考生活中遇到的问题。

第一节 会 计 法

一、会计法概述

会计法是调整会计机构、会计人员在办理会计事务以及国家在管理会计工作的过程中发生的社会关系的法律规范的总称。广义的“会计法”是指所有调整会计关系的法律规范的总称，狭义的“会计法”是指全国人大常委会于1985年1月21日通过、1999年10月31日修订的《中华人民共和国会计法》(以下简称《会计法》)。

会计是以货币为主要计量单位，通过一系列专门方法，对国家机关、社会团体、公司、企业、事业单位和其他组织的经济活动进行连续、系统、全面、综合的反映和控制，并能通过参与决策、分析评价业绩、预测前景等措施促进经济效益提高的信息系统，是对经济活动进行核算和管理的重要工具。会计工作不但可以对经济活动进行记录和考核，而且可以进行事前的分析预测和事中的监督控制，其地位在经济发展中十分重要。为了规范会计行为，保证会计资料真实、完整，保障会计人员依法行使职权，发挥会计工作在加强经济管理、提高经济效益、维护社会主义市场经济秩序中的作用，必须把会计工作纳入法制化的轨道，这是会计法的立法目的所在。

二、会计工作管理体制

(一) 会计工作领导体制和会计制度制定权限

1. 会计工作领导体制

(1) 国务院财政部门管理全国的会计工作。

(2) 地方各级人民政府的财政部门管理本地区的会计工作。

(3) 单位负责人对本单位的会计工作和会计资料的真实性、完整性负责。

2. 会计制度制定权限

(1) 国家统一的会计制度，由国务院财政部门根据《会计法》制定。

(2) 国务院有关部门可以依照《会计法》和国家统一的会计制度制定对会计核算和会计监督有特殊要求的行业实施国家统一的会计制度的具体办法或者补充规定，报国务院财政部门审核批准。

(3) 中国人民解放军总后勤部可以依照《会计法》和国家统一的会计制度制定军队实施国家统一的会计制度的具体办法，报国务院财政部门备案。

(二) 会计机构和会计人员的管理体制

1. 会计机构和会计人员的设置

（1）各单位根据会计业务的需要设置会计机构，或者在有关机构中设置会计人员并指定会计主管人员。不具备设置条件的，可以委托经批准设立从事会计代理计账业务的中介机构进行代理记账。

（2）国有的和国有资产占控股地位或者主导地位的大、中型企业必须设置总会计师，其任职资格、任免程序、职责权限由国务院另行规定。

（3）会计机构内部应当建立稽核制度。会计机构的出纳人员不得兼管稽核、会计档案保管和收入、费用、债权、债务账目的登记工作。

2. 会计人员的从业资格

（1）从事会计工作的人员必须取得会计从业资格证书。担任单位会计机构负责人（会计主管人员）还应当具备会计师以上专业技术职务资格或者从事会计工作 3 年以上的经历。

（2）因有提供虚假财务会计报告，做假账，隐匿或者故意销毁会计凭证、会计账簿、财务会计报告，贪污，挪用公款，职务侵占等与会计职务有关的违法行为被依法追究刑事责任的人员，不得取得或者重新取得会计从业资格证书。除此之外，因违法违纪行为被吊销会计从业资格证书的人员，自被吊销会计从业资格证书之日起五年内不得重新取得会计从业资格证书。

3. 会计人员的工作交接

会计人员调动工作或离职，必须与接管人员办清交接手续。一般会计人员办理交接手续，由会计机构负责人（会计主管人员）监交；会计机构（会计主管人员）办理交接手续，由单位领导人监交，必要时可以由主管单位派人会同监交。

三、会计工作制度

（一）会计核算制度

会计核算是指以货币为主要计量单位，遵循专门的程序，以专门的方法对各单位已经发生的经济业务活动或者预算执行过程及其结果进行连续、系统、全面、综合地记录、计算、分析，并据以编制会计报表的一种管理活动。

1. 会计核算的经济业务事项

（1）款项和有价证券的收付。

（2）财物的收发、增减和使用。

（3）债权债务的发生和结算。

（4）资本、基金的增减。

（5）收入、支出、费用、成本的计算。

（6）财务成果的计算和处理。

(7) 需要办理会计手续、进行会计核算的其他事项。

2. 会计年度和记账本位币

会计年度是指以年度划分的会计期间。会计期间分为年度、季度和月份，年度、季度和月份的起讫日期采用公历。会计年度自公历 1 月 1 日起至 12 月 31 日止。

记账本位币是指用于日常登记账簿和编制财务会计报告时用以表示计量的货币。会计核算以人民币为记账本位币。业务收支以外国货币为主的单位，也可以选定某种外国货币作为记账本位币，但是编报会计报表应当折算为人民币反映。

3. 会计核算的内容和要求

(1) 会计凭证。会计凭证包括原始凭证和记账凭证。原始凭证是指在经济业务发生时取得或者填制的用以记录或者证明经济业务发生或者完成情况的原始书面证明。记账凭证是指由会计机构或者会计人员根据经过审核确认无误的原始凭证或者汇总原始凭证等有关资料，按照经济业务内容加以分类，并据以确定会计分类而填制的作为登记账簿依据的一种凭证。

办理经济业务事项，必须填制或者取得原始凭证并及时送交会计机构。会计机构、会计人员必须按照国家统一的会计制度的规定对原始凭证进行审核，对不真实、不合法的原始凭证有权不予接受，并向单位负责人报告；对记载不准确、不完整的原始凭证予以退回，并要求按照国家统一的会计制度的规定更正、补充。

原始凭证记载的各项内容均不得涂改；原始凭证有错误的，应当由出具单位重开或者更正，更正处应当加盖出具单位印章。原始凭证金额有错误的，应当由出具单位重开，不得在原始凭证上更正。

(2) 会计账簿。会计账簿是指由具有一定格式的账页所组成的、能够对全部经济业务活动进行全面、系统、连续、分类地记录和核算的簿籍。会计账簿包括总账、明细账、日记账和其他辅助性账簿。

会计账簿登记，必须以经过审核的会计凭证为依据，并符合有关法律、行政法规和国家统一的会计制度的规定。会计账簿应当按照连续编号的页码顺序登记。会计账簿记录发生错误或者隔页、缺号、跳行的，应当按照国家统一的会计制度规定的方法更正，并由会计人员和会计机构负责人（会计主管人员）在更正处盖章。使用电子计算机进行会计核算的，其会计账簿的登记、更正，应当符合国家统一的会计制度的规定。

各单位发生的各项经济业务事项应当在依法设置的会计账簿上统一登记、核算，不得违反《会计法》和国家统一的会计制度的规定私设会计账簿登记、核算。

各单位应当定期将会计账簿记录与实物、款项及有关资料相互核对，保证会计账簿记录与实物及款项的实有数额相符、会计账簿记录与会计凭证的有关内容相符、会计账簿之间相对应的记录相符、会计账簿记录与会计报表的有关内容相符。

（3）财务会计报告。财务会计报告是指一个单位根据账簿记录和其他日常核算资料，运用货币计量指标，依法向国家有关部门提供或者向社会公开披露的反映该单位财务状况和经营成果的书面文件。财务会计报告分为内部报告和外部报告两种。

财务会计报告应当根据经过审核的会计账簿记录和有关资料编制，并符合《会计法》和国家统一的会计制度关于财务会计报告的编制要求、提供对象和提供期限的规定，如果其他法律、行政法规另有规定，则遵照该规定。

财务会计报告由会计报表、会计报表附注和财务情况说明书组成。向不同的会计资料使用者提供的财务会计报告，其编制依据应当一致。有关法律、行政法规规定会计报表、会计报表附注和财务情况说明书须经注册会计师审计的，注册会计师及其所在的会计师事务所出具的审计报告应当随同财务会计报告一并提供。

单位提供的担保、未决诉讼等或有事项，应当按照国家统一的会计制度的规定，在财务会计报告中予以说明。

各单位采用的会计处理方法，前后各期应当一致，不得随意变更；确有必要变更的，应当按照国家统一的会计制度的规定变更，并将变更的原因、情况及影响在财务会计报告中说明。

财务会计报告应当由单位负责人和主管会计工作的负责人、会计机构负责人（会计主管人员）签名并盖章；设置总会计师的单位，还须由总会计师签名并盖章。单位负责人应当保证财务会计报告真实、完整。

会计凭证、会计账簿、财务会计报告和其他会计资料，必须符合国家统一的会计制度的规定。使用电子计算机进行会计核算的，其软件及其生成的会计凭证、会计账簿、财务会计报告和其他会计资料，也必须符合国家统一的会计制度的规定。任何单位和个人不得伪造、变造会计凭证、会计账簿及其他会计资料，不得提供虚假的财务会计报告。

4. 会计文字记录和会计档案管理

会计记录的文字应当使用中文。在民族自治地方，会计记录可以同时使用当地通用的一种民族文字。在中华人民共和国境内的外商投资企业、外国企业和其他外国组织的会计记录可以同时使用一种外国文字。

各单位对会计凭证、会计账簿、财务会计报告和其他会计资料应当建立档案，妥善保管。会计档案的保管期限和销毁办法，由国务院财政部门会同有关部门制定。

5. 公司、企业会计核算的特别规定

公司、企业必须根据实际发生的经济业务事项，按照国家统一的会计制度的规定确认、计量和记录资产、负债、所有者权益、收入、费用、成本和利润。

公司、企业进行会计核算不得有下列行为：

(1) 随意改变资产、负债、所有者权益的确认标准或者计量方法，虚列、多列、不列或者少列资产、负债、所有者权益。

(2) 虚列或者隐瞒收入，推迟或者提前确认收入。

(3) 随意改变费用、成本的确认标准或者计量方法，虚列、多列、不列或者少列费用、成本。

(4) 随意调整利润的计算、分配方法，编造虚假利润或者隐瞒利润。

(5) 违反国家统一的会计制度规定的其他行为。

(二) 会计监督制度

会计监督是指各单位的会计机构、会计人员以及财政、审计、税务等机关对各单位执行国家财务会计法律和财务会计制度的情况进行的监督。会计监督分为内部监督和外部监督两种。

1. 会计内部监督的法律规定

(1) 各单位应当建立、健全本单位内部会计监督制度，并应当符合《会计法》的要求。

(2) 单位负责人应当保证会计机构、会计人员依法履行职责，不得授意、指使、强令会计机构、会计人员违法办理会计事项。会计机构、会计人员对违反《会计法》和国家统一的会计制度规定的会计事项，有权拒绝办理或者按照职权予以纠正。

(3) 会计机构、会计人员发现会计账簿记录与实物、款项及有关资料不相符的，按照国家统一的会计制度的规定有权自行处理的，应当及时处理；无权处理的，应当立即向单位负责人报告，请求查明原因，作出处理。

(4) 任何单位和个人对违反《会计法》和国家统一的会计制度规定的行为，有权检举。

2. 会计外部监督的法律规定

(1) 财政部门对各单位是否依法设置会计账簿；会计凭证、会计账簿、财务会计报告和其他会计资料是否真实、完整；会计核算是否符合《会计法》和国家统一的会计制度的规定；从事会计工作的人员是否具备从业资格的情况实施监督。

在对会计资料的真实、完整实施监督时，如发现重大违法嫌疑，国务院财政部门及其派出机构可以向与被监督单位有经济业务往来的单位和被监督单位开立账户的金融机构查询有关情况，有关单位和金融机构应当给予支持。

(2) 财政、审计、税务、人民银行、证券监管、保险监管等部门应当依照有关法律、行政法规规定的职责，对有关单位的会计资料实施监督检查。

监督检查部门对有关单位的会计资料依法实施监督检查后，应当出具检查结论。有关监督检查部门已经作出的检查结论能够满足其他监督检查部门履行本部门职责需要的，其他监督检查部门应当加以利用，避免重复查账。

(3) 有关法律、行政法规规定，须经注册会计师进行审计的单位，应当向受委托的会计师事务所如实提供会计凭证、会计账簿、财务会计报告和其他会计资料以及有关情况。

任何单位或者个人不得以任何方式要求或者示意注册会计师及其所在的会计师事务所出具不实或者不当的审计报告。

财政部门有权对会计师事务所出具审计报告的程序和内容进行监督。

(4) 依法对有关单位的会计资料实施监督检查的部门及其工作人员对在监督检查中知悉的国家秘密和商业秘密负有保密义务。

各单位必须依照有关法律、行政法规的规定，接受有关监督检查部门依法实施的监督检查，如实提供会计凭证、会计账簿、财务会计报告和其他会计资料以及有关情况，不得拒绝、隐匿、谎报。

四、违反会计法的法律责任

违反《会计法》关于会计核算和会计监督规定的，由县级以上人民政府财政部门责令限期改正，可以对单位和其直接负责的主管人员和其他直接责任人员处以罚款；属于国家工作人员的，还应当依法给予行政处分。构成犯罪的，依法追究刑事责任。会计人员有上述行为情节严重的，由县级以上人民政府财政部门吊销会计从业资格证书。

伪造、变造会计凭证、会计账簿，编制虚假财务会计报告，构成犯罪的，依法追究刑事责任。尚不构成犯罪的，由县级以上人民政府财政部门予以通报，可以对单位并处罚款；对其直接负责的主管人员和其他直接责任人员，可以处以罚款；属于国家工作人员的，还应当依法给予行政处分；对其中的会计人员由县级以上人民政府财政部门吊销会计从业资格证书。

隐匿或者故意销毁依法应当保存的会计凭证、会计账簿、财务会计报告，构成犯罪的，依法追究刑事责任。尚不构成犯罪的，由县级以上人民政府财政部门予以通报，可以对单位并处罚款；对其直接负责的主管人员和其他直接责任人员，可以处以罚款；属于国家工作人员的，还应当依法给予行政处分；对其中的会计人员，并由县级以上人民政府财政部门吊销会计从业资格证书。

授意、指使、强令会计机构、会计人员及其他人员伪造、变造会计凭证、会计账簿，编制虚假财务会计报告或者隐匿、故意销毁依法应当保存的会计凭证、会计账簿、财务会计报告，构成犯罪的，依法追究刑事责任。尚不构成犯罪的，可以处以罚款；属于国家工作人员的，还应当依法给予行政处分。

单位负责人对依法履行职责、抵制违反《会计法》规定行为的会计人员以降级、撤职、调离工作岗位、解聘或者开除等方式实行打击报复，构成犯罪的，依法追究刑事责任。尚不构成犯罪的，依法给予行政处分。对受打击报复的会计人员，应当恢复其名誉和原有职务、级别。

财政部门及有关行政部门的工作人员在实施监督管理中滥用职权、玩忽职守、徇私舞弊或者泄露国家秘密、商业秘密，构成犯罪的，依法追究刑事责任。尚不构成犯罪的，依法给予行政处分。

将检举人姓名和检举材料转给被检举单位和被检举人个人的，依法给予行政处分。

第二节　审　计　法

一、审计法概述

审计法是调整审计专门机构和专业人员在审计过程中以及国家在管理审计工作过程中发生的社会关系的法律规范的总称。广义的审计法是所有调整审计关系的法律规范的总称，狭义的审计法是1994年8月31日第八届全国人大常委会第九次会议通过，2006年2月28日第十届全国人大常委会第二十次会议修正的《中华人民共和国审计法》(以下简称《审计法》)。

审计监督的目的是为了维护国家财政经济秩序，提高财政资金使用效益，促进廉政建设，保障国民经济和社会健康发展。国务院各部门和地方各级人民政府及其各部门的财政收支，国有的金融机构和企业事业组织的财务收支，以及其他应当接受审计的财政收支、财务收支，要依法接受审计监督。

二、审计机关和审计人员

（一）审计机关

1. 审计机关的组织制度

（1）国务院设立的审计署是最高审计机关，它在国务院总理领导下，主管全国的审计工作。审计长是审计署的行政首长。

（2）省、自治区、直辖市，设区的市、自治州、县、自治县，不设区的市、市辖区的人民政府的审计机关，分别在省长、自治区主席、市长、州长、县长、区长和上一级审计机关的领导下，负责本行政区域内的审计工作。地方各级审计机关实行双重领导体制，即它们对本级人民政府和上一级审计机关负责并报告工作，但审计业务以上级审计机关领导为主。

（3）审计机关根据工作需要，经本级人民政府批准，可以在其审计管辖范围内设立派出机构。派出机构根据审计机关的授权，依法进行审计工作。

（4）审计机关履行职责所必需的经费，应当列入财政预算，由本级人民政府予以保证。

2. 审计机关的审计范围

（1）本级各部门（含直属单位）和下级政府预算的执行情况和决算以及其他财政收支情况。

（2）中央银行的财务收支。

（3）国有金融机构的资产、负债、损益。

（4）国家的事业组织和使用财政资金的其他事业组织的财务收支。

（5）国有企业的资产、负债、损益。

（6）政府投资和以政府投资为主的建设项目的预算执行情况和决算。

（7）政府部门管理的和其他单位受政府委托管理的社会保障基金、社会捐赠资金以及其他有关基金、资金的财务收支。

（8）国际组织和外国政府援助、贷款项目的财务收支。

（9）国家机关和依法属于审计机关审计监督对象的其他单位的主要负责人，在任职期间对本地区、本部门或者本单位的财政收支、财务收支以及有关经济活动应负经济责任的履行情况。

3. 审计机关的职权

（1）要求报送相关材料的权利。审计机关有权要求被审计单位按照审计机关的规定提供预算或者财务收支计划、预算执行情况、决算、财务会计报告，运用电子计算机储存、处理的财政收支、财务收支电子数据和必要的电子计算机技术文档，在金融机构开立账户的情况，社会审计机构出具的审计报告，以及其他与财政收支或者财务收支有关的资料，被审计单位不得拒绝、拖延、谎报。被审计单位负责人对本单位提供的财务会计资料的真实性和完整性负责。

（2）检查相关资料和财产的权利。审计机关进行审计时，有权检查被审计单位的会计凭证、会计账簿、财务会计报告和运用电子计算机管理财政收支、财务收支电子数据的系统，以及其他与财政收支、财务收支有关的资料和资产，被审计单位不得拒绝。

（3）调查取证的权利。审计机关进行审计时，有权就审计事项的有关问题向有关单位和个人进行调查，并取得有关证明材料。有关单位和个人应当支持、协助审计机关工作，如实向审计机关反映情况，提供有关证明材料。审计机关经县级以上人民政府审计机关负责人批准，有权查询被审计单位在金融机构的账户。审计机关有证据证明被审计单位以个人名义存储公款的，经县级以上人民政府审计机关主要负责人批准，有权查询被审计单位以个人名义在金融机构的存款。

（4）制止有关违法行为的权利。审计机关进行审计时，被审计单位不得转移、隐匿、篡改、毁弃会计凭证、会计账簿、财务会计报告以及其他与财政收支或者财务收支有关的资料，不得转移、隐匿所持有的违反国家规定取得的资产。审计机关对被审计单位违反前款规定的行为，有权予以制止；必要时，经县级以上人民政府审计机关负责人批准，有权封存有关资料和违反国家规定取得的资产；对其中在金融机构的有关存款需要予以冻结的，应当向人民法院提出申请。审计机关对被审计单位正在进行的违反国家规定的财政收支、财务收支行为，有权予以制止；制止无效的，经县级以上人民政府审计机关负责人批准，通知财政部门和有关主管部门暂停拨付与违反国家规定的财政收支、财务收支行为直接有关的款项，已经拨付的，暂停使用。审计机关采取上述措施不得影响被审计单位合法的业务活动和生产经营活动。

（5）提请建议、处理的权利。审计机关认为被审计单位所执行的上级主管部门有关财政收支及财务收支的规定与法律、行政法规相抵触的，应当建议有关主管部门纠正。有关主管部门不予纠正的，审计机关应当提请有权处理的机关依法处理。

（6）通报公布审计结果的权利。审计机关可以向政府有关部门通报或者向社会公布审计结果。审计机关通报或者公布审计结果，应当依法保守国家秘密和被审计单位的商业秘密，遵守国务院的有关规定。

（二）审计人员

1. 对审计人员的基本要求

（1）审计人员应当具备与其从事的审计工作相适应的专业知识和业务

能力。

（2）审计人员办理审计事项，与被审计单位或者审计事项有利害关系的，应当回避。

2. 审计人员的责任和对审计人员的保护

（1）审计人员对其执行职务中知悉的国家秘密和被审计单位的商业秘密，负有保密的义务。

（2）任何组织和个人不得拒绝、阻碍审计人员依法执行职务，不得打击报复审计人员。

3. 审计机关负责人的任免

（1）审计机关负责人依照法定程序任免。

（2）审计机关负责人没有违法失职或者其他不符合任职条件的情况的，不得随意撤换。

三、审计程序

1. 审计前的准备

审计机关根据审计项目计划确定的审计事项组成审计组，并应当在实施审计3日前，向被审计单位送达审计通知书；遇有特殊情况，经本级人民政府批准，审计机关可以直接持审计通知书实施审计。被审计单位应当配合审计机关的工作，并提供必要的工作条件。

2. 审计的实施

审计人员通过审查会计凭证、会计账簿、财务会计报告，查阅与审计事项有关的文件、资料，检查现金、实物、有价证券，向有关单位和个人调查等方式进行审计，并取得证明材料。

审计人员向有关单位和个人进行调查时，应当出示审计人员的工作证件和审计通知书副本。

3. 审计报告的制定

审计组对审计事项实施审计后，应当向审计机关提出审计组的审计报告。审计组的审计报告报送审计机关前，应当征求被审计对象的意见。被审计对象应当自接到审计组的审计报告之日起10日内，将其书面意见送交审计组。审计组应当将被审计对象的书面意见一并报送审计机关。

4. 审计意见书和审计决定的制定

审计机关按照审计署规定的程序对审计组的审计报告进行审议，并对被审计对象对审计组的审计报告提出的意见一并研究后，提出审计机关的审计报告；对违反国家规定的财政收支、财务收支行为，依法应当给予处理、处罚的，在法定职权范围内作出审计决定或者向有关主管机关提出处理、处罚的意见。

审计机关应当将审计机关的审计报告和审计决定送达被审计单位和有关主管机关、单位。审计决定自送达之日起生效。

四、违反审计法的法律责任

1. 被审计单位以及负有直接责任的主管人员和其他直接责任人员的法律责任

(1) 被审计单位违反《审计法》规定，拒绝或者拖延提供与审计事项有关的资料的，或者提供的资料不真实、不完整的，或者拒绝、阻碍检查的，由审计机关责令改正，可以通报批评，给予警告；拒不改正的，依法追究责任。

(2) 被审计单位违反《审计法》规定，转移、隐匿、篡改、毁弃会计凭证、会计账簿、财务会计报告以及其他与财政收支、财务收支有关的资料，或者转移、隐匿所持有的违反国家规定取得的资产，审计机关认为对直接负责的主管人员和其他直接责任人员依法应当给予处分的，应当提出给予处分的建议，被审计单位或者其上级机关、监察机关应当依法及时作出决定，并将结果书面通知审计机关；构成犯罪的，依法追究刑事责任。

(3) 对本级各部门（含直属单位）和下级政府违反预算的行为或者其他违反国家规定的财政收支行为，审计机关、人民政府或者有关主管部门在法定职权范围内，依照法律、行政法规的规定，区别情况采取下列处理措施：责令限期缴纳应当上缴的款项；责令限期退还被侵占的国有资产；责令限期退还违法所得；责令按照国家统一的会计制度的有关规定进行处理；其他处理措施。

对被审计单位违反国家规定的财务收支行为，审计机关、人民政府或者有关主管部门在法定职权范围内，依照法律、行政法规的规定，区别情况采取前条规定的处理措施，并可以依法给予处罚。

(4) 对被审计单位的财政收支、财务收支违反国家规定，审计机关认为对直接负责的主管人员和其他直接责任人员依法应当给予处分的，应当提出给予处分的建议，被审计单位或者其上级机关、监察机关应当依法及时作出决定，并将结果书面通知审计机关。

(5) 被审计单位的财政收支、财务收支违反法律、行政法规的规定，构成犯罪的，依法追究刑事责任。

2. 报复陷害审计人员的法律责任

报复陷害审计人员的，依法给予处分；构成犯罪的，依法追究刑事责任。

3. 审计人员违法的法律责任

审计人员滥用职权、徇私舞弊、玩忽职守或者泄露所知悉的国家秘密、商业秘密的，依法给予处分；构成犯罪的，依法追究刑事责任。

本章小结

会计工作可以对经济活动进行记录和考核，还可以通过记录进行事前的分析预测，在经济活动中进行监督控制。会计工作在经济发展中具有十分重要的作用。因此，法律明确规定了会计管理体制，会计工作制度和法律责任等内容。审计工作可以检查被审计单位的财政收支、财务收支的真实性、合法性，它在维护财政经济秩序，保障国民经济健康发展方面发挥着重要作用。法律所规定的审计机构和审计人员、审计程序和法律责任等是保障审计工作顺利进行的法律依据。

复习思考

1. 会计机构的________不得兼管稽核、会计档案保管和收入、费用、债权、债务账目的登记工作。

2. 担任单位会计机构负责人（会计主管人员）还应当具备会计师以上专业技术职务资格或者从事会计工作________年以上经历。

3. 原始凭证有错误的，应当由____________或者更正，更正处应当加盖出具单位印章。

4. 审计机关履行职责所必需的经费，应当____________，由本级人民政府予以保证。

5. 审计机关根据审计项目计划确定的审计事项组成审计组，并应当在实施审计3日前，向被审计单位____________。

6. 会计核算的经济业务事项包括哪些？

7. 公司、企业进行会计核算不得有哪些行为？

8. 审计机关的审计范围是什么？

第十章　计划和价格法律制度

内容提要

本章包括计划法和价格法两节内容。首先阐述了计划法的概念和特征、计划法律关系、计划的内容和分类、计划程序、计划法律责任等内容。其次阐述了价格法的概念、价格的基本形式、经营者的价格权利和义务、价格监督管理、违反价格法的法律责任等内容。其中，计划法的概念和特征、计划程序、经营者的价格权利和义务、价格监督管理是学习重点。

学习目标

1. 了解计划法律关系、计划的内容和分类、计划法律责任、价格基本形式和违反价格法的法律责任等内容。
2. 理解计划法的概念和特征、计划程序、价格法的概念、经营者的价格权利和义务、价格监督管理等内容。
3. 能够应用所学知识分析有关案例。

学习提示

1. 阅读相关文献和案例分析材料。
2. 主动运用所学知识思考生活中有关计划和价格的实际问题。

第一节 计 划 法

一、计划法概述

（一）计划法的概念和特征

计划法是指调整国家机关、特定的企事业单位在编制、审批、实施、监督、检查计划的过程中所发生的各种社会关系的法律规范的总称。

计划法具有如下特征：

(1) 计划法是宏观调控性的法律。在市场经济条件下国家对经济的管理主要是通过宏观调控进行的，而计划法是国家机关对市场经济进行宏观调控的基本依据，同时也是进行宏观调控的重要措施。也就是说，计划法为宏观调控指明了目标和方向，计划法的顺利执行也为宏观调控目标的实现提供了保障。

(2) 计划法是综合性的法律。计划法涉及众多有关国计民生的、全局性、根本性的发展计划，包括经济、社会、文化、人口、资源、环境等方方面面的内容。计划法的综合性正体现出它的根本性、全局性的纲领作用。

(3) 计划法既包括实体性内容又包括程序性内容。计划法规定了有关的国家机关和特定的企事业单位在编制、审批、实施、监督、检查计划的过程中所享有的权利和应履行的义务，同时也规定了编制、审批、执行计划的程序性规定，为计划的科学性、权威性和有效性提供了保障。

（二）计划法律关系

1. 计划法律关系的主体

作为计划的审议者的各级人民代表大会及其常委会，作为计划的编制、执行、监督、检查者的各级政府及其所属部门是当然的计划法主体。在市场经济条件下指导性计划占有主要地位，而指令性计划退居其次，因而原来作为计划执行主体的企事业单位中仅有执行国家指令性计划的一小部分是计划法的主体。

2. 计划法律关系的客体

计划法律关系的客体包括计划和计划行为。这里的计划仅指《宪法》规定由国务院编制、全国人民代表大会审议批准的全国国民经济和社会发展计划，以及由县级以上地方人民政府编制、同级人民代表大会审议批准的地方国民经济和社会发展计划。计划行为是指计划法主体编制、审批、执行、监督、检查计划的各种行为。

3. 计划法律关系的内容

计划法的主体享有计划的编制决策权、审议批准权、实施执行权和监督检查权以及与此相关的获取资料数据等其他权利。同时计划法的主体负有听取合理化建议、科学决策、依法审批、严格执行、适时调整等义务。

二、计划的内容和分类

（一）计划的内容

1982年第五届全国人民代表大会第五次会议通过的《中华人民共和国宪法》明确规定计划即为国民经济和社会发展计划，包括国民经济、科技进步和社会事业三个方面的内容。

一项国民经济和社会发展计划包括计划发展目标和为实现该目标所采取的政策措施两部分内容。计划目标是根据国际形势、立足于现实国情、预测未来发展趋势确定的，反映客观规律要求的，在一定时期内要达到的目的。它包括经济增长目标，人民物质文化生活水平提高的目标，科学技术发展和科技结构变革的目标，社会事业发展的目标等，其中国民经济和社会发展战略是一定时期的总任务和总目标。计划指标是计划目标的量化表现，它通常由指标名称和数字两部分组成，不同的计划目标要依据不同的指标来衡量。相互联系、相互依存的指标就构成指标体系，指标体系并非是一成不变的，它要随着经济和社会的发展变化而不断完善。政策措施是国家为实现计划目标而制定的产业政策、行业发展政策、生产力布局政策、国土整治和环境保护政策、对外贸易和外资利用政策，科技文化发展政策以及其他重要经济技术政策。它是国民经济和社会发展计划不可或缺的组成部分，是完成计划目标的有力保障。

（二）计划的分类

1. 指令性计划与指导性计划

这是以计划是否具有强制性为标准进行的分类。指令性计划是要求计划的执行主体必须完成的行政强制性任务，指导性计划则是国家运用各种经济杠杆引导市场主体完成的非强制性的计划。在市场经济条件下，国家计划以指导性计划为主，但是为保证国家进行宏观调控的实力，必须在某些领域保留必要的指令性计划。

2. 长期计划、中期计划和年度计划

这是以计划的期限为标准进行的分类。长期计划的期限一般在10年以上，它是提出国民经济和社会发展的方向、战略、指导思想和重要目标的纲领性的计划。中期计划的期限一般为5年，它是以长期规划和远景目标为指导，分阶段地确定国民经济和社会发展的主要目标、战略重点、指导方针、重大项目和主要政策措施的计划。年度计划是根据中期计划制定的为期一年的计划，它是中期计划的具体化。

3. 综合性计划与专项计划

这是以计划的内容为标准进行的分类。综合性计划是涉及国民经济、科技进步和社会发展诸多方面的总体规划。专项计划是针对某些产业的振兴、某些区域的发展等经济和社会发展中的薄弱环节以及为解决经济、科技、社会发展中的某些重大问题而制订的具体计划。

4. 全国性计划和地方性计划

这是以实施计划的地域范围为标准进行的分类。全国性计划是指由国务院编制、全国人民代表大会审议批准的在全国范围内实施的计划；地方性计划是指由县级以上地方人民政府编制、同级人民代表大会审议批准的在本地方实施的计划。

三、计划程序

（一）计划的编制

若要使计划的编制全面、科学、符合客观实际，无论是中长期计划，还是年度计划都应遵循下列程序。

1. 调查研究搜集计划信息

科学合理的计划是建立在充分、全面、准确的计划信息的基础上的，因此必须通过各种渠道进行调查研究，广泛了解国内外政治经济形势、国民经济和社会发展的现状、科学技术发展的趋势以及以往计划的执行情况，为计划的制订提供依据。

2. 分析论证进行计划综合平衡

为减少计划的盲目性，提高其科学性就要在正确理论指导下，运用科学的方法对计划信息进行分析研究，合理预测国民经济和社会发展的趋势，为计划决策提供科学的依据。除此之外还要做好计划的综合平衡，即对全社会范围内的人力、物力、财力资源进行统一、合理的安排，使社会生产和社会需要在总体上能够按比例协调发展。

3. 审慎选择进行计划决策

计划决策就是在对计划信息进行分析论证和综合平衡的基础上，运用科学的理论和方法，选择比例关系、发展速度、经济效益合理适当的经济和社会发展的目标以及实现目标的政策措施。计划决策是否审慎科学决定着计划的科学性和合理性，因此决策过程中要提倡决策的民主和科学，并应建立相应的决策责任制度。

（二）计划的审批

国务院及各级地方人民政府编制的计划在审议批准之前尚未生效。各级人民代表大会及其常委会作为国家的权力机关具有审议、批准和监督计划执行的权利。全国性的计划，无论是综合计划还是专项计划都由全国人民代表大会审议批准，地方性计划由地方同级人民代表大会审议批准。

（三）计划的实施

计划的编制和审批的最终目的都是为了计划的实施。在市场经济条件下，计划的实施必须综合运用经济的、法律的、行政的手段进行。在充分发挥经济杠杆的作用引导主体的市场行为的同时，也要保障国家指令性计划的实现。为了保证计划的实施，必须充分发挥各级人民代表大会及其常务委员会和财政、金融、税务、工商、统计、审计、会计等职能部门对计划实施的监督检查作用。

四、违反计划法的法律责任

计划具有纲领性和全局性，关系国计民生。为了维护计划的严肃性，保证计划科学编制和认真执行，必须明确规定各主体的权利和义务，明确违反计划法应承担的法律责任。

（一）计划编制和决策过程中的法律责任

在计划编制和决策过程中，有下列行为之一者，视情节轻重，依法追究违法机关、单位和直接责任者的行政责任或刑事责任：

(1) 在编制、决策、调整计划中弄虚作假，造成重大失误和经济损失的。

(2) 违反本法规定的权限、程序和时间编制计划，造成经济损失的。

(3) 拒报或迟报有关计划制定的数据、资料和其他情况的。

(4) 违反决策程序决定指令性计划任务和建设项目，造成重大失误和经济损失的。

(5) 泄露国家计划秘密的。

（二）计划实施过程中的法律责任

在计划实施过程中，有下列行为之一者，视情节轻重，依法追究违法机关、单位和直接责任者的行政责任以致刑事责任：

(1) 侵犯、干扰计划工作人员行使正当职权的。

(2) 玩忽职守，致使国家计划任务不能完成，造成经济损失的。

(3) 擅自变更、延误或拒不执行国家指令性计划，致使国家计划任务不能完成的。

(4) 其他危害国家计划实施的行为。

第二节　价　格　法

一、价格法概述

（一）价格法的概念

价格法是调整与价格的制定、执行和监督管理有关的各种社会关系的法律规范的总称。广义的“价格法”是指所有调整会计关系的法律规范的总称，狭义的“价格法”是指第八届全国人民代表大会常务委员会第二十九次会议于1997年12月29日通过的《中华人民共和国价格法》（以下简称《价格法》）。依据《价格法》，价格包括商品和服务的价格，商品价格是指各类有形产品和无形资产的价格。服务价格是指各类有偿服务的收费。从经济学的角度讲，价格是价值的货币表现，在市场经济条件下，价值规律配置资源的基础性作用必须通过竞争、供求和价格围绕价值进行的上下波动来实现。因而价格是一种重要的经济杠杆，是国家实现宏观经济调控的一种重要手段。

（二）价格的基本形式

《价格法》根据不同的定价主体和价格形成的途径，将价格划分为市场调节价、政府指导价和政府定价三种基本价格形式。市场调节价是经营者通过市场竞争形成价格。政府指导价是由政府价格主管部门或者其他有关部门，按照定价权限和范围规定基准价及其浮动幅度，指导经营者制定的价格。政府定价是由政府价格主管部门或者其他有关部门，按照定价权限和范围制定的价格。其中政府指导价的定价主体是双重的。

在市场经济条件下，国家实行并逐步完善宏观经济调控下主要由市场形成价格的机制。能够在市场竞争中形成价格的绝大多数商品和服务，均实行市场调节价，只有不适于在市场竞争中形成价格的极少数商品和服务才实行政府指导价和政府定价。

二、经营者的价格权利和义务

《价格法》明确规定商品价格及服务价格，除了按照价格法规定实行政府指导价和政府定价者外，都实行市场调节价，由经营者依照价格法自主制定，定价的基本依据是生产经营成本和市场供求状况。

（一）经营者的价格权利

（1）自主制定属于市场调节的价。

（2）在政府指导价规定的幅度内制定价格。

（3）制定属于政府指导价、政府定价产品范围内的新产品的试销价格，特定产品除外。

（4）检举、控告侵犯其依法自主定价权利的行为。

（二）经营者的价格义务

（1）经营者定价应当遵循公平、合法和诚实信用的原则。

（2）经营者应当努力改进生产经营管理，降低生产经营成本，为消费者提供合格的商品和服务，并在市场竞争中获取合法利润。

（3）经营者应当根据其经营条件建立、健全内部价格管理制度，准确记录与核定商品和服务的生产经营成本，不得弄虚作假。

（4）经营者进行价格活动，应当遵守法律、法规，执行依法制定的政府指导价、政府定价和法定的价格干预措施、紧急措施。

（5）经营者销售、收购商品和提供服务，应当按照政府价格主管部门的规定明码标价，注明商品的品名、产地、规格、等级、计价单位、价格或者服务的项目、收费标准等有关情况。

经营者不得在标价之外加价出售商品，不得收取任何未予标明的费用。

另外《价格法》还明确规定了经营者不得有下列不正当价格行为：

（1）相互串通，操纵市场价格，损害其他经营者或者消费者的合法权益。

（2）除依法降价处理鲜活商品、季节性商品、积压商品等商品外，为了排挤竞争对手或者独占市场，以低于成本的价格倾销，扰乱正常的生产经营秩序，损害国家利益或者其他经营者的合法权益。

（3）捏造、散布涨价信息，哄抬价格，推动商品价格过高上涨的。

（4）利用虚假的或者使人误解的价格手段，诱骗消费者或者其他经营者与其进行交易。

（5）提供相同商品或者服务，对具有同等交易条件的其他经营者实行价格歧视。

（6）采取抬高等级或者压低等级等手段收购、销售商品或者提供服务，变相提高或者压低价格。

（7）违反法律、法规的规定牟取暴利。

（8）法律、行政法规禁止的其他不正当价格行为。

三、价格的监督管理

（一）政府指导价和政府定价

《价格法》对政府指导价和政府定价作出了如下规定：

1. 政府指导价和政府定价的商品和服务的范围

政府在必要时可对下列商品和服务实行政府指导价和政府定价：(1) 与国民经济发展和人民生活关系重大的极少数商品价格。(2) 资源稀缺的少数商品价格。(3) 自然垄断经营的商品价格。(4) 重要的公用事业价格。(5) 重要的公益性服务价格。

2. 各级政府的价格权限

(1) 政府指导价和政府定价的权限和具体适用范围，以中央和地方的定价目录为依据。国务院价格主管部门和其他有关部门，按照中央定价目录规定的定价权限和具体适用范围，制定政府指导价、政府定价；其中重要商品和服务的政府指导价和政府定价，应当按照规定由国务院批准。省、自治区、直辖市人民政府价格主管部门和其他有关部门，应当按照地方定价目录规定的定价权限和具体适用范围制定在本地区执行的政府指导价、政府定价。市、县人民政府可以根据省、自治区、直辖市人民政府的授权，按照地方定价目录规定的定价权限和具体适用范围，制定在本地区执行的政府指导价、政府定价。

(2) 中央定价目录由国务院价格主管部门制定、修订，报国务院批准后公布。地方定价目录由省、自治区、直辖市人民政府价格主管部门按照中央定价目录规定的定价权限和具体适用范围制定，经本级人民政府审核同意，报国务院价格主管部门审定后公布。省、自治区、直辖市人民政府以下各级地方人民政府不得制定定价目录。

(3) 制定政府指导价、政府定价，应当依据有关商品或者服务的社会平均成本和市场供求状况，国民经济和社会发展的要求及社会的承受能力，实行合理的购销差价，批零差价，地区差价和季节差价。

(4) 政府指导价、政府定价的具体适用范围、价格水平，应当根据经济运行情况，按照规定的定价权限和程序适时调整。消费者、经营者可以对政府指导价、政府定价提出调整建议。

3. 政府指导价、政府定价的程序

(1) 政府价格主管部门或其他有关部门制定政府指导价、政府定价，应当开展价格、成本调查，听取消费者、经营者和有关方面的意见。当政府价格主管部门开展价格成本调查时，有关单位应如实反映情况，提供必要的账薄、文件及其他有关资料。

(2) 制定关系群众切身利益的公用事业价格、公益性服务价格、自然垄断经营的商品价格等政府指导价、政府定价时，应当建立听证会制度，由政府价格主管部门主持，征求消费者、经营者和有关方面的意见，论证其必要性、可行性。

(3) 政府指导价、政府定价制定后，由制定价格的部门向消费者、经营者公布。

（二）价格总水平的调控

稳定市场价格总水平是国家重要的宏观经济政策目标，国家根据国民经济发展的需要和社会承受能力，确定市场价格总水平调控目标，列入国民经济和社会发展计划，并综合起用货币、财政、投资、出口等方面的政策和措施，予以实现。为了保障价格总水平调控目标的实现，《价格法》规定了政府可以采取如下措施：

(1) 建立重要商品的储备制度，设立价格调节基金，调控价格，稳定市场。

(2) 政府价格主管部门应当建立价格监测制度，对重要商品、服务价格的变动进行监测，以适应价格调控和管理的需要。

(3) 政府在粮食等重要农产品的市场购买价格过低时，可以在收购中实行保护价格，并采取相应的经济措施保证其实现。

(4) 当重要商品和服务的价格显著上涨或者有可能显著上涨时，国务院和省、自治区、直辖市人民政府可以对部分价格采取限定差价率或者利润率，规定限价、实行提价申报制度和调价备案制度等干预措施。省、自治区、直辖市人民政府采取前款规定的干预措施，应当报国务院备案。

(5) 当市场价格总水平出现剧烈波动等异常状态时，国务院可以在全国范围内或部分区域内采取临时集中定价权限，部分或者全面冻结价格的紧急措施。

但是当上述实行干预措施、紧急措施的情形消除后，就应当及时解除干预措施、紧急措施，即这些措施仅是临时采取的。

（三）价格监督检查

1. 政府价格主管部门的监督检查

依照《价格法》的规定县级以上各级人民政府价格主管部门，有权依法对价格活动进行监督检查，并可以行使下列职权：

(1) 询问当事人或者有关人员，并要求其提供证明材料和与价格违法行为有关的其他资料。

(2) 查询、复制与价格违法行为有关的账簿、单据、凭证、文件及其他资料，核对与价格违法行为有关的银行资料。

(3) 检查与价格违法行为有关的财物，必要时可以责令当事人暂停相关营业。

(4) 在证据可能灭失或者以后难以取得的情况下，可以依法先行登记保存，当事人或者有关人员不得转移、隐匿或者销毁。

此外，为保障价格监督检查的顺利进行以及保护经营者的利益，《价格法》还作出了如下规定：

（1）经营者接受政府价格主管部门的监督检查时，应当如实提供价格监督所必需的账簿、单据、凭证、文件及其他有关资料。

（2）政府部门价格工作人员不得将依法取得的资料或者了解的情况用于依法进行价格管理以外的任何其他目的，不得泄露当事人的商业秘密。

2. 社会组织监督与舆论监督

为使价格监督检查工作具有更广泛的群众基础，对政府价格主管部门的监督检查工作进行配合，《价格法》作出了如下规定：

（1）消费者组织、职工价格监督组织、居民委员会、村民委员会等组织以及消费者，有权对价格行为进行社会监督。政府主管部门应当充分发挥群众的价格监督作用。

（2）新闻单位有权进行价格舆论监督。

3. 价格违法行为的举报制度

《价格法》明确规定：（1）政府价格主管部门应当建立对价格违法行为的举报制度。（2）任何单位和个人均有权对价格违法活动进行举报。政府价格主管部门应当对举报者给予鼓励，并负责为举报者保密。这种规定可以调动广大群众进行价格监督的积极性，对政府价格主管部门的工作提供强有力的支持。

四、违反价格法的法律责任

《价格法》根据价格违法行为的不同情况，分别规定了经营者、政府有关部门及其工作人员的法律责任。

（一）经营者的法律责任

经营者不执行政府指导价、政府定价以及法定的干预措施、紧急措施的，责令改正，没收违法所得，可以并处违法所得 5 倍以下罚款；没有违法所得的，可以处以罚款；情节严重的，责令停业整顿。

经营者有不正当价格行为之一的，责令改正，没收违法所得，可以并处违法所得 5 倍以下罚款；没有违法所得的，予以警告，可以并处罚款；情节严重的，责令停业整顿，或者由工商行政管理机关吊销营业执照。有关法律对不正当价格行为的处罚及处罚机关另有规定的，可以按照有关法律的规定执行。

经营者因价格违法行为致使消费者或其他经营者多付价款的，应当退还多付部分；造成损害的，应当依法承担赔偿责任。

经营者违反明码标价规定的，责令改正，没收违法所得，可以并处 5000

元以下罚款。

经营者被责令暂停相关营业而不停止的，或者转移、隐匿、销毁依法登记保存的财物的，处相关营业所得或者转移、隐匿、销毁的财物价值1倍以上3倍以下的罚款。

经营者拒绝按照规定提供监督检查的所需资料或者提供虚假资料的，责令改正，予以警告；逾期不改正的，可以处以罚款。

（二）政府有关部门及其工作人员的法律责任

地方各级人民政府或者各级人民政府有关部门违反本法规定，超越定价权限和范围擅自制定、调整价格或者不执行价格干预措施，紧急措施的，责令改正，并可以通报批评；对直接负责的主管人员和其他责任人员，依法给予行政处分。

价格工作人员泄露国家秘密，商业秘密以及滥用职权、徇私舞弊、玩忽职守、索贿受贿，构成犯罪的，依法追究刑事责任；尚不构成犯罪的，依法给予处分。

本章小结

计划法作为宏观调控性法律，对保障市场经济健康有序发展具有举足轻重的作用。应以基本法的形式规定计划法律关系的主体、客体和内容，计划程序和计划法律责任等内容。商品和服务的价格不但关系到人民大众的切身利益，而且也是重要的宏观调控经济杠杆。经营者不但享有法律规定的有关定价的权利，同时也负有相应的义务。国家和社会对价格的管理监督是保证价格总水平稳定的有效措施。

复习思考

1. ____________的期限一般在10年以上，它是提出国民经济和社会发展的方向、战略、指导思想和重要目标的纲领性的计划。

2. 政府指导价是由政府价格主管部门或者其他有关部门，按照定价权限和范围规定____________及其浮动幅度，指导经营者制定的价格。

3. 制定关系群众切身利益的公用事业价格、公益性服务价格、____________的商品价格等政府指导价、政府定价时，应当建立听证会制度。

4. 当重要商品和服务的价格显著上涨或者有可能显著上涨时，国务院和省、自治区、直辖市人民政府可以对部分价格采取限定差价率或者利润率，规定限价、实行____________制度和调价备案制度等干预措施。

5. 当市场价格总水平出现剧烈波动等异常状态时，国务院可以在全国范围内或部分区域内采取临时集中定价权限，部分或者全面____________的紧急措施。

6. 计划法律关系的内容是什么？

7. 经营者不得有哪些不正当价格行为？

8. 政府指导价和政府定价的商品和服务的范围是什么？

第十一章　国有资产管理法律制度

内容提要

本章包括五节内容。首先介绍了国有资产、国有资产管理法。其次阐述了国有资产产权界定制度。再次阐述了国有资产产权登记制度。最后阐述了国有资产评估制度。其中，各项国有资产管理制度是学习重点。

学习目标

1. 了解国有资产管理机关及其权限、各项国有资产管理制度的主要内容。
2. 理解国有资产、国有资产管理法、各项国有资产管理制度的概念。
3. 能够应用所学知识分析思考实际问题。

学习提示

1. 阅读相关文献。
2. 主动运用所学知识思考遇到的实际问题。

第一节 国有资产管理法概述

一、国有资产

国有资产是指国家依法取得和认定的，或国家进行投资拨款等形成的财产，也就是财产所有权属于国家的财产。

1. 我国国有资产的来源

（1）国家凭借国家权力取得的财产和认定属于国家的财产。例如，依法没收的官僚资本和敌伪的财产，依法赎买的原资本主义工商业财产，依法征收、征用的土地，依法没收的其他财产，依法收取的罚金，依法认定和接收的无主财产和无人继承的财产等。

（2）国家投入的资本金及其收益。包括国家投入国有企业、中外合资和合作经营企业、股份制企业及其他企业的资本金及其收益。

（3）国家对行政和事业单位拨入经费而形成的国有资产。

（4）国家接受各种形式的馈赠而形成的国有资产。

2. 我国国有资产的类别

我国的国有资产按照属性，可分为以下三类：

（1）经营性国有资产。经营性国有资产是指国家投入到各类企业中，用于生产、经营、服务等活动，以营利为目的的资本金及其收益所形成的资产。

（2）非经营性国有资产。非经营性国有资产是指行政事业性国有资产，即国家以拨款或者其他形式形成的由行政事业单位占有、使用并依法确定为国家所有的各类资产。

（3）资源性国有资产。资源性国有资产是指依法属于国家所有的，具有开发价值的自然资源，包括土地、森林、山岭、草原、矿产、水流、海洋、滩涂等。

二、国有资产管理法

国有资产管理是指国家在行使国有资产所有权的过程中对管理权限的行使、资产经营、利益的享有及处分进行的控制和监督。国有资产管理法是调整在对国有资产进行管理的过程中所发生的经济关系的法律规范的总称。

我国目前的国有资产管理法主要包括国务院颁布的国有资产管理法规、国有资产主管部门及其他有关主管部门制定的规章和地方性国有资产管理法规。

第二节　国有资产产权界定制度

一、产权界定的概念

产权是指财产所有权以及与财产所有权有关的经营权、使用权等财产权。国有资产产权界定，是指国家依法确认财产所有权和经营权、使用权等产权归属的行为。产权界定包括财产所有权的界定和国有财产经营权、使用权的界定，前者是确认特定财产是否属于国家所有，后者是确认各类主体行使对国有资产占有、使用以及依法处分的各项权利的界限和范围。国有资产产权界定的法规包括《国有资产产权界定和产权纠纷处理暂行办法》《集体企业国有资产产权界定暂行办法》《集体科技企业产权界定若干问题的暂行规定》等。

二、产权界定的范围

1. 国有企业中的国有资产

根据《国有资产产权界定和产权纠纷处理暂行办法》的规定，国有企业中的国有资产主要包括：

(1) 有权代表国家投资的部门和机构以货币、实物和所有权属于国家的土地使用权、知识产权等向企业投资，形成的国家资本金。

(2) 全民所有制企业运用国家资本金及在经营中借入的资金等所形成的税后利润经国家批准留给企业作为投资的部分以及从税后利润中提取的盈余公积金、公益金和未分配利润等。

(3) 以全民所有制企业和行政事业单位（以下简称“全民单位”）担保，完全用国内外借入资金投资创办的或完全由其他单位借款创办的全民所有制企业，其收益积累的净资产。

(4) 全民所有制企业接受馈赠形成的资产。

(5) 在实行《企业财务通则》《企业会计准则》以前，全民所有制企业从留利中提取的职工福利基金、职工奖励基金和“两则”实行后用公益金购建的集体福利设施而相应增加的所有者收益。

(6) 全民所有制企业中党、团、工会组织等占用企业的财产，不包括以个人缴纳的党费、团费、会费以及按国家规定由企业拨付的活动经费等结余购建的资产。

2. 集体所有制企业的国有资产

(1) 全民所有制单位以货币、实物和所有权属于国家的土地使用权、知识产权等独资创办的以集体所有制名义注册登记的企业单位，其资产所有权依法应确定为国家所有。

（2）全民所有制单位在非全民单位独资创办的集体企业中的投资以及按照投资股份额应取得的资产收益留给集体企业发展生产的资本金及其收益。

（3）集体企业依据国家规定享受税前还贷形成的资产，其中属于国家税收应收而未收的税款部分。

（4）集体企业使用银行贷款、国家借款等借贷资金形成的资产，全民所有制单位只提供担保的，不界定为国有资产，但履行了连带责任的，全民所有制单位应予追索清偿或经协商转为投资的。

（5）集体企业和合作社无偿使用国有土地，在改组为股份制企业时，国有土地折价部分形成的国有股份或其他所有者权益。

3. 中外合资经营企业和中外合作经营企业中的国有资产

（1）中方以国有资产投入的资本总额，包括现金、厂房等建筑物、机器设备、场地使用权、无形资产等形成的国有资产。

（2）企业注册资本增加，按双方协议，中方以分得利润向企业再投资或优先购买另一方股份的投资活动中所形成的资产。

（3）可分配利润及从税后利润中提取的各项基金中中方按投资比例所占的相应份额，不包括已提取的用于职工奖励、福利等分配给个人消费的基金，应界定为国有资产。

（4）中方职工的工资差额。

（5）企业根据法律和有关规定按中方工资总额一定比例提取的中方职工的住房补贴基金。

（6）企业清算或完全解散时，馈赠或无偿留给中方继续使用的各项资产。

4. 股份制企业和联营企业中的国有资产

（1）国家机关或授权单位向股份制或者联营企业投资形成的股份。

（2）全民所有制企业向股份制或者联营企业投资形成的股份。

（3）股份制、联营企业的公积金、公益金中全民所有制单位按照投资应占有的份额。

（4）股份制、联营企业未分配利润中，全民所有制单位按照投资比例所占的相应份额。

三、国有单位之间的产权界定

在国有资产产权界定过程中，要注意做好国有单位之间的产权界定工作。

（1）各单位占用的国有资产应按分级分工管理的原则，分别明确其与中央、地方、部门之间的管理关系，非经有权管理其所有权的人民政府的批准或双方约定，并办理产权划转手续，不得变更资产的管理关系。

（2）国有单位对国家授予其使用或经营的资产拥有使用权或经营权。除法律、法规另有规定外，不得在全民所有制单位之间无偿调拨其资产。

（3）国家机关投资创办的企业和其他经营实体，应与国家机关脱钩，其产权由国有资产管理部门会同有关部门委托有关机构管理。

（4）国家机关所属事业单位经批准以其占用的国有资产出资创办的企业和其他经济实体，其产权归该单位拥有。

第三节　国有资产产权登记制度

一、产权登记的概念

国有资产产权登记是指国有资产管理部门代表国家对占有、使用国有资产的单位的国有资产状况进行登记，依法确认其产权归属关系的行为。国有资产产权登记制度是产权界定的延伸，产权界定是产权登记的前提。国有资产产权登记不但可以明确国有资产所有权的范围，而且可以明确行政机关、企事业单位经营使用的国有资产的范围。有关国有资产产权登记的法规主要是国务院1996年1月发布《企业国有资产产权登记管理办法》。2000年4月6日财政部发布了修订的《企业国有资产产权登记管理办法实施细则》。

国有资产产权登记分企业国有资产产权登记和行政事业单位产权登记两种类型。

二、企业国有资产产权登记

根据《企业国有资产产权登记管理办法》和《企业国有资产产权登记管理办法实施细则》，已取得或申请取得法人资格的企业或国家授权投资的机构（统称“企业”），应当按规定申办企业国有资产产权登记（简称“产权登记”）。应当办理产权登记的企业包括：国有企业，国有独资公司，国家授权投资的机构，设置国有股权的有限责任公司和股份有限公司，国有企业、国有独资公司或国家授权投资机构投资设立的企业，其他形式占有、使用国有资产的企业。

1. 产权登记的种类和内容

（1）占有产权登记。占有产权登记是指企业就占有国有资产的情况向国有资产产权登记部门办理的产权登记。

占有登记的主要内容有出资人名称、住所、出资金额及法定代表人；企业的资产、负债及所有者权益；企业实收资本、国有资本；企业投资情况；国务院国有资产管理部门规定的其他事项。

已取得法人资格的企业应当在《企业国有资产产权登记管理办法实施细则》实施后向产权登记机关申办占有产权登记，填写《企业国有资产占有产权登记表》，并提交下列文件、资料：

① 由出资人或母公司或上级单位批准设立的文件、投资协议书或出资证明文件。

② 经注册会计师审计的或由财政部门核定的企业上一年度财务报告。

③ 各出资人的企业法人营业执照副本、经注册会计师审计的或财政部门核定的企业上一年度财务报告，其中国有资本出资人还应当提交产权登记证副本。

④ 企业章程。

⑤《企业法人营业执照》副本。

⑥ 企业提供保证、定金或设置抵押、质押、留置以及资产被司法机关冻结的相关文件。

⑦ 申办产权登记的申请。

⑧ 产权登记机关要求提交的其他文件、资料。

申请取得法人资格的企业应当于申请办理工商注册登记前30日内，向财政（国有资产管理）部门办理产权登记，填写《企业国有资产占有产权登记表》，并提交下列文件、资料：

① 出资人的母公司或上级单位批准设立的文件、投资协议书或出资证明文件。

② 企业章程。

③《企业名称预先核准通知书》。

④ 各出资人的企业法人营业执照、经注册会计师审计的或财政部门核定的企业上一年度财务报告和提供保证、定金或设置抵押、质押、留置以及资产被司法机关冻结的相关文件；其中国有资本出资人还应当提交产权登记证副本。

⑤ 经注册会计师审核的验资报告，其中以货币投资的应当附银行进账单；以实物、无形资产投资的应当提交经财政（国有资产管理）部门合规性审核的资产评估报告。

⑥ 申办产权登记的申请。

⑦ 产权登记机关要求提交的其他文件、资料。

（2）变动产权登记。变动产权登记指企业占有产权登记的事项发生变动，依照规定进行的产权登记。

企业发生下列情形之一的，应当申办变动产权登记：

① 企业名称、住所或法定代表人改变的。

② 企业组织形式发生变动的。

③ 企业国有资本额发生增减变动的。

④ 企业国有资本出资人发生变动的。

⑤ 产权登记机关规定的其他变动情形。

企业申办变动产权登记应当填写《企业国有资产变动产权登记表》，并提交下列文件、资料：

① 政府有关部门或出资人的母公司或上级单位的批准文件、企业股东大会或董事会做出的书面决定及出资证明。

② 修改后的企业章程。

③ 各出资人的企业法人营业执照、经注册会计师审计的或财政部门核定的企业上一年度财务报告和提供保证、定金或设置抵押、质押、留置以及资产被司法机关冻结的相关文件；其中，国有资本出资人还应当提交产权登记证副本。

④ 企业的《企业法人营业执照》副本、经注册会计师审计的或财政部门核定的企业上一年度财务报告和提供保证、定金或设置抵押、质押、留置以及资产被司法机关冻结的相关文件和企业的产权登记证副本。

⑤ 经注册会计师审核的验资报告，其中以货币投资的应当附银行进账单；以实物、无形资产投资的应当提交经财政（国有资产管理）部门合规性审核的资产评估报告。

⑥ 企业国有资本额发生增减变动和出资人发生变动，且出资人是事业单位和社会团体法人的，应当提交《中华人民共和国国有资产产权登记证（行政事业单位）》和出资人上级单位批准的非经营性资产转经营性资产的可行性研究报告。

⑦ 企业兼并、转让或减少国有资本的，应当提交与债权银行、债权人签订的有关债务保全协议。

⑧ 经出资人的母公司或上级单位批准的转让国有产权的收入处置情况说明及有关文件。

⑨ 申办产权登记的申请。

⑩ 产权登记机关要求提交的其他文件、资料。

(3) 注销产权登记。注销产权登记是指发生企业解散、被依法撤销或被依法宣告破产，企业转让全部国有产权或改制后不再设置国有股权等情况时向产权登记机关申办的产权登记。

企业申办注销产权登记时应当填写《企业国有资产注销产权登记表》，并提交下列文件、资料：

① 政府有关部门、出资人的母公司或上级单位、企业股东大会的批准文件，工商行政管理机关责令关闭的文件或法院宣告企业破产的裁定书。

② 经注册会计师审计的或由财政部门核定的企业上一年度财务报告。

③ 企业的财产清查、清算报告或经财政（国有资产管理）部门合规性审核的资产评估报告。

④ 企业有偿转让或整体改制的协议或方案。

⑤ 企业的产权登记证正本、副本和《企业法人营业执照》副本和提供保证、定金或设置抵押、质押、留置以及资产被司法机关冻结的相关文件。

⑥ 受让企业的《企业法人营业执照》副本和经注册会计师审计的年度财务报告和提供保证、定金或设置抵押、质押、留置以及资产被司法机关冻结的相关文件。

⑦ 转让方、受让方与债权银行、债权人签订的债务保全的协议。

⑧ 经出资人的母公司或上级单位批准的资产处置或产权转让收入处置情况说明及相关文件。

⑨ 申办产权登记的申请。

⑩ 产权登记机关要求提交的其他文件、资料。

2. 产权登记的年检制度

企业应当于每个公历年度终了后 90 日内，办理工商年检登记之前，向原产权登记机关申办产权登记年度检查。

企业申办产权登记年度检查时应当按产权登记机关的规定上报企业国有资产经营年度报告书和填写《企业国有资产产权登记年度检查表》，并提交下列文件、资料：

① 经注册会计师审计的或财政部门核定的企业上一年度财务报告。

② 企业的产权登记证副本和《企业法人营业执照》副本。

③ 企业国有资产经营年度报告书。

④ 申办产权登记年度检查的申请。

⑤ 产权登记机关要求提交的其他文件、资料。

年检合格后，由产权登记机关在企业产权登记证副本和年度检查表上加盖年检合格章。

产权登记年度检查表不作为确定企业国有产权归属的法律依据。企业不得以年度检查替代产权登记。企业应当按产权登记机关的规定及时办理年度检查，如不按规定办理年度检查的或年度检查不合格的，其产权登记证不再具有法律效力。

3．产权登记的程序

（1）申请。企业申办产权登记，应当按规定填写相应的产权登记表，并向产权登记机关提交有关的文件、资料。企业申办产权登记必须经政府管理的企业或企业集团母公司（含政府授权经营的企业）出具审核意见；仍由政府有关部门、机构或国有社会团体管理的企业，由部门、机构或社会团体出具审核意见。

（2）受理。产权登记机关收到企业提交的符合规定的全部文件、资料后，发给《产权登记受理通知书》。

（3）核发证书。产权登记机关应在收到有关文件资料 10 个工作日内做出核准产权登记或不准予产权登记的决定。产权登记机关核准产权登记的，发给、换发或收缴企业的产权登记证正本和副本。产权登记机关不予登记的，应当自做出决定之日起 3 日内通知登记申请人，并说明原因。

三、行政事业单位国有资产产权登记

行政事业单位国有资产产权登记包括设立产权登记、变动产权登记和撤销产权登记。

申请登记的单位应携带有关文件、资料向同级国有资产管理部门申领《国有资产产权登记表》，报主管部门检查并签署意见，经主管部门审查后到同级国有资产管理部门办理审定手续，核发《国有资产产权登记证》。

第四节　国有资产评估制度

一、国有资产评估的概念

国有资产评估是指国有资产评估机构依照法定程序对国有资产现价所进行的评定和估算。国有资产的评估可以确定国有资产的价值，防止国有资产流失。有关国有资产评估的法律法规包括 1991 年 11 月 16 日国务院发布的《国有资产评估管理办法》，1992 年 7 月 18 日国家国有资产管理局发布的《国有资产评估管理办法施行细则》等。

二、国有资产评估的内容

1．法定评估

法定评估是指国有财产的占有单位发生了法律规定的情况必须进行的资产

评估。国有资产占有单位出现以下情况，必须进行资产评估：

(1) 资产拍卖、转让。

(2) 企业兼并、出售、联营、股份经营。

(3) 与外国公司、企业和其他经济组织或者个人举办中外合资经营或者中外合作经营企业。

(4) 企业清算。

(5) 企业整体资产的租赁或者国有资产租赁给外商或非国有单位。

(6) 国家行政事业单位占有的非经营性资产转为经营性资产。

(7) 依照国家规定需要进行资产评估的其他情况。

2. 任意评估

任意评估是指国有资产的占有单位发生了法定评估以外的情况，当事人根据需要自愿进行的资产评估。

三、国有资产评估程序

1. 申请立项

需要进行国有资产评估的单位，应向国有资产管理部门提出资产评估申请书。国有资产管理部门接到资产评估申请书后，应对国有资产占有单位所申报的内容进行审查，作出是否准予的决定，并以书面形式通知申报单位。对给予国有资产评估立项的，国有资产管理部门应登记《资产评估立项表》。

2. 委托评估

申报单位在接到立项通知书后，可以自行委托资产评估机构，对立项通知书规定范围内的资产进行评估。

3. 资产清查

申请评估的单位，应按评估的范围对待评估的资产的实有数量、质量情况进行实地盘点，并作出清查报告。评估机构按照清查报告，对评估资产进行核对。

4. 评定估算

资产评估人员根据评估的特定目的和有关的资料，依据法定评估标准，对委托评估的资产价值进行评定和估算，并提出评估报告。

5. 验证确认

国有资产管理部门接到有关单位要求确认资产评估结果的报告后，应及时审核、验证、确认资产评估结果，并向有关单位下达确认通知书。

资产评估一经确认，正式下达资产评估确认通知书，国有资产管理部门确认的评估结果，自批准之日起 1 年内具有效力。

本章小结

我国经济的基础是社会主义公有制经济，我国的国有资产数量大且构成复杂。依法管理国有资产是防止国有资产流失，实现国有资产保值增值，充分发挥国有资产在经济建设中的主导作用的有效措施。国有资产产权界定制度、国有资产产权登记制度、国有资产评估制度从不同的角度保证上述目标的实现。

复习思考

1. 国家机关所属事业单位经批准以其占用的国有资产出资创办的企业和其他经济实体，其产权归____________拥有。

2. 企业应当在每一年度终结后 90 日内，办理产权年度检查登记，向国有资产管理部门提交财务报告和____________年度报告书。

3. 股份制企业和联营企业中的国有资产包括哪些？

4. 产权登记的内容是什么？

5. 出现哪些情况必须进行资产评估？

第十二章　财政法律制度

内容提要

本章包括预算法和税法两节内容。首先阐述了预算和预算法的概念、预算管理体系、预算的编制和审批、预算的执行和调整、国家决算、预算和决算的监督、法律责任等内容。其次阐述了税收的概念、特征和作用，税法的概念和构成要素，流转税、所得税、财产税、资源税、特定行为税等税种，税收征收管理，税收争议解决以及法律责任等内容。其中，预算的编制、审批和执行，各税种的概念、税率和征税对象，税收征收管理是学习重点。

学习目标

1. 了解预算管理体系、决算、预决算的监督、税收争议解决、法律责任等内容。
2. 理解预算的编制、审批和执行，税法的构成要素，各税种的概念、税率和征税对象，税收征收管理等内容。
3. 能够应用所学知识解决现实生活中遇到的实际问题。
4. 能够分析相关案例。

学习提示

1. 关注现实生活中有关预算和税收法律问题的报道。
2. 阅读相关论文、著作和案例分析材料。
3. 主动运用所学知识思考生活中遇到的实际问题。

财政是国家为实现其职能而凭借政治权力强制参与一部分社会产品和国民收入的分配和再分配的活动。财政是伴随着国家的产生而出现的。国家要实现其各项职能，就必然需要一定的物质财富作为基础。在这种情况下，国家必须凭借政治权力强制地、无偿地占有一部分社会产品，并对这部分社会产品进行分配，以保证国家机器的运转。同时，财政也是国家对经济进行宏观调控的重要经济杠杆，国家可以运用财政措施来调节经济结构和社会分配，以保证经济总量的基本平衡，确保整个国民经济按比例协调发展。

财政法是调整财政关系的法律规范的总称。我国的财政法主要包括预算法、税法、国债法、国有企业和行政事业单位财务管理法等。本章介绍预算法和税法。

第一节 预 算 法

一、预算和预算法概述

预算又称“国家预算”，是指国家对未来一定时期内的财政资金的筹集与供应的预先计算。它包括预算收入和支出两部分内容。

预算法是指调整预算关系的法律规范的总称。预算关系包括在预算的编制、审查、批准、执行过程中所发生的社会关系。

1994 年 3 月 22 日第八届全国人民代表大会第二次会议通过了《中华人民共和国预算法》(简称《预算法》)。该法自 1995 年 1 月 1 日起施行，是我国调整预算关系的基本法律。《预算法》对强化预算的分配和监督，健全国家对预算的管理，加强国家宏观调控，保障经济和社会的健康发展，具有重大意义。

二、预算管理体系

预算管理体系，是指国家预算的层级结构。我国的预算管理体系是根据国家政权构成和行政区域划分进行设置的。根据《预算法》，国家遵循一级政府一级预算的原则，设立中央，省、自治区、直辖市，设区的市、自治州，县、自治县、不设区的市、市辖区，乡、民族乡、镇五级预算。不具备设立预算条件的乡镇，经省级政府确定，可以暂不设立预算。

中央预算由中央各部门（含直属单位）的预算组成。

地方预算由各省、自治区、直辖市总预算组成。地方各级总预算由本级政府预算和汇总的下一级预算组成。下一级只有本级预算的，下一级总预算即指下一级的本级预算。没有下二级预算的，总预算即指本级预算。地方各级政府预算由本级各部门（含直属单位）的预算组成。

各部门预算由本部门所属各单位预算组成。单位预算是指列入部门预算的国家机关、社会团体和其他单位的收支预算。

三、预算的编制和审批

（一）预算的编制

1. 预算编制的原则

（1）平衡性原则。各级预算都应当做到收支平衡。中央政府公共预算不列赤字。地方各级预算也要按照量入为出、收支平衡的原则编制，不列赤字。

（2）适应性原则。各级预算收入的编制，应当与国民生产总值的增长率相适应。

（3）真实性原则。按规定必须列入预算的收入，不得隐瞒、少列，也不得将上年的非正常收入作为编制预算收入的依据。

（4）节约性原则。各级预算支出的编制，都应当贯彻厉行节约、勤俭建国的方针。

（5）统筹性原则。各级预算支出的编制，应当统筹兼顾，确保重点，在保证政府公共支出合理需要的前提下，妥善安排其他各类预算支出。

（6）扶贫性原则。中央预算和有关地方政府预算中应安排必要的资金，用于扶助经济不发达的民族自治地方、革命老根据地和边远、贫困地区发展经济文化建设事业。

（7）预备性原则。各级政府预算应当按本级政府预算支出额的1%至3%设置预备费，用于当年预算执行中的自然灾害救灾开支及其他难以预见的特殊开支。

（8）历年性原则。我国预算年度采取历年制，自公历1月1日起至12月31日止为一个财政年度。每一财政年度，应编制完整的预算，不能逾年度编制预算。

2. 预算编制的程序

各级政府、各部门、各单位应当按国务院规定的时间编制预算草案。

国务院财政部门应当在每年全国人民代表大会会议举行的一个月前，将中央预算草案的主要内容交全国人大财经委员会进行初步审查。

省、自治区、直辖市、设区的市、自治州政府财政部门应当在本级人大会议举行的一个月前，将本级预算草案的主要内容提交本级人大有关的专门委员会或者根据本级人大常委会主任会议的决定提交本级人大常委会有关的工作委员会进行初步审查。

县、自治县、不设区的市、市辖区政府财政部门应当在本级人大会议举行的一个月前，将本级预算草案的主要内容提交本级人大常委会进行初步审查。

（二）预算的审批

国务院在全国人民代表大会举行会议时，向大会作关于中央和地方预算草案的报告。地方各级政府在本级人民代表大会举行会议时，向大会作关于本级总预算草案的报告。

各级政府预算由本级人民代表大会审查和批准。乡镇政府应当及时将经本级人大批准的本级预算报上一级政府备案。县级以上地方各级政府应当及时将经本级人大批准的本级预算及下一级政府报送备案的预算汇总，报上一级政府备案。县级以上地方政府将下一级政府依照上述规定报送备案的预算汇总后，报本级人大常委会备案。国务院将省、自治区、直辖市政府依照上述规定报送备案的预算汇总后，报全国人大常委会备案。

国务院和县级以上地方各级政府对下一级政府按规定报送备案的预算，认为有同法律、行政法规相抵触或者有其他不适当之处，需要撤销批准预算的决议的，应当提请本级人大常委会审议决定。

各级政府预算经本级人大批准后，本级政府财政部门应当及时向本级各部门批复预算。各部门应当及时向所属各单位批复预算。

四、预算的执行和调整

（一）预算的执行

国家预算经依法审查和批准后，必须认真严格执行。各级预算由本级政府组织执行，具体工作由本级政府财政部门负责。

预算收入征收部门，必须依照法律、行政法规的规定，及时、足额征收应征的预算收入，不得违反规定擅自减征、免征或者缓征应征的预算收入，不得截留、占用或者挪用预算收入。有预算收入上缴任务的部门和单位，必须依照法律、行政法规和国务院部门的规定，将应当上缴的预算资金及时、足额地上缴国库，不得截留、占用、挪用或者拖欠。

各级政府财政部门必须依照法律、行政法规和国务院财政部门的规定，及时、足额地拨付预算支出资金，加强对预算支出的管理和监督。各级政府、各部门、各单位的支出必须按照预算执行。

县级以上各级预算必须设立国库，具备条件的乡镇也应当设立国库。中央国库业务由中国人民银行经理，地方国库业务依照国务院的有关规定办理。各级国库必须按照国家有关规定，及时准确地办理预算收入的收纳、划分、留解和预算支出的拨付。各级国库库款的支配权属于本级政府财政部门。各级政府应当加强对本级国库的管理和监督。

各级政府应当加强对预算执行的领导，支持政府财政、税务、海关等预算收入的征收部门依法组织预算收入，支持政府财政部门严格管理预算支出。财政、税务、海关等部门在预算执行中，应当加强对预算执行的分析，发现问题时应当及时建议本级政府采取措施予以解决。各部门、各单位应当加强对预算收入和支出的管理，不得截留或者动用应当上缴的预算收入，也不得将不应当在预算内支出的款项转化为预算内支出。

（二）预算的调整

预算调整，是指经人民代表大会批准的各级政府预算，在执行中因特殊情况需要增加支出或者减少收入，使原批准的收支平衡的预算的总支出超过总收入，或者使原批准的预算中举借债务的数额增加而进行的变更。

各级政府对于必须进行的预算调整，应当编制预算调整方案。县级以上各级政府预算的调整方案必须提请本级人大常委会审批；乡镇政府预算的调整方案必须提请本级人大审批。未经批准，不得调整预算。

各部门、各单位的预算支出应当按照预算科目执行。不同预算科目的预算资金需要调剂使用的，必须按照国务院财政部门的规定报经批准。

五、国家决算

国家决算是国家预算执行的总结，反映着年度国家预算收支的最终结果。

决算草案由各级政府、各部门、各单位，在每一预算年度终了后按国务院规定的时间编制。编制决算草案，必须符合法律、行政法规，做到收支数额准确、内容完整、报送及时。

各部门对所属各单位的决算草案应当审核并汇总编制本部门的决算草案，在规定的时间内报本级政府财政部门审核。各级政府财政部门对本级部门决算草案审核后发现有不符合法律、行政法规规定的，有权予以纠正。

县级以上各级政府财政部门编制本级决算草案，报本级政府审定后，由本级政府提请本级人大常委会审查和批准。乡镇政府编制本级决算草案，提请本级人大审查批准。

各级政府决算经批准后，财政部门应当向本级各部门批复决算。

地方各级政府应当将经批准的决算，报上一级政府备案。县以上各级政府对下一级政府按规定报送备案的决算，认为有同法律、行政法规相抵触或者有其他不适当之处，需要撤销批准该项决算的决议的，应当提请本级人大常委会审议决定。经审议决定撤销的，该下级人大常委会应当责成本级政府依法重新编制决算草案，提请本级人大常委会审批。

六、预算、决算的监督

县级以上各级人民代表大会及其常务委员会对本级和下级政府预算、决算进行监督。乡镇人民代表大会对本级预算、决算进行监督。各级人大和县级以上各级人大常委会有权就预算、决算中的重大事项或者特定问题组织调查，有关的政府、部门、单位和个人应当如实反映情况和提供必要的材料。各级人大和县级以上各级人大常委会举行会议时，人大代表或者常委会组成人员，依照法定程序就预算、决算中的有关问题提出询问或者质询，受询问或者受质询的有关的政府或者政府财政部门必须及时给予答复。各级政府应当在每一预算年度内至少二次向本级人大或者其常委会作预算执行情况的报告。

各级政府监督下级政府的预算执行，下级政府应当定期向上一级政府报告预算执行情况。

各级政府财政部门负责监督检查本级各部门及其所属各单位预算的执行；并向本级政府和上一级政府财政部门报告预算执行情况。

各级政府审计部门对本级各部门、各单位和下级政府的预算执行、决算实行审计监督。

七、违反预算法的法律责任

各级政府未经依法批准擅自变更预算，使经批准的收支平衡的预算的总支出超出总收入，或者使经批准的预算中举借债务的数额增多的，对负有直接责任的主管人员和其他直接责任人员追究行政责任。

违反法律、行政法规的规定，擅自动用国库库款或者擅自以其他方式支配已入国库的库款的，由政府财政部门责令退还或者追回国库库款，并由上级机关给予负有直接责任的主管人员和其他直接责任人员行政处分。

隐瞒预算收入或者将不应当在预算内支出的款项转为预算内支出的，由上一级政府或者本级政府财政部门责令纠正，并由上级机关给予负有直接责任的主管人员和其他直接责任人员行政处分。

第二节 税 法

一、税法概述

（一）税收的概念、特征和作用

1. 税收的概念

税收是国家凭借政治权力，依法强制地、无偿地向纳税义务人征收一定数额的货币或实物，以获得财政收入。税收伴随着国家的出现而出现，是国家取得财政收入的主要方式。

2. 税收的特征

（1）强制性。负有纳税义务的单位和个人，必须无条件地履行纳税义务，否则要受到法律的制裁。

（2）无偿性。税款一经征收即转归国家所有，国家获得征收收入不付给纳税人任何代价。

（3）固定性。国家征税要按照税法规定的标准进行，纳税人和税务机关都要遵守法定的纳税标准，任何人不得任意更改该标准。

3. 税收的作用

（1）税收是国家财政收入的主要来源。各国的大部分财政收入是通过税收取得的。税收收入不仅资金数额大，而且具有及时、稳定的特点。

（2）税收是进行宏观调控的重要手段。国家通过税种、税目和税率的设置、调整，通过减免税的规定，可以引导资金的流向，调整产业结构，实现资源的优化配置，促进经济协调快速发展。

（3）税收是调节收入差距的有效措施。税收在一定程度上可以调节不同地区、不同行业和社会成员的收入差距，以避免贫富悬殊，保障经济与社会的协调发展。

（4）税收是维护国家经济利益，促进对外经济交往的有效手段。税收优惠具有吸引外商投资的作用，关税的调整可以保护民族工业，促进产品出口。

（二）税法的概念和构成要素

1. 税法的概念

税法是调整税收关系的法律规范的总称。税收关系包括代表国家行使职权的税收征收机关与纳税人之间发生的税收征纳关系，税收征收机关之间为划分税收管理权限而发生的社会关系，因税收监督在不同级别的国家机关之间发生的社会关系。

我国的税法由一系列单行法律、法规和规章组成。我国现行税法主要包括：《中华人民共和国税收征收管理法》《中华人民共和国增值税条例》《中华人民共和国土地增值税暂行条例》《中华人民共和国消费税暂行条例》《中华人民共和国营业税暂行条例》《中华人民共和国进出口关税条例》《中华人民共和国企业所得税法》《中华人民共和国个人所得税法》《中华人民共和国资源税暂行条例》《中华人民共和国城镇土地使用税暂行条例》《中华人民共和国城市维护建设税暂行条例》等。

2. 税法的构成要素

(1) 征税机关。征税机关是指依照税法规定代表国家直接行使征税职权的国家机关。征税机关包括：

① 税务机关。税务机关是专门行使国家征税权的机关，负责一般税收的征缴工作。

② 海关。海关负责关税的征缴工作。

③ 财政机关。财政机关负责耕地占用税、契税等税种的征缴工作。

(2) 纳税主体。纳税主体又称纳税义务人或者纳税人，是指依法负有纳税义务的单位和个人。纳税人不履行纳税义务，要承担相应的法律责任。除纳税义务人之外，税法还规定了依法负有代扣代缴、代收代缴税款义务的扣缴义务人。扣缴义务人包括出版社、工薪发放部门等单位和其他个人。

(3) 征税对象。征税对象又称征税客体或计税依据，是指对什么进行征税。征税对象是划分不同税种的主要标志。税法规定了每一种税的征税对象。在流转税中，征税对象是商品的销售额或者服务性业务的营业收入额。在所得税中，征税对象是所得额或者收益额；在财产税中，征税对象是财产的价值额或者租价额；在行为税中，征税对象是某种特定行为；在资源税中，征税对象是资源的级差收入。

(4) 税种、税目。税种即税收的种类。税目是指税法对各个税种规定的应纳税的具体项目。税目是征税对象的具体化，反映着具体的征税范围。对税目加以规定不但是为了划定征税对象的范围，也是为了对不同的税目采取不同的税率。税目之下还可以设置子目。

(5) 税率。税率是纳税数额与征税对象之间的比例。税率是计算应纳税额的尺度。税率关系到国家财政收入的多寡和纳税人税负的轻重。我国现行税率包括三种：

第一，比例税率。比例税率是指不考虑征税对象的数额，对征税对象统一适用一个比例。比例税率一般适用流转税和所得税。

第二，累进税率。累进税率是指按征税对象数额的增加，规定不同等级的税率。累进税率适用于所得税。累进税率可以进一步分为全额累进税率和超额累进税率。

全额累进税率是指按征税对象数额的大小划分若干不同的等级，对每一等级分别确定不同的税率，征税对象的数额达到哪一个等级，就对征税对象的全额适用该级别的税率。

超额累进税率是指按征税对象数额的大小划分若干不同的等级，对每一等级分别确定不同的税率并分别计算应纳税额，最后合并计算每一个等级的应纳税额，即得出全部应纳税额。超额累进税率在计算上比较复杂，但可以采用“速算扣除数”加以计算。

第三，定额税率。定额税率又称固定税率，是指直接对征税对象的每一单位规定固定税额的税率。定额税率一般适用于从量计征的税种。例如车船使用税对船舶和载货汽车以每吨为单位来计征，对其他车辆以每辆为单位计征。

（6）纳税环节。纳税环节是指应税产品在流转过程中依照税法规定应缴纳税款的环节。产品从生产到消费要经过许多流转环节，国家只选择其中一定的环节征税。

（7）纳税期限。纳税期限是指税法规定纳税人应当缴纳税款的时间。纳税期限可以保证国家及时取得财政收入。纳税人不按期纳税的，要缴纳滞纳金。

（8）减免税。减免税是指对特定纳税人或征税对象依照税法规定减征或免征税款。减免税是对某些纳税人或征税对象的优惠。减免税的权力由中央行使，任何地方和部门都不得擅自减免税。

（9）违法处理。违法处理是指对违反税法的单位和个人依照法定条件和程序给予制裁。为维护税法的严肃性，确保国家及时取得财政收入，必须对纳税人违反税法的行为应给予相应的处罚。

二、流转税

流转税是以商品的销售收入额和服务性收入额为征税对象的税种的总称。不论经营者的成本如何、盈利与否，只要存在商品销售收入或服务性业务收入，就要依法缴纳流转税。我国现行税种中属于流转税的有增值税、土地增值税、消费税、营业税和关税。

（一）增值税

增值税是以产品增值额为征税对象的税种。增值额是指企业在生产过程中新创造的价值，产品的销售收入总额扣除生产产品所支付的外购原材料、燃料、动力和计入成本的包装物金额等之后所剩余的金额就是增值额。增值税是按各个生产或销售环节的增值额征收的税种，它能够解决重复征税的问题，能够保障国家取得稳定的财政收入。

1993 年 12 月 13 日国务院发布了《中华人民共和国增值税暂行条例》（以下简称《增值税暂行条例》），该条例自 1994 年 1 月 1 日起施行，2008 年 11 月 5 日由国务院第 34 次常务会议修订。

1. 增值税的纳税主体

增值税的纳税主体是在我国境内销售货物或者提供加工、修理修配劳务以及进口货物的单位和个人。

2. 增值税的税率

增值税实行比例税率。纳税人销售或者进口货物，税率为一般为17%。纳税人销售或者进口下述货物的，税率为13%：粮食、食用植物油；自来水、暖气、冷气、热水、煤气、石油液化气、天然气、沼气、居民用煤炭制品；图书、报纸、杂志；饲料、化肥、农药、农机、农膜；国务院规定的其他货物。纳税人出口货物，除国务院另有规定的外，税率为零。纳税人提供加工、修理修配劳务（以下简称“应税劳务”），税率为17%。纳税人兼营不同税率的货物或者应税劳务，应当分别核算不同税率货物或者应税劳务的销售额；未分别核算销售额的，从高适用税率。

3. 增值税的征税对象

增值税的征税对象是商品在生产、批发、零售和进口中的增值额。纳税人销售或者提供应税劳务，应纳税额为当期销项税额抵扣当期进项税额后的余额。其计算公式为：应纳税额＝当期销项税额—当期进项税额；销项税额＝销售额×税率；进项税额＝纳税人购进货物或者接受应税劳务所支付或者负担的增值税额。

规模纳税人销售货物或者应税劳务，实行简易办法计算应纳税额，即按销售额的3%征收率计算应纳税额，不得抵扣进项税额。其计算公式为：应纳税额＝销售额×征收率。

4. 增值税的免征

（1）农业生产者销售的自产农业产品。

（2）避孕药品和用具。

（3）古旧图书。

（4）直接用于科学研究、科学实验和教学的进口仪器、设备。

（5）外国政府、国际组织无偿援助的进口物资和设备。

（6）由残疾人的组织直接进口供残疾人专用的物品。

（7）销售自己使用过的物品。

（二）土地增值税

土地增值税是对单位和个人有偿转让土地使用权的增值收益进行征税的税种。开征土地增值税的目的是为了规范土地、房地产市场交易秩序，合理调节土地增值收益，维护国家权益。

1993年12月13日国务院发布了《中华人民共和国土地增值税暂行条例》（以下简称《土地增值税暂行条例》），该条例自1994年1月1日起施行。《土地增值税暂行条例》是我国调整土地增值税征纳关系的基本法规。

1. 土地增值税的纳税主体

土地增值税的纳税主体是转让国有土地使用权、地上的建筑物及其附着物（以下简称“转让房地产”）并取得收入的单位和个人。

2. 土地增值税的征税对象

土地增值税的征税对象是转让房地产所取得的增值额，即纳税人转让房地产所取得的收入减除法定扣除项目金额后的余额。

计算土地增值税的法定扣除项目包括：

（1）取得土地使用权支付的金额。

（2）开发土地的成本、费用。

（3）新建房及配套设施的成本、费用，或者旧房及建筑物的评估价格。

（4）与转让房地产有关的税金。

（5）财政部规定的其他扣除项目。

3. 土地增值税的税率

土地增值税实行四级超率累进税率。增值额未超过扣除项目金额50%的部分，税率为30%；增值额超过扣除项目金额50%、未超过扣除项目金额100%的部分，税率为40%；增值额超过扣除项目金额100%、未超过扣除项目金额200%的部分，税率为50%；增值额超过扣除项目金额200%的部分，税率为60%。

4. 土地增值税的免征

有下列情形之一的，免征土地增值税：纳税人建造普通标准住宅出售，增值额未超过扣除项目金额20%的；因国家建设需要依法征用、收回的房地产。

（三）消费税

消费税是以特定消费品的销售收入额为征税对象的税种。

1993年12月13日国务院发布了《中华人民共和国消费税暂行条例》（以下简称《消费税暂行条例》），该条例自1994年1月1日起施行，2008年11月5日由国务院第34次常务会议修订。《消费税暂行条例》是目前我国调整消费税征纳关系的基本法规。

1. 消费税的纳税主体

消费税的纳税主体是在我国境内生产、委托加工和进口应税消费品的单位和个人。

2. 消费税的税目

消费税共有14个税目，包括：烟、酒及酒精、化妆品、贵重首饰及珠宝玉石、鞭炮及焰火、成品油、汽车轮胎、摩托车、小汽车、高尔夫球及球具、高档手表、游艇、木制一次性筷子、实木地板。

3. 消费税的税率

消费税的税率因税目不同而不同。最高的是甲类卷烟，税率为45%加0.003元/支；最低的是小汽缸的小汽车，税率为1%。成品油按升缴纳消费税。

（四）营业税

营业税是以营业收入额为征税对象的税种。

1993年12月13日国务院发布了《中华人民共和国营业税暂行条例》（以下简称《营业税暂行条例》），该条例自1994年1月1日起施行，2008年11月5日由国务院第34次常务会议修订。《营业税暂行条例》是我国调整营业税征纳关系的基本法规。

1. 营业税的纳税主体

营业税的纳税主体是在我国境内提供应税劳务、转让无形资产或者销售不动产的单位和个人。

2. 营业税的税目

营业税共设9个税目，包括：交通运输业、建筑业、金融保险业、邮电通信业、文化体育业、娱乐业、服务业、转让无形资产、销售不动产。

3. 营业税的税率

营业税实行比例税率。交通运输业、建筑业、邮电通信业、文化体育业的税率为3%。金融保险业、服务业、转让无形资产、销售不动产的税率为5%。娱乐业的税率为5%至20%。

4. 营业税的征税对象

营业税的征税对象是纳税人提供应税劳务、转让无形资产或者销售不动产的营业额。其应纳税额计算公式：应纳税额＝营业额×税率。

5. 营业税的免征

（1）托儿所、幼儿园、养老院、残疾人福利机构提供的育养服务，婚姻介绍，殡葬服务。

（2）残疾人员个人提供的劳务。

（3）医院、诊所和其他医疗机构提供的医疗服务。

（4）学校和其他教育机构提供的教育劳务，学生勤工俭学提供的劳务。

（5）农业机耕、排灌、病虫害防治、植物保护、农牧保险以及相关技术培训业务，家禽、牲畜、水生动物的配种和疾病防治。

（6）纪念馆、博物馆、文化馆、文物保护单位管理机构、美术馆、展览馆、书画院、图书馆举办文化活动的门票收入，宗教场所举办文化、宗教活动的门票收入。

(7) 境内保险机构为出口货物提供的保险产品。

(五) 关税

关税是对进出国境的货物和物品所征收的税。关税分为进口税和出口税。关税由海关征收，是维护国家主权和控制国际经济交往的重要手段。关税不仅可以增加国家财政收入，而且可以利用不同的税率以及关税的减免措施，起到鼓励国内必需品的进口，限制非必需品的进口，鼓励出口，增强产品在国际上竞争力的作用。

2003 年 11 月 23 日国务院发布了《中华人民共和国进出口关税条例》(以下简称《进出口关税条例》)。《进出口关税条例》是我国调整关税征纳关系的基本法规。

1. 关税的纳税主体

关税的纳税主体是进口货物的收货人、出口货物的发货人、进境物品的所有人。

2. 关税的征税对象

关税的征税对象是海关依照关税条例审定的完税价格。进口货物的完税价格由成交价格以及该货物运抵境内输入地点起卸前的运输及其相关费用、保险费为基础审查确定。进口货物的成交价格，是指卖方向境内销售该货物时买方为进口该货物向卖方实付、应付的价款总额，包括直接支付的价款和间接支付的价款。

运往境外加工的货物，出境时已向海关报明并在海关规定的期限内复运进境的，应当以境外加工费和料件费以及复运进境的运输及其相关费用和保险费审查确定完税价格。

运往境外修理的机械器具、运输工具或者其他货物，出境时已向海关报明并在海关规定的期限内复运进境的，应当以境外修理费和料件费审查确定完税价格。

出口货物的完税价格由海关以该货物的成交价格以及该货物运至境内输出地点装载前的运输及其相关费用、保险费为基础审查确定。出口货物的成交价格，是指该货物出口时卖方为出口该货物应当向买方直接收取和间接收取的价款总额。出口关税不计入完税价格。

3. 关税的税率

进口关税设置最惠国税率、协定税率、特惠税率、普通税率、关税配额税率等税率。出口关税设置出口税率。

原产于共同适用最惠国待遇条款的世界贸易组织成员的进口货物，原产于与中华人民共和国签订含有相互给予最惠国待遇条款的双边贸易协定的国家或者地区的进口货物，以及原产于中华人民共和国境内的进口货物，适用最惠国税率。原产于与中华人民共和国签订含有关税优惠条款的区域性贸易协定的国家或者地区的进口货物，适用协定税率。原产于与中华人民共和国签订含有特殊关税优惠条款的贸易协定的国家或者地区的进口货物，适用特惠税率。原产于上述以外国家或者地区的进口货物，以及原产地不明的进口货物，适用普通税率。按照国家规定实行关税配额管理的进口货物，关税配额内的，适用关税配额税率。

对进出口货物在一定期限内可以实行暂定税率。适用最惠国税率的进口货物有暂定税率的，应当适用暂定税率；适用协定税率、特惠税率的进口货物有暂定税率的，应当从低适用税率；适用普通税率的进口货物，不适用暂定税率。适用出口税率的出口货物有暂定税率的，应当适用暂定税率。

三、所得税

所得税是指以所得额为征税对象的税种的总称。所得税的征税对象为纳税人的所得额，因此它直接调节纳税人的收入。所得税以纳税人的实际负担能力为征税原则，一般是按全年所得额计征，并采取分期预缴、年终汇算的办法。

我国现行税种中属于所得税的有企业所得税和个人所得税。

（一）企业所得税

企业所得税是对中国境内企业的收入总额所征收的一种税。

2007年3月16日第十届全国人民代表大会第五次会议通过《中华人民共和国企业所得税法》，该法自2008年1月1日起施行。

1. 企业所得税的纳税主体

中华人民共和国境内的企业和其他取得收入的组织（以下统称“企业”）为企业所得税的纳税人。但个人独资企业、合伙企业除外。

企业分为居民企业和非居民企业。居民企业是指依法在中国境内成立，或者依照外国（地区）法律成立但实际管理机构在中国境内的企业。非居民企业是指依照外国（地区）法律成立且实际管理机构不在中国境内，但在中国境内设立机构、场所的，或者在中国境内未设立机构、场所，但有来源于中国境内所得的企业。

居民企业应当就其来源于中国境内、境外的所得缴纳企业所得税。非居民企业在中国境内设立机构、场所的，应当就其所设机构、场所取得的来源于中国境内的所得，以及发生在中国境外但与其所设机构、场所有实际联系的所得，缴纳企业所得税。非居民企业在中国境内未设立机构、场所的，或者虽设立机构、场所但取得的所得与其所设机构、场所没有实际联系的，应当就其来源于中国境内的所得缴纳企业所得税。

2. 企业所得税的征税对象

企业所得税的征税对象是企业的生产、经营所得额和其他所得额，包括来源于中国境内、境外的所得额。

企业每一纳税年度的收入总额，减除不征税收入、免税收入、各项扣除以及允许弥补的以前年度亏损后的余额，为应纳税所得额。

企业以货币形式和非货币形式从各种来源取得的收入，为收入总额。包括：

(1) 销售货物收入。

(2) 提供劳务收入。

(3) 转让财产收入。

(4) 股息、红利等权益性投资收益。

(5) 利息收入。

(6) 租金收入。

(7) 特许权使用费收入。

(8) 接受捐赠收入。

(9) 其他收入。

企业实际发生的与取得收入有关的、合理的支出，包括成本、费用、税金、损失和其他支出，准予在计算应纳税所得额时扣除。企业发生的公益性捐赠支出，在年度利润总额12%以内的部分，准予在计算应纳税所得额时扣除。在计算应纳税所得额时，下列支出不得扣除：

(1) 向投资者支付的股息、红利等权益性投资收益款项。

(2) 企业所得税税款。

(3) 税收滞纳金。

(4) 罚金、罚款和被没收财物的损失。

(5) 公益性捐赠支出以外的捐赠支出。

(6) 赞助支出。

(7) 未经核定的准备金支出。

(8) 与取得收入无关的其他支出。

在计算应纳税所得额时，企业按照规定计算的固定资产折旧，准予扣除。但下列固定资产不得计算折旧扣除：

(1) 房屋、建筑物以外未投入使用的固定资产。

(2) 以经营租赁方式租入的固定资产。

(3) 以融资租赁方式租出的固定资产。

(4) 已足额提取折旧仍继续使用的固定资产。

(5) 与经营活动无关的固定资产。

(6) 单独估价作为固定资产入账的土地。

(7) 其他不得计算折旧扣除的固定资产。

在计算应纳税所得额时，企业按照规定计算的无形资产摊销费用，准予扣除。但下列无形资产不得计算摊销费用扣除：

(1) 自行开发的支出已在计算应纳税所得额时扣除的无形资产。

(2) 自创商誉。

(3) 与经营活动无关的无形资产。

(4) 其他不得计算摊销费用扣除的无形资产。

在计算应纳税所得额时，企业发生的下列支出作为长期待摊费用，按照规定摊销的，准予扣除：

(1) 已足额提取折旧的固定资产的改建支出。

(2) 租入固定资产的改建支出。

(3) 固定资产的大修理支出。

(4) 其他应当作为长期待摊费用的支出。

此外，企业对外投资期间，投资资产的成本在计算应纳税所得额时不得扣除。企业使用或者销售存货，按照规定计算的存货成本，准予在计算应纳税所得额时扣除。企业转让资产，该项资产的净值，准予在计算应纳税所得额时扣除。企业在汇总计算缴纳企业所得税时，其境外营业机构的亏损不得抵减境内营业机构的盈利。企业纳税年度发生的亏损，准予向以后年度结转，用以后年度的所得弥补，但结转年限最长不得超过五年。

3. 企业所得税的税率

企业所得税实行比例税率，税率为25%。非居民企业在中国境内未设立机构、场所的，或者虽设立机构、场所但取得的所得与其所设机构、场所没有实际联系的，适用税率为20%。

4. 企业所得税的减免

国家对重点扶持和鼓励发展的产业和项目，给予企业所得税优惠。

企业的下列收入为免税收入：

(1) 国债利息收入。

(2) 符合条件的居民企业之间的股息、红利等权益性投资收益。

(3) 在中国境内设立机构、场所的非居民企业从居民企业取得与该机构、场所有实际联系的股息、红利等权益性投资收益。

(4) 符合条件的非营利组织的收入。

企业的下列所得，可以免征、减征企业所得税：

（1）从事农、林、牧、渔业项目的所得。

（2）从事国家重点扶持的公共基础设施项目投资经营的所得。

（3）从事符合条件的环境保护、节能节水项目的所得。

（4）符合条件的技术转让所得。

（5）非居民企业在中国境内未设立机构、场所的，或者虽设立机构、场所但取得的所得与其所设机构、场所没有实际联系的所得。

企业的下列支出，可以在计算应纳税所得额时加计扣除：

（1）开发新技术、新产品、新工艺发生的研究开发费用。

（2）安置残疾人员及国家鼓励安置的其他就业人员所支付的工资。

符合条件的小型微利企业，减按 20%的税率征收企业所得税。国家需要重点扶持的高新技术企业，减按 15%的税率征收企业所得税。民族自治地方的自治机关对本民族自治地方的企业应缴纳的企业所得税中属于地方分享的部分，可以决定减征或者免征。

创业投资企业从事国家需要重点扶持和鼓励的创业投资，可以按投资额的一定比例抵扣应纳税所得额。企业的固定资产由于技术进步等原因，确需加速折旧的，可以缩短折旧年限或者采取加速折旧的方法。企业综合利用资源，生产符合国家产业政策规定的产品所取得的收入，可以在计算应纳税所得额时减计收入。企业购置用于环境保护、节能节水、安全生产等专用设备的投资额，可以按一定比例实行税额抵免。

（二）个人所得税

个人所得税是对个人财产收入所得额征收的税。

1980 年 9 月 10 日第五届全国人民代表大会第三次会议通过了《个人所得税法》，是我国调整个人所得税征纳关系的基本法。该法从 1993 年开始被多次修改，最近的一次修改由第十届全国人大常委会第二十八次会议 2007 年 6 月 29 日通过。1994 年 1 月 28 日国务院发布了《中华人民共和国个人所得税法实施条例》。

1. 个人所得税的纳税主体

个人所得税的纳税主体是在中国境内有住所，或者无住所而在境内居住满 1 年的个人，以及在中国境内无住所又不居住或者无住所而在境内居住不满 1 年，有来源于中国境内所得的个人。

在中国境内有住所，或者无住所而在境内居住满 1 年的个人，就其从中国境内和境外取得的所得依法缴纳个人所得税；在中国境内无住所又不居住或者无住所而在境内居住不满 1 年的个人，就其从中国境内取得的所得依法缴纳个人所得税。

2. 个人所得税的征税对象

个人所得税的征税对象是纳税人的个人所得额。个人应纳税所得额的计算方法：

（1）工资、薪金所得，以每月收入额减除费用 2000 元后的余额，为应纳税所得额。

（2）个体工商户的生产、经营所得以每一纳税年度的收入总额，减除成本、费用以及损失后的余额，为应纳税所得额。

（3）对企事业单位的承包经营、承租经营所得，以每一纳税年度的收入总额，减除必要费用后的余额，为应纳税所得额。

（4）劳务报酬所得、稿酬所得、特许权使用费所得、财产租赁所得，每次收入不超过 4000 元的，减除费用 800 元；4000 元以上的，减除 20%的费用，其余额为应纳税所得额。

（5）财产转让所得，以转让财产的收入额减除财产原值和合理费用后的余额为应纳税所得额。

（6）利息、股息、红利所得，偶然所得和其他所得，以每次收入额为应纳税所得额。

个人将其所得对教育事业和其他公益事业捐赠的部分，按照国务院有关规定从应纳税所得中扣除。对在中国境内无住所而在中国境内取得工资、薪金所得的纳税义务人和在中国境内有住所而在中国境外取得工资、薪金所得的纳税义务人，可以根据其平均收入水平、生活水平以及汇率变化情况确定附加减除费用，附加减除费用适用的范围和标准由国务院规定。

3. 个人所得税的税率

个人所得税实行超额累进税率和比例税率两种税率。

（1）工资、薪金所得，适用九级超额累进税率，税率为 5%至 45%。

（2）个体工商户的生产、经营所得和对企业事业单位的承包经营、承租经营所得，适用 5%至 35%的五级超额累进税率。

（3）稿酬所得，适用比例税率，税率为 20%，并按应纳税额减征 30%。

（4）劳务报酬所得，适用比例税率，税率为 20%，对劳务报酬所得一次收入畸高的，可以实行加成征收。

（5）特许权使用费所得，利息、股息、红利所得，财产租赁所得，财产转让所得，偶然所得和其他所得，适用比例税率，税率为 20%。

4. 个人所得税的减免

有下列情形之一的，免征个人所得税：

（1）省级政府、国务院部委和我国军以上单位，以及外国组织、国际组织颁发的科学、教育、技术、文化、卫生、体育、环境保护等方面的奖金。

（2）国债和国家发行的金融债券利息。

（3）按照国家统一规定，发给的补贴、津贴。

（4）福利费、抚恤金、救济金。

（5）保险赔款。

（6）军人的转业费、复员费。

（7）按照国家统一规定发给干部、职工的安家费、退休工资、离休工资、离休生活补助费。

（8）依照我国有关法律规定应予免税的各国驻华使馆、领事馆的外交代表、领事馆员和其他人员的所得。

（9）中国政府参加的国际公约、签订的协议中规定免税的所得。

（10）经国务院财政部批准免税的所得。

有下列情形之一的，经批准可以减征个人所得税：

（1）残废、孤老人员和烈属的所得。

（2）因严重自然灾害造成重大损失的。

（3）其他经国务院财政部门批准减税的。

四、财产税

财产税是指以纳税人所有或支配的财产额为征税对象的税种的总称。

我国现行税种中属于财产税的主要是房产税和契税。

（一）房产税

房产税是以城市、县城、建制镇和工矿区的房产为征税对象的一种税。

1986年9月国务院发布了《中华人民共和国房产税暂行条例》，该条例自1986年10月1日起施行。该条例是我国调整房产税征纳关系的基本法规。

1. 房产税的纳税主体

房产税的纳税主体是房产所有人。产权属于全民所有的，由经营管理的单位缴纳房产税。出典的，由承典人缴纳。产权所有人、承典人不在房产所在地的，或者产权未确定及租典纠纷未解决，由房产代管人或者使用人缴纳。

2. 房产税的税率

房产税实行比例税率，依照房产价值计征的，年税率为1.2%，依照房产租金收入计征的，年税率为12%。

3. 免纳房产税的房产

（1）国家机关、人民团体、军队自用的房产。

(2) 由国家财政部门拨付事业经费的单位自用的房产。

(3) 宗教寺庙、公园、名胜古迹自用的房产。

(4) 个人所有非营业用的房产。

(5) 经财政部门批准免税的其他房产。

(二) 契税

契税是在房屋产权转移时，对产权取得者征收的一种税。

1997 年 7 月国务院发布了《中华人民共和国契税暂行条例》。依据条例，在中华人民共和国境内转移土地、房屋权属，承受单位和个人为契税的纳税人。契税税率为 3%至 5%，实行比例税率。

五、资源税

资源税是指对从事开发矿产资源和开发及使用土地资源的单位和个人征收的税种的总称。

我国现行税种中属于资源税的主要有矿产资源税、城镇土地使用税和耕地占用税。

(一) 矿产资源税

矿产资源税是对在中国境内开采法定矿产品和生产盐的单位和个人，就其收入额征收的税。

1993 年 12 月 25 日国务院发布了《中华人民共和国资源税暂行条例》，该条例自 1994 年 1 月 1 日起施行。这是我国调整资源税征纳关系的基本法规。

1. 矿产资源税的纳税主体

矿产资源税的纳税主体是在中国境内开采法定矿产品或者生产盐的单位和个人。

2. 矿产资源税的税目

资源税共设 7 个税目，包括原油、天然气、煤炭、其他非金属矿原矿、黑色金属矿原矿、有色金属矿原矿、盐。

3. 资源税的税率

资源税实行定额税率。原油的税额幅度为 8～30 元/吨，天然气的税额幅度为 2～15 元/千立方米，煤炭的税额幅度为 0.3～5 元/吨，其他非金属矿原矿的税额幅度为 0.5～20 元/吨或者立方米，黑色金属矿原矿的税额幅度为 2～30 元/吨，有色金属矿原矿的税额幅度为 0.4～30 元/吨，固体盐的税额幅度为 10～60 元/吨，液体盐的税额幅度为 2～10 元/吨。

纳税人具体适用的税额，由财政部商国务院有关部门，根据纳税人所开采或者生产应税产品的资源状况，在上述规定的税额幅度内确定。

（二）城镇土地使用税

城镇土地使用税是对在城市、县城、建制镇和工矿区范围内使用土地的单位和个人，按其占用的土地面积征收的税。

1988年9月27日国务院发布了《中华人民共和国城镇土地使用税暂行条例》，该条例自同年11月1日起施行，2006年12月30日国务院第163次常务会议通过决定修改了该条例。这是我国调整城镇土地使用税征纳关系的基本法规。

1. 城镇土地使用税的纳税主体

城镇土地使用税的纳税主体是在城市、县城、建制镇和工矿区范围内使用土地的单位和个人。单位包括国有企业、集体企业、私营企业、股份制企业、外商投资企业、外国企业以及其他企业和事业单位、社会团体、国家机关、军队以及其他单位；个人包括个体工商户以及其他个人。

2. 城镇土地使用税的税额

土地使用税每平方米年税额如下：大城市1.5～30元；中等城市1.2～24元；小城市0.9～18元；县城、建制镇、工矿区0.6～12元。省、自治区、直辖市人民政府，应当在规定的税额幅度内，根据市政建设状况、经济繁荣程度等条件，确定所辖地区的适用税额幅度。市、县人民政府应当根据实际情况，将本地区土地划分为若干等级，在省、自治区、直辖市人民政府确定的税额幅度内，制定相应的适用税额标准，报省、自治区、直辖市人民政府批准执行。经省、自治区、直辖市人民政府批准，经济落后地区土地使用税的适用税额标准可以适当降低，但降低额不得超过最低税额的30%。经济发达地区土地使用税的适用税额标准可以适当提高，但须报经财政部批准。

3. 免纳土地使用税的情形

（1）国家机关、人民团体、军队自用的土地。

（2）由国家财政部门拨付事业经费的单位自用的土地。

（3）宗教寺庙、公园、名胜古迹自用的土地。

（4）市政街道、广场、绿化地带等公共用地。

（5）直接用于农、林、牧、渔业的生产用地。

（6）经批准开山填海整治的土地和改造的废弃土地，从使用的月份起免缴土地使用税5～10年。

（7）由财政部另行规定免税的能源、交通、水利设施用地和其他用地。

（三）耕地占用税

耕地占用税是对占用耕地建房或者从事其他非农业建设的单位和个人征收的税。

2007年12月1日国务院发布了《中华人民共和国耕地占用税暂行条例》，该条例自2008年1月1日起施行。这是我国调整耕地占用税征纳关系的基本法规。

1. 耕地占用税的纳税主体

耕地占用税的纳税主体是占用耕地建房或者从事非农业建设的单位或者个人。单位包括国有企业、集体企业、私营企业、股份制企业、外商投资企业、外国企业以及其他企业和事业单位、社会团体、国家机关、部队以及其他单位；个人包括个体工商户以及其他个人。

2. 耕地占用税的纳税对象

耕地占用税的征税对象是纳税人实际占用的耕地面积。

3. 耕地占用税的税率

耕地占用税实行定额税率，按照规定税额一次性征收。耕地占用税的税额规定如下：人均耕地不超过1亩的地区（以县级行政区域为单位，下同），每平方米为10元至50元；人均耕地超过1亩但不超过2亩的地区，每平方米为8元至40元；人均耕地超过2亩但不超过3亩的地区，每平方米为6元至30元；人均耕地超过3亩的地区，每平方米为5元至25元。国务院财政、税务主管部门根据人均耕地面积和经济发展情况确定各省、自治区、直辖市的平均税额。

4. 耕地占用税的减免

军事设施占用耕地，学校、幼儿园、养老院、医院占用耕地的情形免征耕地占用税。

铁路线路、公路线路、飞机场跑道、停机坪、港口、航道占用耕地，减按每平方米2元的税额征收耕地占用税。根据实际需要，国务院财政、税务主管部门商国务院有关部门并报国务院批准后，可以对前款规定的情形免征或者减征耕地占用税。

农村居民占用耕地新建住宅，按照当地适用税额减半征收耕地占用税。农村烈士家属、残疾军人、鳏寡孤独以及革命老根据地、少数民族聚居区和边远贫困山区生活困难的农村居民，在规定用地标准以内新建住宅缴纳耕地占用税确有困难的，经所在地乡（镇）人民政府审核，报经县级人民政府批准后，可以免征或者减征耕地占用税。

六、特定行为税

特定行为税是指对特定行为的实施而征收的税的总称。

（一）城市维护建设税

城市维护建设税是对增值税、消费税、营业税实缴税额按一定比例征收的专门用于城市维护建设的一种税。1985 年 2 月 8 日国务院发布了《中华人民共和国城市维护建设税暂行条例》。

1. 城市维护建设税

城市维护建设税的纳税主体是缴纳增值税、消费税、营业税的单位和个人。城市维护建设税以纳税人实际缴纳的增值税、消费税、营业税税额为计税依据，分别与增值税、消费税、营业税同时缴纳。

2. 城市维护建设税的税率

纳税人所在地在市区的，税率为 7%。纳税人所在地在县城、镇的，税率为 5%。纳税人所在地不在市区、县城或镇的，税率为 1%。

（二）印花税

印花税是对经济活动和经济交往中书立、领受的凭证征收的一种税。1988 年 8 月 6 日国务院发布了《中华人民共和国印花税暂行条例》。

1. 印花税的纳税主体

印花税的纳税主体是在中国境内书立、领受应纳税凭证的单位和个人。应纳税凭证包括：

（1）购销、加工承揽、建设工程承包、财产租赁、货物运输、仓储保管、借款、财产保险、技术合同或者具有合同性质的凭证。

（2）产权转移书据。

（3）营业账簿；权利、许可证照。

（4）经财政部确定征税的其他凭证。

2. 印花税的税率

印花税税率包括比例税率和定额税率。各类经济合同及具有合同性质的凭证、产权转移书据、记载资金的账簿等，适用比例税率，分为 1‰、0.5‰、0.3‰、0.05‰、0.03‰五个档次。其他营业账簿、权利、许可证照等，按每件 5 元定额纳税。

七、税收征收管理

为加强税收征收管辖管理，保护国家财政收入，保护纳税人的合法权益，1992 年 9 月 4 日第七届全国人民代表大会常务委员会第二十七次会议通过了《中华人民共和国税收征收管理法》（以下简称《税收征收管理法》），该法自 1993 年 1 月 1 日起施行。凡依法由税务机关征收的各种税收的征收管理，均适用该法。为了适应税制改革的需要和税收征收管理体制的变化，该法于

1995年和2001年进行了两次修订。

（一）税务登记

税务登记又是称纳税登记，是指纳税人就纳税事项向税务机关办理书面登记。

企业、企业在外地设立的分支机构和从事生产、经营的场所，个体工商户和从事生产、经营的事业单位（以下统称从事生产、经营的纳税人）自领取营业执照之日起30日内，持有关证件，向税务机关书面申请办理税务登记，如实填写税务登记表。对纳税人填报的税务登记表、提供的证件和资料，税务机关应当自收到之日起30日内审核完毕，符合规定的，予以登记，并发给税务登记证件。

从事生产、经营的纳税人，税务登记内容发生变化的，自工商行政管理机关办理变更登记之日起30日内或者在向工商行政管理机关申请办理注销登记之前，持有关证件向税务机关申报办理变更或者注销税务登记。

纳税人应按照国务院税务主管部门的规定使用税务登记证件。税务登记证件不得转借、涂改、损毁、买卖或者伪造。

依照税法规定负有代扣代缴、代收代缴税款义务的扣缴义务人，应当向主管税务机关申报领取代扣代缴或者代收代缴税款凭证。该凭证也不得转借、涂改、损毁、买卖或者伪造。

从事生产、经营的纳税人到外县（市）从事生产、经营活动的，必须持所在地税务机关填发的外出经营活动税收管理证明，向营业地税务机关报验登记，接受税务管理。

（二）账簿、凭证管理

从事生产、经营的纳税人、扣缴义务人应按照国务院财政、税务主管部门的规定，自领取营业执照之日起15日内设置账簿，根据合法、有效凭证记账，进行核算。个体工商户确实不能设置账簿的，经税务机关核准，可以不设账簿。

从事生产、经营的纳税人应当自领取税务登记证件之日起15日内，将其财务、会计制度或者财务、会计处理办法报送税务机关备案。

扣缴义务人应当自税法规定的扣缴义务发生之日起10日内，按照所代扣、代收的税种，分别设置代扣代缴、代收代缴税款账簿。

纳税人、扣缴义务人采用计算机记账，应当在使用前将其记账软件、程序和作用说明书及有关资料报送主管税务机关备案。纳税人、扣缴义务人会计制度健全，能够通过计算机正确、完整计算其收入或者所得的，其计算机储存和输出的会计记录，可视同会计账簿，但是应当打印书面记录并完整保存；会计制度不健全，不能通过电子计算机正确、完整计算其收入或者所得，应当建立总账和与纳税或者代扣代缴、代收代缴税款有关的其他账簿。

发票是税务稽查的重要依据，它是在购销商品、提供或者接受服务以及从事其他经济活动中，开具的收付款凭证。《税收征收管理法》规定，增值税专用发票由国务院税务主管部门指定的企业印制。其他发票，按照国务院税务主管部门的规定，分别由省级国家税务局、地方税务局指定企业印制。未经上述规定的税务机关指定，不得印制发票。

从事生产、经营的纳税人、扣缴义务人对其账簿、记账凭证、完税凭证以及其他有关纳税资料应当保存 10 年。但法律、行政法规另有规定的除外。账簿、记账凭证以及其他有关纳税资料不得伪造、变造或者擅自损毁。

（三）纳税申报

纳税申报是指纳税人就应税事项向税务机关提出书面报告。

纳税人必须在法律、行政法规规定的或者税务机关依照法律、行政法规的规定确定的申报期限内，到主管税务机关办理纳税申报，报送纳税申报表、财务会计报表以及税务机关根据实际需要要求纳税人报送的其他资料。扣缴义务人必须在法律、行政法规规定或者税务机关依照法律、行政法规的规定确定的申报期限内，到主管税务机关报送代扣代缴、代收代缴税款报告表以及税务机关根据实际需要要求扣缴义务人报送的其他有关资料。

纳税人、扣缴义务人按照规定的期限办理纳税申报或者报送代扣代缴、代收代缴税款报告确有困难，需要延期的，应当在规定的期限内向税务机关提出书面延期申请，经税务机关核准，在核准的期限内办理，纳税人、扣缴义务人因不可抗力，不能按期办理纳税申报或者报送代扣代缴、代收代缴税款报告表的，可以延期办理。但是应当在不可抗力情形消除后立即向税务机关报告。税务机关应当查明事实，予以核准。

（四）税款征收

1. 税务机关的职权

（1）税务机关依照法律、行政法规征收税款，不得违反法律行政法规的规定开征、停征、多征或者少征税款。

（2）税务机关可以采取查账征收、查定征收、查验征收、定期定额征收以及其他方式征收税款。税务机关根据国家有关规定可以委托有关单位代征少数零星分散的税收，并发给委托代征书。受托单位按照代征证书的要求，以税务机关的名义依法征收税款。

（3）税务机关征收税款时，必须给纳税人开具完税凭证。

（4）纳税人有下列情形之一时，税务机关有权核定其应纳税额：依照税法规定可以不设置账簿的；依照税法规定应当设置但未设置账簿的；擅自销毁账簿或拒不提供纳税资料的；虽设置账簿，但账目混乱或者成本资料、收入凭证、费用凭证残缺不全，难以查账的；发生纳税义务，未按照规定的期限办理纳税申报，经税务机关责令限期申报，逾期仍不申报的；纳税人申报的计税依据明显偏低，又无正当理由的。

（5）企业或者外国企业在中国境内设立的从事生产、经营的机构、场所与其关联企业之间的业务往来，不按照独立企业之间的业务往来收取或者支付价款、费用，而减少其应纳税的收入或者所得额的，税务机关有权进行合理调整。

（6）对未按照规定办理税务登记的从事生产、经营的纳税人以及临时从事经营的纳税人，由税务机关核定其应纳税额，责令缴纳；不缴纳的，税务机关可以扣押其价值相当于应纳税款的商品、货物。扣押其商品、货物的，当事人应当自扣押之日起15日内缴纳税款。扣押后缴纳应纳税款的，税务机关必须立即解除扣押，并归还所扣押的商品、货物。扣押后逾期仍不缴纳应纳税款的，经县以上税务局（分局）局长批准，拍卖所扣押的商品、货物，以拍卖所得抵缴税款。对扣押的鲜活、易腐烂变质或者易失效的商品、货物，税务机关可以在其保质期内先行拍卖，以拍卖所得抵缴税款。

（7）税务机关有根据认为从事生产、经营的纳税人有逃避纳税义务行为的，可以在规定的纳税期之前，责令限期缴纳应纳税款。在限期内发现纳税人有明显的转移、隐匿其应纳税的商品、货物以及其他财产或者应纳税的收入的迹象的，税务机关可以责成纳税人提供纳税担保。

如果纳税人不能提供纳税担保，经县以上税务局（分局）局长批准，税务机关可以采取以下税收保全措施：第一，书面通知纳税人开户银行或其他金融机构暂停支付纳税人的相当于应纳税款的存款金额。第二，扣押、查封纳税人的价值相当于应纳税款的商品、货物或者其他财产。纳税人在规定的限期内缴纳税款的，税务机关必须立即解除税收保全措施。限期期满仍未缴纳税款，经县以上税务局（分局）局长批准，税务机关可以书面通知纳税人开户银行或其他金融机构从其暂停支付的存款中扣缴税款，或者拍卖所扣、查封的商品、货物或者其他财产，以拍卖所得抵缴税款。采取税收保全措施不当，或者纳税人在限期已缴纳税款，税务机关未立即解除税收保全措施，使纳税人的合法利益遭受损失的，税务机关应当承担赔偿责任。

（8）从事生产、经营的纳税人、扣缴义务人未按照规定的期限缴纳或者解缴税款，纳税担保人未按照规定的期限缴纳所担保的税款，由税务机关责令限期缴纳，逾期仍未缴纳的，经县以上税务局（分局）局长批准，税务机关可以采取下列强制执行措施：第一，书面通知其开户银行或者其他金融机构从存款中扣缴税款。第二，扣押、查封、拍卖其价值相当于应纳税款的商品、货物或者其他财产，以拍卖所得抵缴税款。税务机关采取强制执行措施时，上述纳税人、扣缴义务人、纳税担保人未缴纳的滞纳金同时强制执行。

(9) 税务机关扣押商品、货物或者其他财产时，必须开付收据。查封商品、货物或者其他财产时，必须开付清单。

(10) 纳税人超过应纳税额缴纳的税款，税务机关发现后，应当立即退还。纳税人自结算缴纳税款之日起3年内发现的，可以向税务机关要求退还，税务机关查实后应当立即退还。因税务机关的责任，致使纳税人、扣缴义务人未缴或者少缴税款的，税务机关在3年内可以要求纳税人、扣缴义务人补缴税款，但是不得加收滞纳金。因纳税人、扣缴义务人计算错误等失误，未缴或者少缴的，税务机关在3年内可以追征；但数额在10万元以上的，追征期可以延长到10年。纳税人、扣缴义务人和其他当事人因偷税未缴或者少缴的税款或者骗取的退税款，税务机关可以无限期追征。

2. 纳税人和扣缴义务人的义务

(1) 扣缴义务人应当依照法律、行政法规的规定履行代扣、代收税款的义务。扣缴义务人依法履行代扣、代收义务时，纳税人不得拒绝。纳税人拒绝的，扣缴义务人应当及时报告税务机关处理。扣缴义务人代扣、代收税款时，必须给纳税人开具完税凭证。税务机关应按照规定付给扣缴义务人代扣、代收手续费。

(2) 纳税人、扣缴义务人应按照法律、行政法规的规定或者税务机关依照法律、行政法规的规定确定的期限，缴纳或者解缴税款。纳税人因有特殊困难，不能按期缴纳税款的，经县以上税务局（分局）批准，可以延期缴纳税款，但最长不得超过3个月。纳税人未按照上述规定期限缴纳税款的，扣缴义务人未按照上述规定期限解缴税款的，税务机关除责令限期缴纳外，从滞纳税款之日起，按日加收滞纳税款2‰的滞纳金。

(3) 欠缴税款的纳税人需要出境的，应当在出境前向税务机关结清应纳税款或者提供担保。未结清税款，又不提供担保的，税务机关可以通知出境管理机关阻止其出境。

3. 减税、免税的申请和审批

纳税人可以依照法律、行政法规的规定向税务机关书面申请减税、免税。减税、免税的申请须经法律、行政法规定的减税、免税审查批准机关审批。地方各级政府、各级政府主管部门、单位和个人违反法律、行政法规规定，擅自作出的减税、免税决定无效。

（五）税务检查

税务检查又称税务稽查，是指税务机关依法对纳税人的纳税情况所实施的监督检查。税务机关有权进行下列税务检查：

(1) 检查纳税人的账簿、记账凭证、报表和有关资料，检查扣缴义务人代扣代缴、代收代缴税款账簿、记账凭证和有关资料。税务机关在行使此项职权时，可以在纳税人、扣缴义务人的业务场所进行，必要时，经县以上税务局（分局）局长批准，也可以将纳税、扣缴义务人以前会计年度的账簿、记账凭证、报表和其他有关资料调回税务机关检查，但是税务机关必须向纳税人、扣缴义务人开付清单，并在3个月内完整退还。

(2) 到纳税人的生产、经营场所和货物存放地检查纳税人应纳税的商品、货物或者其他财产，检查扣缴义务人与代扣代缴、代收代缴税款有关的经营情况。

(3) 责成纳税人、扣缴义务人提供与纳税或者代扣代缴、代收代缴税款有关的文件、证明材料和有关资料。

(4) 询问纳税人、扣缴义务人与纳税或者代扣代缴、代收代缴税款有关的问题和情况。

(5) 到车站、码头、机场、邮政企业及其分支机构检查纳税人托运、邮寄应纳税商品、货物或者其他财产的有关单据、凭证和有关资料。

(6) 经县以上税务局（分局）局长批准，凭全国统一格式的检查存款账户许可证明，查核从事生产、经营的纳税人、扣缴义务人在银行或者其他金融机构的存款账户。查核从事生产、经营的纳税人的储蓄存款，须经银行县、市支行或者市分行的区办事处核对，指定所属储蓄所提供资料。

纳税人、扣缴义务人必须接受税务机关依法进行的税务检查，如实反映情况，提供有关资料，不得拒绝、隐瞒。

税务机关依法进行税务检查时，有关部门和单位应当支持、协助，向税务机关如实反映纳税人、扣缴义务人和其他当事人的与纳税或者代扣代缴、代收代缴税款有关的情况，提供有关资料及证明材料。

税务机关调查税务违法案件时，对与案件有关的情况和资料，可以记录、录音、录像和复制。

税务机关和税务人员必须依法行使税务检查职权，税务人员进行税务检查时，必须出示税务检查证。无税务检查证的，纳税人、扣缴义务人及其他当事人有权拒绝检查。

税务机关有责任为被检查人保守秘密。

八、税务争议的解决

纳税人、扣缴义务人、纳税担保人同税务机关在纳税上发生争议时，必须先依照法律、行政法规的规定缴纳或者解缴税款及滞纳金，然后可以在收到税务机关填发的缴款凭证之日起60日内向上一级税务机关申请复议。上一级税务机关应当自收到复议申请之日起60日内作出复议决定。对复议决定不服的，可以在接到复议决定书之日起15日向人民法院起诉。

当事人对税务机关的处罚决定、强制执行措施或者税收保全措施不服的，可以在接到处罚通知之日起或者税务机关采取强制执行措施、税收保全措施之日起15日内向作出处罚决定或者采取强制执行措施、税收保全措施的机关的上一级机关申请复议；对复议决定不服的，可以在接到复议决定之日起15日内向人民法院起诉。当事人也可以在接到处罚通知之日起或者税务机关采取强制执行措施、税收保全措施之日起15日内直接向人民法院起诉。复议和诉讼期间，强制执行措施和税收保全措施不停止执行。

当事人对税务机关的处罚决定逾期不申请复议，也不向人民法院起诉，又不履行的，作出处罚决定的税务机关可以申请人民法院强制执行。

九、违反税法的法律责任

（一）违反税收管理的法律责任

纳税人有下列行为之一的，由税务机关责令限期改正；逾期不改正的，可以处以2000元以下的罚款；情节严重的，处以2000元以上1万元以下的罚款。

（1）未按照规定的期限申报办理税务登记、变更或者注销登记的。

（2）未按照规定设置、保管账簿或者保管记账凭证和有关资料的。

（3）未按照规定将财务、会计制度或者财务、会计处理办法报送税务机关备查的。

扣缴义务人未按照规定设置、保管代扣代缴、代收代缴税款账簿或者保管代扣代缴、代收代缴税款记账凭证及有关资料的，由税务机关责令限期改正；逾期不改正的，可以处以2000元以下的罚款；情节严重的，处以2000元以上5000元以下的罚款。

纳税人未按照规定的期限办理纳税申报的，或者扣缴义务人未按照规定的期限向税务机关报送代扣代缴、代收代缴税款报告表的，由税务机关责令限期改正，可以处以2000元以下的罚款；逾期不改正的，可以处以2000元以上1万元以下的罚款。

（二）偷税、抗税的法律责任

纳税人采取伪造、变造、隐匿、擅自销毁账簿、记账凭证，在账簿上多列支出或者不列、少列收入，或者进行虚假的纳税申报的手段，不缴或者少缴应纳税款的，是偷税。偷税数额占应纳税额的10%以上并且偷税数额在1万元以上的，或者因偷税被税务机关给予2次行政处罚又偷税的，除由税务机关追缴其偷税款外，依照关于惩治偷税、抗税犯罪的补充规定第1条的规定处罚，即处以3年以下有期徒刑或者拘役，并处以偷税数额5倍以下的罚金；偷税数额占应纳税额的30%以上并且偷税数额在10万元以上的，处3年以上7年以下有期徒刑，并处以偷税数额5倍以下的罚金。偷税数额不满1万元或者偷税数额占应纳税额不到10%，由税务机关追缴其偷税款，处以偷税数额5倍以下的罚款。

扣缴义务人采取上述所列手段，不缴或者少缴已扣、已收税款，数额占应纳税额的10%以上并且数额在1万元以上的，依照上述关于惩治偷税、抗税犯罪的补充规定第1条的规定处罚；数额不满1万元或者数额占应缴税额不到10%的，由税务机关追缴其不缴或者少缴的税款，处以不缴或者少缴的税款5倍以下的罚款。

纳税人欠缴应纳税款，采取转移或者隐匿财产的手段，致使税务机关无法追缴欠缴的税款，数额在1万元以上的，除由税务机关追缴欠缴的税款外，依照关于惩治偷税、抗税犯罪的补充规定第2条的规定处罚，即处3年以下有期徒刑或者拘役，并处欠缴税款5倍以下的罚金；数额在10万元以上的，处3年以上7年以下有期徒刑，并处欠缴税款5倍以下的罚金。

企业事业单位犯有上述所列违法行为，构成犯罪的，依照关于惩治偷税、抗税犯罪的补充规定判处罚金，并对负有直接责任的主管人员和其他直接责任人员，处3年以下有期徒刑。

纳税人向税务人员行贿，不缴或者少缴应纳税款的，按照行贿罪追究刑事责任，并处以不缴或者少缴的税款5倍以下的罚金。

企业事业单位采取对所生产或者经营的商品假报出口等欺骗手段，骗取国家出口退税款，数额在1万元以上的，除由税务机关追缴其骗取的退税款外，处骗取税款5倍以下的罚金，并对负有直接责任的主管人员和其他直接责任人员，处3年以下有期徒刑或者拘役；骗取的国家出口退税款数额不满1万元的，由税务机关追缴其骗取的退税款，处以骗取税款5倍以下的罚款。

上述规定以外的单位或者个人骗取国家出口退税款的，除由税务机关追缴其骗取的退税款外，按照诈骗罪追究刑事责任，并处骗取税款5倍以下的罚金。单位犯本罪的，除处以罚金外，对负有直接责任的主管人员和其他直接责任人员，按照诈骗罪追究刑事责任；数额较小，未构成犯罪的，由税务机关追缴其骗取的退税款，处以骗取税款 5 倍以下的罚款。

以暴力、威胁方法拒不缴纳税款的，是抗税，除由税务机关追缴其拒缴的税款外，处以 3 年以下有期徒刑或者拘役，并处拒缴税款 5 倍以下的罚金；情节严重的，处 3 年以上 7 年以下有期徒刑，并处拒缴税款 5 倍以下的罚金。以暴力方法抗税，致人重伤或者死亡的，按照伤害罪、杀人罪从重处罚，并依照上述规定处以罚金。抗税情节轻微，未构成犯罪的，由税务机关追缴其拒缴的税款，处以拒缴税款 5 倍以下的罚款。

从事生产、经营的纳税人和扣缴义务人在规定期限内不缴或者少缴应纳或者应解缴的税款，由税务机关责令限期缴纳；逾期仍未缴纳的，税务机关除依照规定采取强制执行措施追缴其不缴或者少缴的税款外，可以处以不缴或者少缴的税款 5 倍以下的罚款。

扣缴义务人应扣未扣、应收未收税款的，由扣缴义务人缴纳应扣未扣、应收未收税款。但是，扣缴义务人已将纳税人拒绝代扣、代收的情况及时报告税务机关的除外。

（三）其他法律责任

违反规定，非法印制发票的，由税务机关销毁非法印制的发票，没收违法所得，并处罚款。

以暴力，威胁方法阻碍税务人员依法执行职务的，依照《刑法》的规定追究刑事责任；拒绝、阻碍税务人员依法执行职务未使用暴力、威胁方法的，由公安机关依照治安管理处罚条例的规定处罚。

本章小结

财政法调整的是一个国家获得财政收入以及合理支出财政资金的社会关系。国家通过税收强制、无偿地参与社会财富的分配，从而获得收入实现国家的职能。国家获得财政资金后，要以预算的方式有计划地使用这些资金。因此，税法是有关财政收入的法律，预算法是有关财政支出的法律。除此之外，财政还是宏观调控的有力杠杆，它可以调节经济结构和社会分配，保证经济总量的基本平衡，从而保证国民经济协调发展。

复习思考

1. 根据《预算法》，国家遵循__________的原则，设立中央，省、自治区、直辖市，设区的市、自治州，县、自治县、不设区的市、市辖区，乡、民族乡、镇五级预算。

2. 国务院和县级以上地方各级政府对下一级政府按规定报送备案的预算，认为有同法律、行政法规相抵触或者有其他不适当之处，需要撤销批准预算的决议的，应当提请____________审议决定。

3. 增值税的纳税主体是在我国境内销售货物或者提供加工、修理修配劳务以及__________的单位和个人。

4. 消费税的税率最高的是甲类卷烟，税率为______；最低的是小汽缸的小汽车，税率为3%。

5. 营业税的纳税主体是在我国境内提供应税劳务、__________或者销售不动产的单位和个人。

6. 企业所得税实行比例税率，税率为______。非居民企业在中国境内未设立机构、场所的，或者虽设立机构、场所但取得的所得与其所设机构、场所没有实际联系的，适用税率为20%。

7. 矿产资源税的纳税主体是在中国境内开采法定矿产品或者________的单位和个人。

8. 耕地占用税实行________税率。

9. 税务机关有根据认为从事生产、经营的纳税人有逃避纳税义务行为的，可以在规定的纳税期之前，责令限期缴纳应纳税款。在限期内发现纳税人有明显的转移、隐匿其应纳税的商品、货物以及其他财产或者应纳税的收人的迹象的，税务机关可以责成纳税人提供________。

10. 纳税人未按照上述规定期限缴纳税款的，扣缴义务人未按照规定期限解缴税款的，税务机关除责令限期缴纳外，从滞纳税款之日起，按日加收滞纳税款______的滞纳金。

11. 根据《预算法》，预算编制的原则是什么？

12. 税法的构成要素包括哪些？

13. 在什么情况下免征个人所得税？

14. 什么是房产税？其主要内容是什么？

15. 税务机关有权进行哪些税务检查？

第十三章　金融法律制度

内容提要

本章包括银行法和证券法两节内容。第一节首先阐述了中国人民银行的地位、职责、组织机构，货币政策，业务规则，人民币，监督管理，法律责任等内容；其次阐述了银行业监督管理机构，监督管理职责，监督管理措施和法律责任等内容；再次阐述了商业银行的概念、地位和经营范围，设立、变更和终止，业务规则，监督管理，法律责任等内容。第二节阐述了证券的概念和证券法的基本原则，证券机构，证券发行，证券交易，上市公司收购，法律责任等内容。其中，人民银行的货币政策和业务规则，商业银行的业务规则，证券发行和交易，上市公司收购是学习重点。

学习目标

1. 了解中国人民银行的地位、职责、组织机构、人民币、监督管理等内容；商业银行的经营范围、设立、变更和终止、业务规则、监督管理等内容；证券法的基本原则、证券机构、法律责任等内容。
2. 理解人民银行的货币政策和业务规则，商业银行的业务规则，证券发行和交易，上市公司收购。
3. 能够应用所学知识解决现实生活中有关银行和证券的实际问题。
4. 能够分析有关银行和证券的案例。

学习提示

1. 关注现实生活中有关银行和证券问题的报道。
2. 阅读相关论文、著作和案例分析材料。
3. 主动运用所学知识思考生活中有关银行和证券的实际问题。

金融是指货币资金的融通，即与货币流通和银行信用有关的活动。金融主要包括货币的发行和流通、储蓄、汇兑、贴现、信托投资、金融租赁、证券交易、外汇交易、金银管理等活动。

金融法是指调整金融关系的法律规范的总称。金融法体系包括银行法、货币法、信贷法、票据法、证券法、保险法和信托法等内容。本章主要探讨银行法和证券法。

第一节 银 行 法

一、中国人民银行法

（一）中国人民银行概述

1. 中国人民银行的地位

中国人民银行成立于1949年12月1日，但是长期以来还兼有金融企业的职能。1995年3月18日，第八届全国人民代表大会第三次会议通过了《中华人民共和国中国人民银行法》（以下简称《中国人民银行法》）。第十届全国人民代表大会常务委员会第六次会议于2003年12月27日通过了《全国人民代表大会常务委员会关于修改〈中华人民共和国中国人民银行法〉的决定》，该决定自2004年2月1日起施行。根据《中国人民银行法》的规定，中国人民银行是中央银行，它在国务院的领导下，依法独立履行职责，不受地方政府、各级政府部门、社会团体和个人的干涉。

银行业金融机构，是指在中华人民共和国境内设立的商业银行、城市信用合作社、农村信用合作社等吸收公众存款的金融机构以及政策性银行。在中华人民共和国境内设立的金融资产管理公司、信托投资公司、财务公司、金融租赁公司以及经国务院银行业监督管理机构批准设立的其他金融机构，适用对银行业金融机构的规定。

2. 中国人民银行的职责

（1）发布与履行其职责有关的命令和规章。

（2）依法制定和执行货币政策。

（3）发行人民币，管理人民币流通。

（4）监督管理银行间同业拆借市场和银行间债券市场。

（5）实施外汇管理，监督管理银行间外汇市场。

（6）监督管理黄金市场。

（7）持有、管理、经营国家外汇储备、黄金储备。

(8) 经理国库。

(9) 维护支付、清算系统的正常运行。

(10) 指导、部署金融业反洗钱工作，负责反洗钱的资金监测。

(11) 负责金融业的统计、调查、分析和预测。

(12) 作为国家的中央银行，从事有关的国际金融活动。

(13) 国务院规定的其他职责。

3. 中国人民银行的组织机构

中国人民银行实行行长负责制。行长为国务院组成人员。中国人民银行设立货币政策委员会，作为制定货币政策的咨询议事机构。

中国人民银行根据履行职责的需要设立分支机构，作为中国人民银行的派出机构，中国人民银行的分支机构根据中国人民银行的授权，维护本辖区的金融稳定，承办有关业务。

1998年11月，中央作出决定，对中国人民银行管理体制实行改革，撤销省级分行，跨省（自治区、直辖市）设置九家分行，即天津分行、沈阳分行、上海分行、南京分行、济南分行、武汉分行、广州分行、成都分行、西安分行。撤销北京分行和重庆分行，由总行营业管理部履行所在地中央银行职责。这是适应市场经济发展要求的金融体制改革，它对于建立现代金融制度具有重大意义。

(二) 货币政策

货币政策是国家为实现经济发展任务而制定的有关金融的方针、政策及措施的总称。各国都把货币政策作为宏观经济政策。

1. 货币政策目标

《中国人民银行法》规定，货币政策目标是保持货币币值的稳定，并以此促进经济增长。币值，即货币购买力指数，指单位货币所含有的价值或所代表的价值。保持货币币值稳定并非是要求币值固定，而是要使货币供应总量与商品、劳务供给总量基本适应，使物价总水平保持基本稳定。货币币值稳定的主要标志是有效抑制通货膨胀现象，物价的增长控制在国民经济和居民收入能够承受的限度之内。

2. 货币政策决定权

在我国，中国人民银行在国务院领导下制定和执行货币政策，中国人民银行设立货币政策委员会，中国人民银行向全国人大常委会提出有关货币政策情况和金融监督情况的工作报告。

3. 货币政策手段

我国规定了以下几种货币政策手段：

（1）要求银行业金融机构按照规定的比例交存存款准备金。

（2）确定中央银行基准利率。

（3）为在中国人民银行开立账户的银行业金融机构办理再贴现。

（4）向商业银行提供贷款。

（5）在公开市场上买卖国债、其他政府债券和金融债券及外汇。

（6）国务院确定的其他货币政策工具。

（三）中国人民银行的业务

1. 要求金融机构交存存款准备金

存款准备金是指商业银行等银行业金融机构按照中国人民银行的规定，将其吸收的存款总额中的相应比例，缴存中央银行。上缴的金额与存款总额之比，即为存款准备金率。缴存存款准备金的其目是保证中央银行能够调节社会货币供应量，保障存款人可以随时提取存款。

2. 办理再贴现

再贴现是指中国人民银行为商业银行和其他银行业金融机构取得的贴现票据再次办理贴现，商业银行和其他银行业金融机构可以据此从中国人民银行取得贷款。中国人民银行通过调整再贴现率来调节商业银行的贷款成本，从而间接调节社会货币流通量。

3. 开展公开市场业务

公开市场业务，又称公开市场操作，是指中央银行在公开市场上买进或者卖出有价证券、外汇。公开市场业务的目的是通过扩张或者紧缩信用来调节社会货币供应量。

4. 向商业银行提供贷款

《中国人民银行法》规定，中国人民银行要向商业银行提供贷款。中央银行发放的贷款，主要包括年度性贷款和短期贷款。中国人民银行对商业银行的存、贷款利率称为基准利率。

5. 提供清算服务

中国人民银行应当组织或者协助组织银行业金融机构相互之间的清算系统，协调银行业金融机构相互之间的清算事项，提供清算服务。

中国人民银行不得对政府财政透支，不得直接认购、包销国债和其他政府债券。不得向地方政府、各级政府部门提供贷款，不得向非银行金融机构以及其他单位和个人提供贷款。但国务院决定中国人民银行可以向特定的非银行金融机构提供贷款的除外。不得向任何单位和个人提供担保。

（四）人民币的发行与管理

1. 人民币的法律地位

中华人民共和国的法定货币是人民币。以人民币支付中国境内的一切公共的和私人的债务，任何单位和个人不得拒收。

2. 人民币的发行与管理

人民币的发行决定权在中央政府，即国务院。人民币由中国人民银行统一印刷、发行。禁止伪造、变造人民币。禁止出售、购买伪造、变造的人民币。禁止运输、持有、使用伪造、变造的人民币。禁止故意毁损人民币。禁止宣传品、出版物或者其他商品上非法使用人民币图样。任何单位和个人不得印制、发售代币票券，以代替人民币在市场上流通。

（五）监督管理

中国人民银行依法监测金融市场的运行情况，对金融市场实施宏观调控，促进其协调发展。

中国人民银行有权对金融机构以及其他单位和个人的下列行为进行检查监督：

（1）执行有关存款准备金管理规定的行为。

（2）与中国人民银行特种贷款有关的行为，特种贷款是指国务院决定的由中国人民银行向金融机构发放的用于特定目的的贷款。

（3）执行有关人民币管理规定的行为。

（4）执行有关银行间同业拆借市场、银行间债券市场管理规定的行为。

（5）执行有关外汇管理规定的行为。

（6）执行有关黄金管理规定的行为。

（7）代理中国人民银行经理国库的行为。

（8）执行有关清算管理规定的行为。

（9）执行有关反洗钱规定的行为。

中国人民银行根据执行货币政策和维护金融稳定的需要，可以建议国务院银行业监督管理机构对银行业金融机构进行检查监督。国务院银行业监督管理机构应当自收到建议之日起 30 日内予以回复。当银行业金融机构出现支付困难，可能引发金融风险时，为了维护金融稳定，中国人民银行经国务院批准，有权对银行业金融机构进行检查监督。

中国人民银行根据履行职责的需要，有权要求银行业金融机构报送必要的资产负债表、利润表以及其他财务会计、统计报表和资料。

中国人民银行应当和国务院银行业监督管理机构、国务院其他金融监督管理机构建立监督管理信息共享机制。

（六）违反中国人民银行法的法律责任

1. 违反人民币管理的法律责任

（1）伪造、变造人民币，出售伪造、变造的人民币，或者明知是伪造、变造的人民币而运输，构成犯罪的，依法追究刑事责任；尚不构成犯罪的，由公安机关处 15 日以下拘留、1 万元以下罚款。

（2）购买伪造、变造的人民币或者明知是伪造、变造的人民币而持有、使用，构成犯罪的，依法追究刑事责任；尚不构成犯罪的，由公安机关处 15 日以下拘留、1 万元以下罚款。

（3）在宣传品、出版物或者其他商品上非法使用人民币图样的，中国人民银行应当责令改正，并销毁非法使用的人民币图样，没收违法所得，并处 5 万元以下罚款。

（4）印制、发售代币票券，以代替人民币在市场上流通的，中国人民银行应当责令停止违法行为，并处 20 万元以下罚款。

2. 违反金融监督管理的法律责任

违反第 32 条有关规定，有关法律、行政法规有处罚规定的，依照其规定给予处罚；有关法律、行政法规未作处罚规定的，由中国人民银行区别不同情形给予警告，没收违法所得，违法所得 50 万元以上的，并处违法所得 1 倍以上 5 倍以下罚款；没有违法所得或者违法所得不足 50 万元的，处 50 万元以上 200 万元以下罚款；对负有直接责任的董事、高级管理人员和其他直接责任人员给予警告，处 5 万元以上 50 万元以下罚款；构成犯罪的，依法追究刑事责任。

3. 有关人员的法律责任

（1）中国人民银行有下列行为之一的，对负有直接责任的主管人员和其他直接责任人员，依法给予行政处分；构成犯罪的，依法追究刑事责任：① 违反规定提供贷款的。② 对单位和个人提供担保的。③ 擅自动用发行基金的。有上列行为之一，造成损失的，负有直接责任的主管人员和其他直接责任人员应当承担部分或者全部赔偿责任。

（2）地方政府、各级政府部门、社会团体和个人强令中国人民银行及其工作人员违反规定提供贷款或者担保的，对负有直接责任的主管人员和其他直接责任人员，依法给予行政处分；构成犯罪的，依法追究刑事责任；造成损失的，应当承担部分或者全部赔偿责任。

（3）中国人民银行的工作人员泄露国家秘密或者所知悉的商业秘密，构成犯罪的，依法追究刑事责任；尚不构成犯罪的，依法给予行政处分。

（4）中国人民银行的工作人员贪污受贿、徇私舞弊、滥用职权、玩忽职守，构成犯罪的，依法追究刑事责任；尚不构成犯罪的，依法给予行政处分。

二、银行业监督管理法

2003年12月27日第十届全国人大常委会第六次会议通过了《中华人民共和国银行业监督管理法》（以下简称《银行业监督管理法》。2006年10月31日第十届全国人大常委会第二十四议修订了《银行业监督管理法》。

（一）银行业监督管理机构

国务院银行业监督管理机构，即银行业监督管理委员会负责对全国银行业金融机构及其业务活动的监督管理工作。银行业金融机构，是指在中华人民共和国境内设立的商业银行、城市信用合作社、农村信用合作社等吸收公众存款的金融机构以及政策性银行。

对在中华人民共和国境内设立的金融资产管理公司、信托投资公司、财务公司、金融租赁公司以及经国务院银行业监督管理机构批准设立的其他金融机构的监督管理，适用对银行业金融机构监督管理的规定。国务院银行业监督管理机构依法对经其批准在境外设立的金融机构以及金融机构在境外的业务活动实施监督管理。

国务院银行业监督管理机构根据履行职责的需要设立派出机构。国务院银行业监督管理机构对派出机构实行统一领导和管理。国务院银行业监督管理机构的派出机构在国务院银行业监督管理机构的授权范围内，履行监督管理职责。

银行业监督管理机构从事监督管理工作的人员，应当具备与其任职相适应的专业知识和业务工作经验。银行业监督管理机构工作人员，应当忠于职守，依法办事，公正廉洁，不得利用职务便利牟取不正当的利益，不得在金融机构等企业中兼任职务。银行业监督管理机构工作人员，应当依法保守国家秘密，并有责任为其监督管理的银行业金融机构及当事人保守秘密。国务院银行业监督管理机构同其他国家或者地区的银行业监督管理机构交流监督管理信息，应当就信息保密作出安排。

（二）监督管理职责

（1）国务院银行业监督管理机构依照法律、行政法规制定并发布对银行业金融机构及其业务活动监督管理的规章、规则。

（2）国务院银行业监督管理机构依照法律、行政法规规定的条件和程序，审查批准银行业金融机构的设立、变更、终止以及业务范围。

（3）申请设立银行业金融机构，或者银行业金融机构变更持有资本总额或者股份总额达到规定比例以上的股东的，国务院银行业监督管理机构应当对股东的资金来源、财务状况、资本补充能力和诚信状况进行审查。

（4）银行业金融机构业务范围内的业务品种，应当按照规定经国务院银行业监督管理机构审查批准或者备案。需要审查批准或者备案的业务品种，由国务院银行业监督管理机构依照法律、行政法规作出规定并公布。

（5）未经国务院银行业监督管理机构批准，任何单位或者个人不得设立银行业金融机构或者从事银行业金融机构的业务活动。

（6）国务院银行业监督管理机构对银行业金融机构的董事和高级管理人员实行任职资格管理。

（7）银行业金融机构的审慎经营规则，由法律、行政法规规定，也可以由国务院银行业监督管理机构依照法律、行政法规制定。审慎经营规则包括风险管理、内部控制、资本充足率、资产质量、损失准备金、风险集中、关联交易、资产流动性等内容。银行业金融机构应当严格遵守审慎经营规则。

（8）国务院银行业监督管理机构应当在规定的期限，对下列申请事项作出批准或者不批准的书面决定；决定不批准的，应当说明理由：

① 银行业金融机构的设立，自收到申请文件之日起 6 个月内。

② 银行业金融机构的变更、终止，以及业务范围和增加业务范围内的业务品种，自收到申请文件之日起 3 个月内。

③ 审查董事和高级管理人员的任职资格，自收到申请文件之日起 30 日内。

（9）银行业监督管理机构应当对银行业金融机构的业务活动及其风险状况进行非现场监管，建立银行业金融机构监督管理信息系统，分析、评价银行业金融机构的风险状况。

（10）银行业监督管理机构应当对银行业金融机构的业务活动及其风险状况进行现场检查。国务院银行业监督管理机构应当制定现场检查程序，规范现场检查行为。

（11）国务院银行业监督管理机构应当对银行业金融机构实行并表监督管理。

（12）国务院银行业监督管理机构对中国人民银行提出的检查银行业金融机构的建议，应当自收到建议之日起 30 日内予以回复。

（13）国务院银行业监督管理机构应当建立银行业金融机构监督管理评级体系和风险预警机制，根据银行业金融机构的评级情况和风险状况，确定对其现场检查的频率、范围和需要采取的其他措施。

（14）国务院银行业监督管理机构应当建立银行业突发事件的发现、报告岗位责任制度。银行业监督管理机构发现可能引发系统性银行业风险、严重影响社会稳定的突发事件的，应当立即向国务院银行业监督管理机构负责人报告；国务院银行业监督管理机构负责人认为需要向国务院报告的，应当立即向国务院报告，并告知中国人民银行、国务院财政部门等有关部门。

(15) 国务院银行业监督管理机构应当会同中国人民银行、国务院财政部门等有关部门建立银行业突发事件处置制度，制定银行业突发事件处置预案，明确处置机构和人员及其职责、处置措施和处置程序，及时、有效地处置银行业突发事件。

(16) 国务院银行业监督管理机构负责统一编制全国银行业金融机构的统计数据、报表，并按照国家有关规定予以公布。

(17) 国务院银行业监督管理机构对银行业自律组织的活动进行指导和监督。银行业自律组织的章程应当报国务院银行业监督管理机构备案。

(18) 国务院银行业监督管理机构可以开展与银行业监督管理有关的国际交流、合作活动。

(三) 监督管理措施

银行业监督管理机构根据履行职责的需要，有权要求银行业金融机构按照规定报送资产负债表、利润表和其他财务会计、统计报表、经营管理资料以及注册会计师出具的审计报告。

银行业监督管理机构根据审慎监管的要求，可以采取下列措施进行现场检查：

(1) 进入银行业金融机构进行检查。

(2) 询问银行业金融机构的工作人员，要求其对有关检查事项作出说明。

(3) 查阅、复制银行业金融机构与检查事项有关的文件、资料，对可能被转移、隐匿或者毁损的文件、资料予以封存。

(4) 检查银行业金融机构运用电子计算机管理业务数据的系统。

进行现场检查，应当经银行业监督管理机构负责人批准。现场检查时，检查人员不得少于2人，并应当出示合法证件和检查通知书；检查人员少于2人或者未出示合法证件和检查通知书的，银行业金融机构有权拒绝检查。

银行业监督管理机构根据履行职责的需要，可以与银行业金融机构董事、高级管理人员进行监督管理谈话，要求银行业金融机构董事、高级管理人员就银行业金融机构的业务活动和风险管理的重大事项作出说明。

银行业监督管理机构应当责令银行业金融机构按照规定，如实向社会公众披露财务会计报告、风险管理状况、董事和高级管理人员变更以及其他重大事项等信息。

银行业金融机构违反审慎经营规则的，国务院银行业监督管理机构或者其省一级派出机构应当责令限期改正；逾期未改正的，或者其行为严重危及该银行业金融机构的稳健运行、损害存款人和其他客户合法权益的，经国务院银行业监督管理机构或者其省一级派出机构负责人批准，可以区别情形，采取下列措施：

（1）责令暂停部分业务、停止批准开办新业务。

（2）限制分配红利和其他收入。

（3）限制资产转让。

（4）责令控股股东转让股权或者限制有关股东的权利。

（5）责令调整董事、高级管理人员或者限制其权利。

（6）停止批准增设分支机构。

银行业金融机构整改后，应当向国务院银行业监督管理机构或者其省一级派出机构提交报告。国务院银行业监督管理机构或者其省一级派出机构经验收，符合有关审慎经营规则的，应当自验收完毕之日起3日内解除对其采取的前款规定的有关措施。

银行业金融机构已经或者可能发生信用危机，严重影响存款人和其他客户合法权益的，国务院银行业监督管理机构可以依法对该银行业金融机构实行接管或者促成机构重组，接管和机构重组依照有关法律和国务院的规定执行。

银行业金融机构有违法经营、经营管理不善等情形，不予撤销将严重危害金融秩序、损害公众利益的，国务院银行业监督管理机构有权予以撤销。

银行业金融机构被接管、重组或者被撤销的，国务院银行业监督管理机构有权要求该银行业金融机构的董事、高级管理人员和其他工作人员，按照国务院银行业监督管理机构的要求履行职责。

在接管、机构重组或者撤销清算期间，经国务院银行业监督管理机构负责人批准，对直接负责的董事、高级管理人员和其他直接责任人员，可以采取下列措施：

（1）直接负责的董事、高级管理人员和其他直接责任人员出境将对国家利益造成重大损失的，通知出境管理机关依法阻止其出境。

（2）申请司法机关禁止其转移、转让财产或者对其财产设定其他权利。

经国务院银行业监督管理机构或者其省一级派出机构负责人批准，银行业监督管理机构有权查询涉嫌金融违法的银行业金融机构及其工作人员以及关联行为人的账户；对涉嫌转移或者隐匿违法资金的，经银行业监督管理机构负责人批准，可以申请司法机关予以冻结。

银行业监督管理机构依法对银行业金融机构进行检查时，经设区的市一级以上银行业监督管理机构负责人批准，可以对与涉嫌违法事项有关的单位和个人采取下列措施：

（1）询问有关单位或者个人，要求其对有关情况作出说明。

（2）查阅、复制有关财务会计、财产权登记等文件、资料。

（3）对可能被转移、隐匿、毁损或者伪造的文件、资料，予以先行登记保存。

银行业监督管理机构采取前款规定措施，调查人员不得少于 2 人，并应当出示合法证件和调查通知书；调查人员少于 2 人或者未出示合法证件和调查通知书的，有关单位或者个人有权拒绝。对依法采取的措施，有关单位和个人应当配合，如实说明有关情况并提供有关文件、资料，不得拒绝、阻碍和隐瞒。

（四）违反银行业监督管理法的法律责任

银行业监督管理机构从事监督管理工作的人员有下列情形之一的，依法给予行政处分；构成犯罪的，依法追究刑事责任：

（1）违反规定审查批准银行业金融机构的设立、变更、终止，以及业务范围和业务范围内的业务品种的。

（2）违反规定对银行业金融机构进行现场检查的。

（3）未依法报告突发事件的。

（4）违反规定查询账户或者申请冻结资金的。

（5）违反规定对银行业金融机构采取措施或者处罚的。

（6）违法对有关单位或者个人进行调查的。

（7）滥用职权、玩忽职守的其他行为。

银行业监督管理机构从事监督管理工作的人员贪污受贿，泄露国家秘密、商业秘密和个人隐私，构成犯罪的，依法追究刑事责任；尚不构成犯罪的，依法给予行政处分。

擅自设立银行业金融机构或者非法从事银行业金融机构的业务活动的，由国务院银行业监督管理机构予以取缔；构成犯罪的，依法追究刑事责任；尚不构成犯罪的，由国务院银行业监督管理机构没收违法所得，违法所得 50 万元以上的，并处违法所得 1 倍以上 5 倍以下罚款；没有违法所得或者违法所得不足 50 万元的，处 50 万元以上 200 万元以下罚款。

银行业金融机构有下列情形之一，由国务院银行业监督管理机构责令改正，有违法所得的，没收违法所得，违法所得 50 万元以上的，并处违法所得 1 倍以上 5 倍以下罚款；没有违法所得或者违法所得不足 50 万元的，处 50 万元以上 200 万元以下罚款；情节特别严重或者逾期不改正的，可以责令停业整顿或者吊销其经营许可证；构成犯罪的，依法追究刑事责任。

（1）未经批准设立分支机构的。

（2）未经批准变更、终止的。

（3）违反规定从事未经批准或者未备案的业务活动的。

（4）违反规定提高或者降低存款利率、贷款利率的。

银行业金融机构有下列情形之一，由国务院银行业监督管理机构责令改正，并处 20 万元以上 50 万元以下罚款；情节特别严重或者逾期不改正的，可以责令停业整顿或者吊销其经营许可证；构成犯罪的，依法追究刑事责任：

（1）未经任职资格审查任命董事、高级管理人员的。

（2）拒绝或者阻碍非现场监管或者现场检查的。

（3）提供虚假的或者隐瞒重要事实的报表、报告等文件、资料的。

（4）未按照规定进行信息披露的。

（5）严重违反审慎经营规则的。

（6）拒绝执行由于违反审慎经营规则而被采取的措施的。

银行业金融机构不按照规定提供报表、报告等文件、资料的，由银行业监督管理机构责令改正，逾期不改正的，处 10 万元以上 30 万元以下罚款。

银行业金融机构违反法律、行政法规以及国家有关银行业监督管理规定的，银行业监督管理机构还可以区别不同情形，采取下列措施：

（1）责令银行业金融机构对直接负责的董事、高级管理人员和其他直接责任人员给予纪律处分。

（2）银行业金融机构的行为尚不构成犯罪的，对直接负责的董事、高级管理人员和其他直接责任人员给予警告，处 5 万元以上 50 万元以下罚款。

（3）取消直接负责的董事、高级管理人员一定期限直至终身的任职资格，禁止直接负责的董事、高级管理人员和其他直接责任人员一定期限直至终身从事银行业工作。

阻碍银行业监督管理机构工作人员依法执行检查、调查职务的，由公安机关依法给予治安管理处罚；构成犯罪的，依法追究刑事责任。

三、商业银行法

（一）商业银行概述

1. 商业银行的概念和地位

1995 年 5 月 10 日，第八届全国人民代表大会常务委员会第三次会议通过了《中华人民共和国商业银行法》（以下简称《商业银行法》）。第十届全国人民代表大会常务委员会第六次会议于 2003 年 12 月 27 日通过了《全国人民代表大会常务委员会关于修改〈中华人民共和国商业银行法〉的决定》，该决定自2004年2月1日起施行。

根据《商业银行法》的规定，商业银行是指依照《商业银行法》和《公司法》设立的吸收公众存款、发放贷款、办理结算业务的企业法人。由此可见，商业银行是一种特殊的企业法人。

目前我国的商业银行体系主要包括三部分：

(1) 国家四大专业银行。包括中国工商银行、中国农业银行、中国银行和中国建设银行。

(2) 重建和新建的一批商业银行，包括交通银行、中信实业银行、中国光大银行、华夏银行、招商银行、广东发展银行、深圳发展银行、福建兴业银行、上海浦东发展银行、中国民生银行等。

(3) 城市商业银行、农村合作银行等。

2. 商业银行的经营范围

商业银行可以经营下列部分或者全部业务：

(1) 吸收公众存款。

(2) 发放短期、中期和长期贷款。

(3) 办理国内外结算。

(4) 办理票据承兑与贴现。

(5) 发行金融债券。

(6) 代理发行、代理兑付、承销政府债券。

(7) 买卖政府债券、金融债券。

(8) 从事同业拆借。

(9) 买卖、代理买卖外汇。

(10) 从事银行卡业务。

(11) 提供信用证、服务及担保。

(12) 代理收付款项及代理保险业务。

(13) 提供保管箱服务。

(14) 经国务院银行业监督管理机构批准的其他业务。

商业银行经中国人民银行批准，可以经营结汇、售汇业务。

各个商业银行的经营范围由商业银行章程规定，报中国人民银行批准。

(二) 商业银行的设立、变更和终止

1. 商业银行的设立

第一，设立商业银行的条件

(1) 有符合《商业银行法》和《公司法》规定的章程。

(2) 有符合《商业银行法》规定的注册资本最低限额。设立全国性商业银

行的注册资本最低限额为10亿元人民币。设立城市商业银行的注册资本最低限额为1亿元人民币，设立农村商业银行的注册资本最低限额为5000万元人民币。注册资本应当是实缴资本。国务院银行业监督管理机构根据审慎监管的要求可以调整注册资本最低限额，但不得少于前款规定的限额。

(3) 有具备任职专业知识和业务工作经验的董事、高级管理人员。《商业银行法》第27条规定：下列人员不得担任商业银行的董事、高级管理人员，因犯有贪污、贿赂、侵占财产、挪用财产罪或者破坏社会经济秩序罪，被判处刑罚，或者因犯罪被剥夺政治权利的；担任因经营不善破产清算的公司、企业的董事或者厂长、经理，并对该公司、企业的破产负有个人责任的；担任因违法被吊销营业执照的公司、企业的法定代表人，并负有个人责任的；以及个人所负数额较大的债务到期未清偿的。

(4) 有健全的组织机构和管理制度。商业银行的组织形式、组织机构适用《公司法》的规定。《商业银行法》施行前设立的商业银行，其组织形式、组织机构不完全符合《公司法》规定的，可以继续沿用原有的规定，适用日期由国务院规定。国有独资商业银行设立监事会。监事会的产生办法由国务既规定。监事会对国有独资商业银行的信贷资产质量、资产负债比例、国有资产保值增值等情况以及高级管理人员违反法律、行政法规或者章程的行为和损害银行利益的行为进行监督。

(5) 有符合要求的营业场所、安全防范措施和与业务有关的其他设施。

第二，设立商业银行的程序

设立商业银行，应当经国务院银行业监督管理机构审查批准。未经国务院银行业监督管理机构批准，任何单位和个人不得从事吸收公众存款等商业银行业务，任何单位不得在名称中使用“银行”字样。

(1) 申请。

设立商业银行，申请人应当向国务院银行业监督管理机构提交下列文件、资料：申请书，并应当载明拟设立的商业银行的名称、所在地、注册资本、业务范围等；可行性研究报告；国务院银行业监督管理机构规定提交的其他文件、资料。

(2) 审查。

经审查符合规定的，申请人应当填写正式申请表，并提交下列文件、资料：章程草案；拟任职的董事、高级管理人员的资格证明；法定验资机构出具的验资证明；股东名册及其出资额、股份；持有注册资本5%以上的股东的资信证明和有关资料；经营方针和计划；营业场所、安全防范措施和与业务有关的其他设施的资料；国务院银行业监督管理机构规定的其他文件、资料。

(3) 批准。

经批准设立的商业银行，由国务院银行业监督管理机构颁发经营许可证，并凭该许可证向工商行政管理部门办理登记，领取营业执照。商业银行应当依照法律、行政法规的规定使用经营许可证。禁止伪造、变造、转让、出租、出借经营许可证。

第三，商业银行分支机构

商业银行根据业务需要可以在我国境内外设立分支机构。商业银行对其分支机构实行全行统一核算，统一调度资金，分级管理的财务制度。商业银行分支机构不具有法人资格，在总行授权范围内依法开展业务，其民事责任由总行承担。

设立商业银行分支机构必须经国务院银行业监督管理机构审查批准。在我国境内的分支机构，不按行政区划设立。商业银行在我国境内设立分支机构，应当按照规定拨付与其经营规模相适应的营运资金额，拨付各分支机构营运资金额的总和，不得超过总行资本金总额的60%。

设立商业银行分支机构，申请人应当向国务院银行业监督管理机构提交下列文件、资料：申请书，并应当载明拟设立的分支机构的名称、营运资金额、业务范围、总行及分支机构所在地等；申请人最近2年的财务会计报告；拟任职的高级管理人员的资格证明；经营方针和计划；营业场所、安全防范措施和与业务有关的其他设施的资料；以及国务院银行业监督管理机构规定的其他文件、资料。

经批准设立的商业银行分支机构，由国务院银行业监督管理机构颁发经营许可证，并凭该许可证向工商行政管理部门办理登记，领取营业执照。经批准设立的商业银行及其分支机构，由国务院银行业监督管理机构予以公告。

商业银行及其分支机构自取得营业执照之日起无正当理由超过6个月未开业的，或者开业后自行停业连续6个月以上的，由国务院银行业监督管理机构吊销其经营许可证，并予以公告。

2. 商业银行的变更

商业银行的分立、合并，适用《公司法》的规定。商业银行的分立、合并，应当经国务院银行业监督管理机构审查批准。商业银行变更名称、变更注册资本、变更总行或者分支行所在地、调整业务范围、变更持有资本总额或者股份总额5%以上的股东、修改章程以及国务院银行业监督管理机构规定的其他变更事项的，应当经国务院银行业监督管理机构批准。更换董事、高级管理人员时，应当报经国务院银行业监督管理机构审查其任职资格。应当报经国务院银行业监督管理机构审查其任职条件。

3. 商业银行的终止

（1）解散。

商业银行因分立、合并或者出现公司章程规定的解散事由需要解散的，应当向国务院银行业监督管理机构提出申请，并附解散的理由和支付存款的本金和利息等债务清偿计划。商业银行经国务院银行业监督管理机构批准后解散，并应当依法成立清算组，进行清算，按照清偿计划及时偿还存款本金和利息等债务。国务院银行业监督管理机构监督清算过程。

（2）撤销。

商业银行因吊销经营许可证被撤销的，国务院银行业监督管理机构应当依法及时组织成立清算组，进行清算，按照清偿计划及时偿还存款本金和利息等债务。

（3）破产。

商业银行不能支付到期债务，经国务院银行业监督管理机构同意，由人民法院依法宣告其破产。商业银行被宣告破产的，由人民法院组织国务院银行业监督管理机构等有关部门和有关人员成立清算组，进行清算。商业银行破产清算时，在支付清算费用、所欠职工工资和劳动保险费用后，应当优先支付个人储蓄存款的本金和利息。

（三）商业银行的业务规则

1. 存款业务规则

商业银行办理个人储蓄存款业务，应当遵循存款自愿、取款自由、存款有息、为存款人保密的原则。对个人储蓄存款，商业银行有权拒绝任何单位或者个人查询、冻结、扣划，但法律另有规定的除外。对单位存款，商业银行有权拒绝任何单位或者个人查询，但法律、行政法规另有规定的除外。有权拒绝任何单位或者个人冻结、扣划，但法律另有规定的除外。

商业银行应当按照中国人民银行规定的存款利率的上下限，确定存款利率，并予以公告。商业银行应当按照中国人民银行的规定，向中国人民银行交存存款准备金，留足备付金。商业银行应当保证存款本金和利息的支付，不得拖延、拒绝支付存款本金和利息。

2. 贷款业务规则

（1）商业银行应当根据国民经济和社会发展的需要，在国家产业政策指导下开展贷款业务。

（2）商业银行贷款，应当对借款人的借款用途、偿还能力、还款方式等情况进行严格审查。商业银行贷款，应当实行审贷分离、分级审批的制度。

（3）商业银行贷款，借款人应当提供担保。商业银行应当对保证人的偿还能力，抵押物、质物的权属和价值以及实现抵押权、质权的可行性进行严格审查。经商业银行审查、评估，确认借款人资信良好，确能偿还贷款的，可以不提供担保。

(4) 商业银行贷款，应当与借款人订立书面合同。合同应当约定贷款种类、借款用途、金额、利率、还款期限、还款方式、违约责任和双方认为需要约定的其他事项。

(5) 商业银行应当按照中国人民银行规定的贷款利率的上下限，确定贷款利率。

(6) 商业银行贷款，应当遵守下列资产负债比例管理的规定：资本充足率不得低于8%；贷款余额与存款余额的比例不得超过75%；流动性资产余额与流动性负债余额的比例不得低于25%；对同一借款人的贷款余额与商业银行资本余额的比例不得超过10%；中国人民银行对资产负债比例管理的其他规定。

(7) 商业银行不得向关系人发放信用贷款．向关系人发放担保贷款的条件不得优于其他借款人同类贷款的条件。关系人是指商业银行的董事、监事、管理人员、信贷业务人员及其近亲属，上述人员投资或者担任高级管理职务的公司、企业和其他经济组织。

(8) 商业银行有权拒绝任何单位和个人强令要求其发放贷款或者提供担保。任何单位和个人不得强令商业银行发放贷款或者提供担保。但经国务院批准的特定贷款项目，国有独资商业银行应当发放贷款。因贷款造成的损失，由国务院采取相应补救措施。

(9) 借款人应当按期归还贷款的本金和利息。借款人到期不归还担保贷款的，商业银行依法享有要求保证人归还贷款本金和利息或者就该担保物优先受偿的权利。商业银行因行使抵押权、质权而取得的不动产或者股权，应当自取得之日起2年内予以处分。

3. 其他业务规则

(1) 投资规则。

商业银行在中华人民共和国境内不得从事信托投资和证券经营业务，不得向非自用不动产投资或者向非银行金融机构和企业投资，但国家另有规定的除外。

(2) 结算规则。

商业银行办理票据承兑、汇兑、委托收款等结算业务，应当按照规定的期限兑现，收付入账，不得压单、压票或者违反规定退票。有关兑现、收付入账期限的规定应当公布。

(3) 发行债券或境外借款规则。

商业银行发行金融债券或者到境外借款，应当依照法律、行政法规的规定报经批准。

(4) 同业拆借规则。

同业拆借，应当遵守中国人民银行的规定。禁止利用拆入资金发放固定资产贷款或者用于投资。拆出资金限于交足存款准备金、留足备付金和归还中国人民银行到期贷款之后的闲置资金。拆入资金用于弥补票据结算、联行汇差头寸的不足和解决临时性周转资金的需要。

4. 其他规定

《商业银行法》规定，商业银行开展业务，应当遵守公平竞争的原则，不得从事不正当竞争。商业银行不得违反规定提高或者降低利率以及采用其他不正当手段，吸收存款，发放贷款。企业事业单位可以自主选择一家商业银行的营业场所开立一个办理日常转账结算和现金收付的基本账户，不得开立两个以上基本账户。任何单位和个人不得将单位的资金以个人名义开立账户存储。商业银行的营业时间应当方便客户，并予以公告。商业银行应当在公告的营业时间内营业，不得擅自停止营业或者缩短营业时间。商业银行办理业务，提供服务，按照规定收取手续费。收费项目和标准由国务院银行业监督管理机构、中国人民银行根据职责分工，分别会同国务院价格主管部门制定。商业银行应当按照国家有关规定保存财务会计报表、业务合同以及其他资料。

商业银行的工作人员应当遵守法律、行政法规和其他各项业务管理的规定，不得利用职务上的便利，索取、收受贿赂或者违反国家规定收受各种名义的回扣、手续费；不得利用职务上的便利，贪污、挪用、侵占本行或者客户的资金；不得违反规定徇私向亲属、朋友发放贷款或者提供担保；不得在其他经济组织兼职；不得泄露其在任职期间知悉的国家秘密、商业秘密以及不得实施违反法律、行政法规和业务管理规定的其他行为。

(四) 商业银行的监督管理

商业银行应当按照有关规定，制定本行的业务规则，建立、健全本行的风险管理和内部控制制度。

商业银行应当建立、健全本行对存款、贷款、结算、呆账等各项情况的稽核、检查制度，对分支机构应当进行经常性的稽核和检查监督。

商业银行应当按照规定向国务院银行业监督管理机构、中国人民银行报送资产负债表、利润表以及其他财务会计、统计报表和资料。

国务院银行业监督管理机构有权依法随时对商业银行的存款、贷款、结算、呆账等情况进行检查监督。检查监督时，检查监督人员应当出示合法的证件。

商业银行应当按照国务院银行业监督管理机构的要求，提供财务会计资料、业务合同和有关经营管理方面的其他信息。

中国人民银行有权依照《中华人民共和国中国人民银行法》的规定对商业银行进行检查监督。

商业银行应当依法接受审计机关的审计监督。

（五）违反商业银行法的法律责任

1. 商业银行的法律责任

(1) 商业银行有下列情形之一，对存款人或者其他客户造成财产损害的，应当承担支付迟延履行的利息以及其他民事责任：无故拖延、拒绝支付存款本金和利息的；违反票据承兑等结算业务规定，不予兑现，不予收付入账，压单、压票或者违反规定退票的；非法查询、冻结、扣划个人储蓄存款或者单位存款的；违反《商业银行法》规定对存款人或者其他客户造成损害的其他行为。

有上述规定情形的，由国务院银行业监督管理机构责令改正，有违法所得的，没收违法所得，违法所得 5 万元以上的，并处违法所得 1 倍以上 5 倍以下罚款；没有违法所得或者违法所得不足 5 万元的，处 5 万元以上 50 万元以下罚款。

(2) 商业银行有下列情形之一，由国务院银行业监督管理机构责令改正，有违法所得的，没收违法所得，违法所得 50 万元以上的，并处违法所得 1 倍以上 5 倍以下罚款；没有违法所得或者违法所得不足 50 万元的，处 50 万元以上 200 万元以下罚款；情节特别严重或者逾期不改正的，可以责令停业整顿或者吊销其经营许可证；构成犯罪的，依法追究刑事责任：未经批准设立分支机构的；未经批准分立、合并或者违反规定对变更事项不报批的；违反规定提高或者降低利率以及采用其他不正当手段，吸收存款，发放贷款的；出租、出借经营许可证的；未经批准买卖、代理买卖外汇的；未经批准买卖政府债券或者发行、买卖金融债券的；违反国家规定从事信托投资和证券经营业务、向非自用不动产投资或者向非银行金融机构和企业投资的；向关系人发放信用贷款或者发放担保贷款的条件优于其他借款人同类贷款的条件的。

(3) 商业银行有下列情形之一，由国务院银行业监督管理机构责令改正，并处 20 万元以上 50 万元以下罚款；情节特别严重或者逾期不改正的，可以责令停业整顿或者吊销其经营许可证；构成犯罪的，依法追究刑事责任：拒绝或者阻碍国务院银行业监督管理机构检查监督的；提供虚假的或者隐瞒重要事实的财务会计报告、报表和统计报表的；未遵守资本充足率、存贷比例、资产流动性比例、同一借款人贷款比例和国务院银行业监督管理机构有关资产负债比例管理的其他规定的。

（4）商业银行有下列情形之一，由中国人民银行责令改正，有违法所得的，没收违法所得，违法所得50万元以上的，并处违法所得1倍以上5倍以下罚款；没有违法所得或者违法所得不足50万元的，处50万元以上200万元以下罚款；情节特别严重或者逾期不改正的，中国人民银行可以建议国务院银行业监督管理机构责令停业整顿或者吊销其经营许可证；构成犯罪的，依法追究刑事责任：未经批准办理结汇、售汇的；未经批准在银行间债券市场发行、买卖金融债券或者到境外借款的；违反规定同业拆借的。

（5）商业银行有下列情形之一，由中国人民银行责令改正，并处20万元以上50万元以下罚款；情节特别严重或者逾期不改正的，中国人民银行可以建议国务院银行业监督管理机构责令停业整顿或者吊销其经营许可证；构成犯罪的，依法追究刑事责任：拒绝或者阻碍中国人民银行检查监督的；提供虚假的或者隐瞒重要事实的财务会计报告、报表和统计报表的；未按照中国人民银行规定的比例交存存款准备金的。

（6）商业银行不按照规定向国务院银行业监督管理机构报送有关文件、资料的，由国务院银行业监督管理机构责令改正，逾期不改正的，处10万元以上30万元以下罚款。商业银行不按照规定向中国人民银行报送有关文件、资料的，由中国人民银行责令改正，逾期不改正的，处10万元以上30万元以下罚款。

2. 商业银行工作人员的法律责任

（1）商业银行有上述商业银行法律责任第（1）项至第（5）项规定情形的，对直接负责的董事、高级管理人员和其他直接责任人员，应当给予纪律处分；构成犯罪的，依法追究刑事责任。

（2）商业银行工作人员利用职务上的便利，索取、收受贿赂或者违反国家规定收受各种名义的回扣、手续费，构成犯罪的，依法追究刑事责任；尚不构成犯罪的，应当给予纪律处分。

（3）商业银行工作人员利用职务上的便利，贪污、挪用、侵占本行或者客户资金，构成犯罪的，依法追究刑事责任；尚不构成犯罪的，应当给予纪律处分。

（4）商业银行工作人员违反规定玩忽职守造成损失的，应当给予纪律处分；构成犯罪的，依法追究刑事责任。商业银行工作人员违反规定徇私向亲属、朋友发放贷款或者提供担保造成损失的，应当承担全部或者部分赔偿责任。

(5) 商业银行工作人员泄露在任职期间知悉的国家秘密、商业秘密的，应当给予纪律处分；构成犯罪的，依法追究刑事责任。

(6) 商业银行的工作人员对单位或者个人强令其发放贷款或者提供担保未予拒绝的，应当给予纪律处分；造成损失的，应当承担相应的赔偿责任。

(7) 商业银行违反《商业银行法》规定的，国务院银行业监督管理机构可以区别不同情形，取消其直接负责的董事、高级管理人员一定期限直至终身的任职资格，禁止直接负责的董事、高级管理人员和其他直接责任人员一定期限直至终身从事银行业工作。商业银行的行为尚不构成犯罪的，对直接负责的董事、高级管理人员和其他直接责任人员，给予警告，处5万元以上50万元以下罚款。

3. 其他单位和个人的法律责任

(1) 未经国务院银行业监督管理机构批准，擅自设立商业银行，或者非法吸收公众存款、变相吸收公众存款，构成犯罪的，依法追究刑事责任；并由国务院银行业监督管理机构予以取缔。伪造、变造、转让商业银行经营许可证，构成犯罪的，依法追究刑事责任。尚不构成犯罪的，由国务院银行业监督管理机构没收违法所得，违法所得50万元以上的，并处违法所得1倍以上5倍以下罚款；没有违法所得或者违法所得不足50万元的，处50万元以上200万元以下罚款。

(2) 有下列情形之一，由国务院银行业监督管理机构责令改正，有违法所得的，没收违法所得，违法所得5万元以上的，并处违法所得1倍以上5倍以下罚款；没有违法所得或者违法所得不足5万元的，处5万元以上50万元以下罚款：未经批准在名称中使用“银行”字样的；未经批准购买商业银行股份总额5%以上的；将单位的资金以个人名义开立账户存储的。

(3) 单位或者个人强令商业银行发放贷款或者提供担保的，应当对直接负责的主管人员和其他直接责任人员或者个人给予纪律处分；造成损失的，应当承担全部或者部分赔偿责任。

(4) 借款人采取欺诈手段骗取贷款，构成犯罪的，依法追究刑事责任。

第二节 证 券 法

一、证券法概述

为了规范证券发行和交易行为，保护投资者的合法权益，维护社会经济秩序和社会公共利益，促进社会主义市场经济的发展，第九届全国人民代表大会常务委员会第六次会议于1998年12月29日通过了《中华人民共和国证券法》

(以下简称《证券法》)，该法自1999年7月1日起施行。2005年10月27日第十届全国人民代表大会常务委员会第十八次会议对《证券法》进行了修订，修订后的《证券法》自2006年1月1日起施行。

(一) 证券的概念

证券有广义和狭义之分，广义的证券泛指能够证明财产权的书面凭证。广义的证券包括证据证券和有价证券。证据证券是具有证据作用的证券，如收据、保险单等。有价证券包括三种：其一是货币证券，如汇票、支票等；其二是货物证券，如提单、仓单等；其三是资本证券，如股票、债券等。资本证券是狭义的证券。《证券法》第2条规定："在中华人民共和国境内，股票、公司债券和国务院依法认定的其他证券的发行和交易，适用本法。本法未规定的，适用《中华人民共和国公司法》和其他法律、行政法规的规定。政府债券的发行和交易，由法律、行政法规另行规定。"可见，《证券法》所称的证券是指狭义的证券。

在本章中，证券是指发行人以筹集资金为目的发行的，记载着投资人的投资份额或者收益额，可以依法流通转让的权利凭证。

证券负载着一定的权利，例如股票代表股权，债券代表债权。但证券是否能够为持有人带来收益具有不确定性，债务人的财产状况、股票市场行情往往会影响证券持有人的预期利益。

(二) 证券法的基本原则

(1) 证券的发行和交易活动，必须实行公开、公平、公正的原则。

(2) 证券发行、交易活动的当事人具有平等的法律地位，应当遵守平等、自愿、有偿、诚实信用原则。

(3) 证券的发行和交易活动必须遵守法律、行政法规，禁止欺诈、内幕交易和操纵市场等行为。

(4) 证券业和银行业、信托业、保险业实行分业经营、分业管理，证券公司与银行、信托、保险业务机构分别设立。国家另有规定的除外。

二、证券机构

(一) 证券交易所

1. 证券交易所的概念

证券交易所是为证券集中交易提供场所和设施，组织和监督证券交易，实行自律管理的法人。

证券交易所具有法人资格，有自己的财产和独立的经费，有自己的名称、组织机构和活动场所，能够独立承担民事责任。设立证券交易所必须制定章程，证券交易所章程的制定和修改必须经国务院证券监督管理机构批准。证券交易所必须在其名称中标明证券交易所字样，其他任何单位或者个人不得使用证券交易所或者近似的名称。

证券交易所作为证券交易市场的组织者和管理者，对其可以自行支配的各项费用收入，应当首先用于保证其交易场所和设施的正常运行并逐步改善。实行会员制的证券交易所的财产积累归会员所有，其权益由会员共同享有，在其存续期间不得将其财产积累分配给会员。

2. 证券交易所的组织机构

证券交易所设理事会，并设总经理 1 人，由国务院证券监督管理机构任免。

有《中华人民共和国公司法》第 147 条规定的情形或者下列情形之一的，不得担任证券交易所的负责人：

（1）因违法行为或者违纪行为被解除职务的证券交易所、证券登记结算机构的负责人或者证券公司的董事、监事、高级管理人员，自被解除职务之日起未逾 5 年。

（2）因违法行为或者违纪行为被撤销资格的律师、注册会计师或者投资咨询机构、财务顾问机构、资信评级机构、资产评估机构、验证机构的专业人员，自被撤销资格之日起未逾 5 年。

因违法行为或者违纪行为被开除的证券交易所、证券登记结算机构、证券服务机构、证券公司的从业人员和被开除的国家机关工作人员，不得招聘为证券交易所的从业人员。

3. 证券交易所的业务规则

（1）进入证券交易所参与集中竞价交易的，必须是证券交易所的会员。

（2）投资者应当与证券公司签订证券交易委托协议，并在证券公司开立证券交易账户，以书面、电话以及其他方式，委托该证券公司代其买卖证券。

（3）证券公司根据投资者的委托，按照证券交易规则提出交易申报，参与证券交易所场内的集中交易，并根据成交结果承担相应的清算交收责任；证券登记结算机构根据成交结果，按照清算交收规则，与证券公司进行证券和资金的清算交收，并为证券公司客户办理证券的登记过户手续。

（4）证券交易所应当为组织公平的集中交易提供保障，公布证券交易即时行情，并按交易日制作证券市场行情表，予以公布。未经证券交易所许可，任何单位和个人不得发布证券交易即时行情。

（5）因突发性事件而影响证券交易的正常进行时，证券交易所可以采取技术性停牌的措施；因不可抗力的突发性事件或者为维护证券交易的正常秩序，证券交易所可以决定临时停市。证券交易所采取技术性停牌或者决定临时停市，必须及时报告国务院证券监督管理机构。

(6) 证券交易所对证券交易实行实时监控，并按照国务院证券监督管理机构的要求，对异常的交易情况提出报告。证券交易所应当对上市公司及相关信息披露义务人披露信息进行监督，督促其依法及时、准确地披露信息。证券交易所根据需要，可以对出现重大异常交易情况的证券账户限制交易，并报国务院证券监督管理机构备案。

(7) 证券交易所应当从其收取的交易费用和会员费、席位费中提取一定比例的金额设立风险基金。

(8) 证券交易所应当将收存的风险基金存入开户银行专门账户，不得擅自使用。

(9) 证券交易所的负责人和其他从业人员在执行与证券交易有关的职务时，与其本人或者其亲属有利害关系的，应当回避。

(10) 按照依法制定的交易规则进行的交易，不得改变其交易结果。对交易中违规交易者应负的民事责任不得免除；在违规交易中所获利益，依照有关规定处理。

(11) 在证券交易所内从事证券交易的人员，违反证券交易所有关交易规则的，由证券交易所给予纪律处分；对情节严重的，撤销其资格，禁止其入场进行证券交易。

(二) 证券公司

1. 证券公司的概念

证券公司是指依照《公司法》和《证券法》规定设立的从事证券经营业务的有限责任公司或者股份有限公司。证券公司必须在其名称中标明证券有限责任公司或者证券股份有限公司字样。证券公司依法享有自主经营的权利，其合法经营不受干涉。

2. 证券公司的设立

设立证券公司，应当具备下列条件：

(1) 有符合法律、行政法规规定的公司章程。

(2) 主要股东具有持续盈利能力，信誉良好，最近 3 年无重大违法违规记录，净资产不低于人民币 2 亿元。

(3) 有符合本法规定的注册资本。

(4) 董事、监事、高级管理人员具备任职资格，从业人员具有证券从业资格。

(5) 有完善的风险管理与内部控制制度。

（6）有合格的经营场所和业务设施。

（7）法律、行政法规规定的和经国务院批准的国务院证券监督管理机构规定的其他条件。

国务院证券监督管理机构应当自受理证券公司设立申请之日起 6 个月内，依照法定条件和法定程序并根据审慎监管原则进行审查，作出批准或者不予批准的决定，并通知申请人；不予批准的，应当说明理由。

证券公司设立申请获得批准的，申请人应当在规定的期限内向公司登记机关申请设立登记，领取营业执照。证券公司应当自领取营业执照之日起 15 日内，向国务院证券监督管理机构申请经营证券业务许可证。未取得经营证券业务许可证，证券公司不得经营证券业务。

证券公司设立、收购或者撤销分支机构，变更业务范围或者注册资本，变更持有百分之五以上股权的股东、实际控制人，变更公司章程中的重要条款，合并、分立、变更公司形式、停业、解散、破产，必须经国务院证券监督管理机构批准。证券公司在境外设立、收购或者参股证券经营机构，必须经国务院证券监督管理机构批准。

国务院证券监督管理机构应当对证券公司的净资本，净资本与负债的比例，净资本与净资产的比例，净资本与自营、承销、资产管理等业务规模的比例，负债与净资产的比例，以及流动资产与流动负债的比例等风险控制指标作出规定。证券公司不得为其股东或者股东的关联人提供融资或者担保。

3. 证券公司的从业人员

证券公司的董事、监事、高级管理人员，应当正直诚实，品行良好，熟悉证券法律、行政法规，具有履行职责所需的经营管理能力，并在任职前取得国务院证券监督管理机构核准的任职资格。

有《公司法》第 147 条规定的情形或者下列情形之一的，不得担任证券公司的董事、监事、高级管理人员：

（1）因违法行为或者违纪行为被解除职务的证券交易所、证券登记结算机构的负责人或者证券公司的董事、监事、高级管理人员，自被解除职务之日起未逾 5 年。

（2）因违法行为或者违纪行为被撤销资格的律师、注册会计师或者投资咨询机构、财务顾问机构、资信评级机构、资产评估机构、验证机构的专业人员，自被撤销资格之日起未逾 5 年。

因违法行为或者违纪行为被开除的证券交易所、证券登记结算机构、证券服务机构、证券公司的从业人员和被开除的国家机关工作人员，不得招聘为证券公司的从业人员。

国家机关工作人员和法律、行政法规规定的禁止在公司中兼职的其他人员，不得在证券公司中兼任职务。

4. 证券公司的业务范围

经国务院证券监督管理机构批准，证券公司可以经营下列部分或者全部业务：

（1）证券经纪。

（2）证券投资咨询。

（3）与证券交易、证券投资活动有关的财务顾问。

（4）证券承销与保荐。

（5）证券自营。

（6）证券资产管理。

（7）其他证券业务。

证券公司经营第（1）项至第（3）项业务的，注册资本最低限额为人民币5000万元；经营第（4）项至第（7）项业务之一的，注册资本最低限额为人民币1亿元；经营第（4）项至第（7）项业务中两项以上的，注册资本最低限额为人民币5亿元。证券公司的注册资本应当是实缴资本。

国务院证券监督管理机构根据审慎监管原则和各项业务的风险程度，可以调整注册资本最低限额，但不得少于前款规定的限额。

5. 证券公司的业务规则

（1）国家设立证券投资者保护基金。证券投资者保护基金由证券公司缴纳的资金及其他依法筹集的资金组成。

（2）证券公司从每年的税后利润中提取交易风险准备金，用于弥补证券交易的损失。

（3）证券公司应当建立健全内部控制制度，采取有效隔离措施，防范公司与客户之间、不同客户之间的利益冲突。证券公司必须将其证券经纪业务、证券承销业务、证券自营业务和证券资产管理业务分开办理，不得混合操作。

（4）证券公司的自营业务必须以自己的名义进行，不得假借他人名义或者以个人名义进行。证券公司的自营业务必须使用自有资金和依法筹集的资金。证券公司不得将其自营账户借给他人使用。

（5）证券公司客户的交易结算资金应当存放在商业银行，以每个客户的名义单独立户管理。

（6）证券公司不得将客户的交易结算资金和证券归入其自有财产。禁止任何单位或者个人以任何形式挪用客户的交易结算资金和证券。证券公司破产或者清算时，客户的交易结算资金和证券不属于其破产财产或者清算财产。非因客户本身的债务或者法律规定的其他情形，不得查封、冻结、扣划或者强制执行客户的交易结算资金和证券。

(7) 证券公司办理经纪业务，应当置备统一制定的证券买卖委托书，供委托人使用。采取其他委托方式的，必须作出委托记录。客户的证券买卖委托，不论是否成交，其委托记录应当按照规定的期限，保存于证券公司。

(8) 证券公司接受证券买卖的委托，应当根据委托书载明的证券名称、买卖数量、出价方式、价格幅度等，按照交易规则代理买卖证券，如实进行交易记录；买卖成交后，应当按照规定制作买卖成交报告单交付客户。证券交易中确认交易行为及其交易结果的对账单必须真实，并由交易经办人员以外的审核人员逐笔审核，保证账面证券余额与实际持有的证券相一致。

(9) 证券公司为客户买卖证券提供融资融券服务，应当按照国务院的规定并经国务院证券监督管理机构批准。

(10) 证券公司办理经纪业务，不得接受客户的全权委托而决定证券买卖、选择证券种类、决定买卖数量或者买卖价格。

(11) 证券公司不得以任何方式对客户证券买卖的收益或者赔偿证券买卖的损失作出承诺。

(12) 证券公司及其从业人员不得未经过其依法设立的营业场所私下接受客户委托买卖证券。

(13) 证券公司的从业人员在证券交易活动中，执行所属的证券公司的指令或者利用职务违反交易规则的，由所属的证券公司承担全部责任。

(14) 证券公司应当妥善保存客户开户资料、委托记录、交易记录和与内部管理、业务经营有关的各项资料，任何人不得隐匿、伪造、篡改或者毁损。上述资料的保存期限不得少于 20 年。

(15) 证券公司应当按照规定向国务院证券监督管理机构报送业务、财务等经营管理信息和资料。国务院证券监督管理机构有权要求证券公司及其股东、实际控制人在指定的期限内提供有关信息、资料。证券公司及其股东、实际控制人向国务院证券监督管理机构报送或者提供的信息、资料，必须真实、准确、完整。

6. 对证券公司的监督管理

(1) 国务院证券监督管理机构认为有必要时，可以委托会计师事务所、资产评估机构对证券公司的财务状况、内部控制状况、资产价值进行审计或者评估。

(2) 证券公司的净资本或者其他风险控制指标不符合规定的，国务院证券监督管理机构应当责令其限期改正；逾期未改正，或者其行为严重危及该证券公司的稳健运行、损害客户合法权益的，国务院证券监督管理机构可以区别情形，对其采取下列措施：

① 限制业务活动，责令暂停部分业务，停止批准新业务。

② 停止批准增设、收购营业性分支机构。

③ 限制分配红利，限制向董事、监事、高级管理人员支付报酬、提供福利。

④ 限制转让财产或者在财产上设定其他权利。

⑤ 责令更换董事、监事、高级管理人员或者限制其权利。

⑥ 责令控股股东转让股权或者限制有关股东行使股东权利。

⑦ 撤销有关业务许可。

证券公司整改后，应当向国务院证券监督管理机构提交报告。国务院证券监督管理机构经验收，符合有关风险控制指标的，应当自验收完毕之日起 3 日内解除对其采取的前款规定的有关措施。

(3) 证券公司违法经营或者出现重大风险，严重危害证券市场秩序、损害投资者利益的，国务院证券监督管理机构可以对该证券公司采取责令停业整顿、指定其他机构托管、接管或者撤销等监管措施。

7. 对证券公司股东、董事、监事、高级管理人员及其他人员的监督管理

(1) 证券公司的股东有虚假出资、抽逃出资行为的，国务院证券监督管理机构应当责令其限期改正，并可责令其转让所持证券公司的股权。在股东按照要求改正违法行为、转让所持证券公司的股权前，国务院证券监督管理机构可以限制其股东权利。

(2) 证券公司的董事、监事、高级管理人员未能勤勉尽责，致使证券公司存在重大违法违规行为或者重大风险的，国务院证券监督管理机构可以撤销其任职资格，并责令公司予以更换。

(3) 在证券公司被责令停业整顿、被依法指定托管、接管或者清算期间，或者出现重大风险时，经国务院证券监督管理机构批准，可以对该证券公司直接负责的董事、监事、高级管理人员和其他直接责任人员采取以下措施：

① 通知出境管理机关依法阻止其出境；

② 申请司法机关禁止其转移、转让或者以其他方式处分财产，或者在财产上设定其他权利。

（三）证券登记结算机构

1. 证券登记结算机构的概念

证券登记结算机构是指为证券交易提供集中的登记、存管与结算服务，不以营利为目的的法人。

2. 证券登记结算机构的设立

设立证券登记结算机构必须经国务院证券监督管理机构批准，并应当具备下列条件：

（1）自有资金不少于人民币2亿元。

（2）具有证券登记、存管和结算服务所必须的场所和设施。

（3）主要管理人员和业务人员必须具有证券从业资格。

（4）国务院证券监督管理机构规定的其他条件。

证券登记结算机构的名称中应当标明证券登记结算字样。

3. 证券登记结算机构的职能

证券登记结算机构应当履行下列职能：

（1）证券账户、结算账户的设立。

（2）证券的存管和过户。

（3）证券持有人名册登记。

（4）证券交易所上市证券交易的清算和交收。

（5）受发行人的委托派发证券权益。

（6）办理与上述业务有关的查询。

（7）国务院证券监督管理机构批准的其他业务。

4. 证券登记结算机构的业务规则

（1）证券登记结算采取全国集中统一的运营方式。证券登记结算机构章程、业务规则应当依法制定，并须经国务院证券监督管理机构批准。

（2）证券持有人所持有的证券上市交易前，应当全部存管在证券登记结算机构。证券登记结算机构不得挪用客户的证券。

（3）证券登记结算机构应当向证券发行人提供证券持有人名册及其有关资料。证券登记结算机构应当根据证券登记结算的结果，确认证券持有人持有证券的事实，提供证券持有人登记资料。证券登记结算机构应当保证证券持有人名册和登记过户记录真实、准确、完整，不得伪造、篡改、毁坏。

（4）证券登记结算机构应当采取下列措施保证业务的正常进行：具有必备的服务设备和完善的数据安全保护措施；建立健全的业务、财务和安全防范等管理制度；建立完善的风险管理系统。

（5）证券登记结算机构应当妥善保存登记、存管和结算的原始凭证。其保存期限不得少于20年。

（6）证券登记结算机构应当设立结算风险基金，用于垫付或者弥补因违约交收、技术故障、操作失误、不可抗力造成的证券登记结算机构的损失。证券结算风险基金从证券登记结算机构的业务收入和收益中提取，并可以由结算参与人按照证券交易业务量的一定比例缴纳。

(7) 证券结算风险基金应当存入指定银行的专门账户，实行专项管理。证券登记结算机构以风险基金赔偿后，应当向有关责任人追偿。

(8) 投资者委托证券公司进行证券交易，应当申请开立证券账户。证券登记结算机构应当按照规定以投资者本人的名义为投资者开立证券账户。投资者申请开立账户，必须持有证明中国公民身份或者中国法人资格的合法证件。国家另有规定的除外。

(9) 证券登记结算机构为证券交易提供净额结算服务时，应当要求结算参与人按照货银对付的原则，足额交付证券和资金，并提供交收担保。在交收完成之前，任何人不得动用用于交收的证券、资金和担保物。结算参与人未按时履行交收义务的，证券登记结算机构有权按照业务规则处理前述财产。

(10) 证券登记结算机构按照业务规则收取的各类结算资金和证券，必须存放于专门的清算交收账户，只能按业务规则用于已成交的证券交易的清算交收，不得被强制执行。

(四) 证券服务机构

1. 证券服务机构的概念

证券服务机构是指运用专业知识为从事证券活动提供服务的机构。

投资咨询机构、财务顾问机构、资信评级机构、资产评估机构、会计师事务所从事证券服务业务，必须经国务院证券监督管理机构和有关主管部门批准。

2. 证券服务机构的从业人员

投资咨询机构、财务顾问机构、资信评级机构从事证券服务业务的人员，必须具备证券专业知识和从事证券业务或者证券服务业务2年以上经验。

证券投资咨询机构的从业人员不得从事下列行为：

(1) 代理委托人从事证券投资。

(2) 与委托人约定分享证券投资收益或者分担证券投资损失。

(3) 买卖本咨询机构提供服务的上市公司股票。

(4) 利用传播媒介或者通过其他方式提供、传播虚假或者误导投资者的信息。

(5) 法律、行政法规禁止的其他行为。

有上述行为之一，给投资者造成损失的，依法承担赔偿责任。

3. 证券交易服务机构的业务规则

(1) 从事证券服务业务的投资咨询机构和资信评级机构，应当按照国务院有关主管部门规定的标准或者收费办法收取服务费用。

（2）证券服务机构为证券的发行、上市、交易等证券业务活动制作、出具审计报告、资产评估报告、财务顾问报告、资信评级报告或者法律意见书等文件，应当勤勉尽责，对所制作、出具的文件内容的真实性、准确性、完整性进行核查和验证。其制作、出具的文件有虚假记载、误导性陈述或者重大遗漏，给他人造成损失的，应当与发行人、上市公司承担连带赔偿责任，但是能够证明自己没有过错的除外。

（五）证券业协会

1. 证券业协会概述

证券业协会是证券业的自律性社会团体法人。证券公司应当加入证券业协会。证券业协会的权力机构为由全体会员组成的会员大会。

证券业协会的章程由会员大会制定，并报国务院证券监督管理机构备案。证券业协会设理事会。理事会成员依章程的规定由选举产生。

2. 证券业协会的职责

（1）教育和组织会员执行证券法律、行政法规。

（2）依法维护会员的合法权益，向证券监督管理机构反映会员的建议和要求。

（3）收集整理证券信息，为会员提供服务。

（4）制定会员应遵守的规则，组织会员单位的从业人员的业务培训，开展会员间的业务交流。

（5）对会员之间、会员与客户之间发生的纠纷进行调解。

（6）组织会员就证券业的发展、运作及有关内容进行研究。

（7）监督、检查会员行为，对违反法律、行政法规或者协会章程的，按照规定给予纪律处分。

（8）国务院证券监督管理机构赋予的其他职责。

（六）证券监督管理机构

1. 证券监督管理机构概述

证券监督管理机构是依法对证券市场实行监督管理，维护证券市场秩序，保障其合法运行的机构。我国目前的证券监督管理机构是中国证券监督管理委员会，简称证监会，证监会依法对全国证券市场实行集中统一监督管理。

2. 证券监督管理机构的职责

（1）依法制定有关证券市场监督管理的规章、规则，并依法行使审批或者核准权。

（2）依法对证券的发行、交易、登记、存管、结算，进行监督管理。

（3）依法对证券发行人、上市公司、证券交易所、证券公司、证券登记结算机构、证券投资基金管理公司、证券服务机构的证券业务活动，进行监督管理。

（4）依法制定从事证券业务人员的资格标准和行为准则，并监督实施。

（5）依法监督检查证券发行和交易的信息公开情况。

（6）依法对证券业协会的活动进行指导和监督。

（7）依法对违反证券市场监督管理法律、行政法规的行为进行查处。

（8）法律、行政法规规定的其他职责。

国务院证券监督管理机构可以和其他国家或者地区的证券监督管理机构建立监督管理合作机制，实施跨境监督管理。

3. 证券监督管理机构有权的措施

（1）对证券发行人、上市公司、证券公司、证券投资基金管理公司、证券服务机构、证券交易所、证券登记结算机构进行现场检查。

（2）进入涉嫌违法行为发生场所调查取证。

（3）询问当事人和与被调查事件有关的单位和个人，要求其对与被调查事件有关的事项作出说明。

（4）查阅、复制与被调查事件有关的财产权登记、通讯记录等资料。

（5）查阅、复制当事人和与被调查事件有关的单位和个人的证券交易记录、登记过户记录、财务会计资料及其他相关文件和资料；对可能被转移、隐匿或者毁损的文件和资料，可以予以封存。

（6）查询当事人和与被调查事件有关的单位和个人的资金账户、证券账户和银行账户；对有证据证明已经或者可能转移或者隐匿违法资金、证券等涉案财产或者隐匿、伪造、毁损重要证据的，经国务院证券监督管理机构主要负责人批准，可以冻结或者查封。

（7）在调查操纵证券市场、内幕交易等重大证券违法行为时，经国务院证券监督管理机构主要负责人批准，可以限制被调查事件当事人的证券买卖，但限制的期限不得超过 15 个交易日；案情复杂的，可以延长 15 个交易日。

4. 证券监督管理机构的工作纪律

（1）国务院证券监督管理机构依法履行职责，进行监督检查或者调查，其监督检查、调查的人员不得少于 2 人，并应当出示合法证件和监督检查、调查通知书。监督检查、调查的人员少于 2 人或者未出示合法证件和监督检查、调查通知书的，被检查、调查的单位有权拒绝。

（2）国务院证券监督管理机构工作人员必须忠于职守，依法办事，公正廉洁，不得利用自己的职务便利牟取不正当的利益，不得泄露所知悉的有关单位和个人的商业秘密。国务院证券监督管理机构的工作人员不得在被监管的机构中任职。

(3) 国务院证券监督管理机构依法制定的规章、规则和监督管理工作制度应当公开。国务院证券监督管理机构依据调查结果，对证券违法行为作出的处罚决定，应当公开。国务院证券监督管理机构应当与国务院其他金融监督管理机构建立监督管理信息共享机制。国务院证券监督管理机构依法履行职责，进行监督检查或者调查时，有关部门应当予以配合。

(4) 国务院证券监督管理机构依法履行职责，发现证券违法行为涉嫌犯罪的，应当将案件移送司法机关处理。

三、证券发行

(一) 证券发行概述

证券发行是指证券发行人以筹集资金为目的，依照法定条件和程序售出证券的活动。

公开发行证券，必须符合法律、行政法规规定的条件，并依法报经国务院证券监督管理机构或者国务院授权的部门核准；未经依法核准，任何单位和个人不得公开发行证券。

有下列情形之一的，为公开发行：

(1) 向不特定对象发行证券。

(2) 向累计超过200人的特定对象发行证券。

(3) 法律、行政法规规定的其他发行行为。

非公开发行证券，不得采用广告、公开劝诱和变相公开方式。

发行人申请公开发行股票、可转换为股票的公司债券，依法采取承销方式的，或者公开发行法律、行政法规规定实行保荐制度的其他证券的，应当聘请具有保荐资格的机构担任保荐人。保荐人应当遵守业务规则和行业规范，诚实守信，勤勉尽责，对发行人的申请文件和信息披露资料进行审慎核查，督导发行人规范运作。

(二) 证券发行程序

1. 申请

(1) 股票发行申请。

设立股份有限公司公开发行股票，应当符合《中华人民共和国公司法》规定的条件和经国务院批准的国务院证券监督管理机构规定的其他条件，向国务院证券监督管理机构报送募股申请和下列文件：

① 公司章程。

② 发起人协议。

③ 发起人姓名或者名称，发起人认购的股份数、出资种类及验资证明。

④ 招股说明书。

⑤ 代收股款银行的名称及地址。

⑥ 承销机构名称及有关的协议。

依照《证券法》规定聘请保荐人的，还应当报送保荐人出具的发行保荐书。法律、行政法规规定设立公司必须报经批准的，还应当提交相应的批准文件。

公司公开发行新股，应当符合下列条件：

① 具备健全且运行良好的组织机构。

② 具有持续盈利能力，财务状况良好。

③ 最近 3 年财务会计文件无虚假记载，无其他重大违法行为。

④ 经国务院批准的国务院证券监督管理机构规定的其他条件。

上市公司非公开发行新股，应当符合经国务院批准的国务院证券监督管理机构规定的条件，并报国务院证券监督管理机构核准。

公司公开发行新股，应当向国务院证券监督管理机构报送募股申请和下列文件：

① 公司营业执照。

② 公司章程。

③ 股东大会决议。

④ 招股说明书。

⑤ 财务会计报告。

⑥ 代收股款银行的名称及地址。

⑦ 承销机构名称及有关的协议。

依照《证券法》规定聘请保荐人的，还应当报送保荐人出具的发行保荐书。

公司对公开发行股票所募集资金，必须按照招股说明书所列资金用途使用。改变招股说明书所列资金用途，必须经股东大会作出决议。擅自改变用途而未作纠正的，或者未经股东大会认可的，不得公开发行新股，上市公司也不得非公开发行新股。

（2）发行公司债券的申请。

公开发行公司债券，应当符合下列条件：

① 股份有限公司的净资产不低于人民币 3000 万元，有限责任公司的净资产不低于人民币 6000 万元。

② 累计债券余额不超过公司净资产的 40%。

③ 最近3年平均可分配利润足以支付公司债券1年的利息。

④ 筹集的资金投向符合国家产业政策。

⑤ 债券的利率不超过国务院限定的利率水平。

⑥ 国务院规定的其他条件。

公开发行公司债券筹集的资金，必须用于核准的用途，不得用于弥补亏损和非生产性支出。

上市公司发行可转换为股票的公司债券，除应当符合上述①～⑥规定的条件外，还应当符合《证券法》关于公开发行股票的条件，并报国务院证券监督管理机构核准。

申请公开发行公司债券，应当向国务院授权的部门或者国务院证券监督管理机构报送下列文件：

① 公司营业执照。

② 公司章程。

③ 公司债券募集办法。

④ 资产评估报告和验资报告。

⑤ 国务院授权的部门或者国务院证券监督管理机构规定的其他文件。

依照本法规定聘请保荐人的，还应当报送保荐人出具的发行保荐书。

有下列情形之一的，不得再次公开发行公司债券：

① 前一次公开发行的公司债券尚未募足。

② 对已公开发行的公司债券或者其他债务有违约或者延迟支付本息的事实，仍处于继续状态。

③ 违反本法规定，改变公开发行公司债券所募资金的用途。

发行人依法申请核准发行证券所报送的申请文件的格式、报送方式，由依法负责核准的机构或者部门规定。发行人向国务院证券监督管理机构或者国务院授权的部门报送的证券发行申请文件，必须真实、准确、完整。

为证券发行出具有关文件的证券服务机构和人员，必须严格履行法定职责，保证其所出具文件的真实性、准确性和完整性。

发行人申请首次公开发行股票的，在提交申请文件后，应当按照国务院证券监督管理机构的规定预先披露有关申请文件。

2. 审批

国务院证券监督管理机构设发行审核委员会，依法审核股票发行申请。发行审核委员会由国务院证券监督管理机构的专业人员和所聘请的该机构外的有关专家组成，以投票方式对股票发行申请进行表决，提出审核意见。

国务院证券监督管理机构依照法定条件负责核准股票发行申请。核准程序应当公开，依法接受监督。参与核准股票发行申请的人员，不得与发行申请单位有利害关系，不得接受发行申请单位的馈赠，不得持有所核准的发行申请的股票；不得私下与发行申请单位进行接触。国务院授权的部门对公司债券发行申请的审批，参照上述规定执行。

国务院证券监督管理机构或者国务院授权的部门应当自受理证券发行申请文件之日起3个月内，依照法定条件和法定程序作出予以核准或者不予核准的决定，发行人根据要求补充、修改发行申请文件的时间不计算在内；不予核准的，应当说明理由。

国务院证券监督管理机构或者国务院授权的部门对已作出的核准证券发行的决定，发现不符合法定条件或者法定程序，尚未发行证券的，应当予以撤销，停止发行。已经发行尚未上市的，撤销发行核准决定，发行人应当按照发行价并加算银行同期存款利息返还证券持有人；保荐人应当与发行人承担连带责任，但是能够证明自己没有过错的除外；发行人的控股股东、实际控制人有过错的，应当与发行人承担连带责任。

3. 公告

证券发行申请经核准，发行人应当依照法律、行政法规的规定，在证券公开发行前，公告公开发行募集文件，并将该文件置备于指定场所供公众查阅。

发行证券的信息依法公开前，任何知情人不得公开或者泄露该信息。发行人不得在公告公开发行募集文件之前发行证券。

4. 承销

发行人向不特定对象公开发行的证券，法律、行政法规规定应当由证券公司承销的，发行人应当同证券公司签订承销协议。公开发行证券的发行人有权依法自主选择承销的证券公司，证券公司不得以不正当竞争手段招揽证券承销业务。

证券承销业务采取代销或者包销方式。证券代销是指证券公司代发行人发售证券，在承销期结束时，将未售出的证券全部退还给发行人的承销方式。证券包销是指证券公司将发行人的证券按照协议全部购入或者在承销期结束时将售后剩余证券全部自行购入的承销方式。

证券公司承销证券，应当同发行人签订代销或者包销协议，载明下列事项：

（1）当事人的名称、住所及法定代表人姓名。

（2）代销、包销证券的种类、数量、金额及发行价格。

（3）代销、包销的期限及起止日期。

（4）代销、包销的付款方式及日期。

（5）代销、包销的费用和结算办法。

（6）违约责任。

（7）国务院证券监督管理机构规定的其他事项。

证券公司承销证券，应当对公开发行募集文件的真实性、准确性、完整性进行核查；发现含有虚假记载、误导性陈述或者重大遗漏的，不得进行销售活动；已经销售的，必须立即停止销售活动，并采取纠正措施。

向不特定对象公开发行的证券票面总值超过人民币5000万元的，应当由承销团承销。承销团应当由主承销和参与承销的证券公司组成。

证券的代销、包销期最长不得超过90日。证券公司在代销、包销期内，对所代销、包销的证券应当保证先行出售给认购人，证券公司不得为本公司事先预留所代销的证券和预先购入并留存所包销的证券。

股票发行采取溢价发行的，其发行价格由发行人与承销的证券公司协商确定。

股票发行采用代销方式，代销期限届满，向投资者出售的股票数量未达到拟公开发行股票数量70%的，为发行失败。发行人应当按照发行价并加算银行同期存款利息返还股票认购人。

公开发行股票，代销、包销期限届满，发行人应当在规定的期限内将股票发行情况报国务院证券监督管理机构备案。

四、证券交易

证券交易是指证券持有人转让证券的行为。证券交易当事人依法买卖的证券，须是依法发行并交付的证券。非依法发行的证券，不得买卖。

（一）证券交易一般规则

（1）证券在证券交易所挂牌交易，应当采用公开的集中交易方式或者国务院证券监督管理机构批准的其他方式。

（2）证券交易当事人买卖的证券可以采用纸面形式或者国务院证券监督管理机构规定的其他形式。证券交易以现货和国务院规定的其他方式进行交易。

（3）证券交易所、证券公司和证券登记结算机构的从业人员、证券监督管理机构的工作人员以及法律、行政法规禁止参与股票交易的其他人员，在任期或者法定限期内，不得直接或者以化名、借他人名义持有、买卖股票，也不得收受他人赠送的股票。任何人在成为上述所列人员时，其原已持有的股票，必须依法转让。

（4）证券交易所、证券公司、证券登记结算机构必须依法为客户开立的账户保密。

（5）为股票发行出具审计报告、资产评估报告或者法律意见书等文件的证券服务机构和人员，在该股票承销期内和期满后6个月内，不得买卖该种股票。另外，为上市公司出具审计报告、资产评估报告或者法律意见书等文件的证券服务机构和人员，自接受上市公司委托之日起至上述文件公开后5日内，不得买卖该种股票。

（6）证券交易的收费必须合理，并公开收费项目、收费标准和收费办法。

（7）上市公司董事、监事、高级管理人员、持有上市公司股份5%以上的股东，将其持有的该公司的股票在买入后6个月内卖出，或者在卖出后6个月内又买入，由此所得收益归该公司所有，公司董事会应当收回其所得收益。但是，证券公司因包销购入售后剩余股票而持有5%以上股份的，卖出该股票不受6个月时间限制。

公司董事会不按照上述规定执行的，股东有权要求董事会在30内执行。公司董事会未在上述期限内执行的，股东有权为了公司的利益以自己的名义直接向人民法院提起诉讼。公司董事会不按照前述规定执行的，负有责任的董事依法承担连带责任。

（二）证券上市

申请证券上市交易，应当向证券交易所提出申请，由证券交易所依法审核同意，并由双方签订上市协议。证券交易所根据国务院授权的部门的决定安排政府债券上市交易。

申请股票、可转换为股票的公司债券或者法律、行政法规规定实行保荐制度的其他证券上市交易，应当聘请具有保荐资格的机构担任保荐人。

1. 股票上市的程序

（1）申请。

股份有限公司申请股票上市，应当符合下列条件：

① 股票经国务院证券监督管理机构核准已公开发行。

② 公司股本总额不少于人民币3000万元。

③ 公开发行的股份达到公司股份总数的25%以上；公司股本总额超过人民币4亿元的，公开发行股份的比例为10%以上。

④ 公司最近3年无重大违法行为，财务会计报告无虚假记载。

证券交易所可以规定高于前款规定的上市条件，但要报国务院证券监督管理机构批准。

申请股票上市交易，应当向证券交易所报送下列文件：

① 上市报告书。

② 申请股票上市的股东大会决议。

③ 公司章程。

④ 公司营业执照。

⑤ 依法经会计师事务所审计的公司最近3年的财务会计报告。

⑥ 法律意见书和上市保荐书。

⑦ 最近一次的招股说明书。

⑧ 证券交易所上市规则规定的其他文件。

(2) 公告。

股票上市交易申请经证券交易所审核同意后，签订上市协议的公司应当在规定的期限内公告股票上市的有关文件，并将该文件置备于指定场所供公众查阅。

签订上市协议的公司除公告前条规定的文件外，还应当公告下列事项：

① 股票获准在证券交易所交易的日期。

② 持有公司股份最多的前十名股东的名单和持股数额。

③ 公司的实际控制人。

④ 董事、监事、高级管理人员的姓名及其持有本公司股票和债券的情况。

(3) 股票上市交易的暂停和终止。

上市公司有下列情形之一的，由证券交易所决定暂停其股票上市交易：

① 公司股本总额、股权分布等发生变化不再具备上市条件。

② 公司不按照规定公开其财务状况，或者对财务会计报告作虚假记载，可能误导投资者。

③ 公司有重大违法行为。

④ 公司最近3年连续亏损。

⑤ 证券交易所上市规则规定的其他情形。

上市公司有下列情形之一的，由证券交易所决定终止其股票上市交易：

① 公司股本总额、股权分布等发生变化不再具备上市条件，在证券交易所规定的期限内仍不能达到上市条件。

② 公司不按照规定公开其财务状况，或者对财务会计报告作虚假记载，且拒绝纠正。

③ 公司最近3年连续亏损，在其后一个年度内未能恢复盈利。

④ 公司解散或者被宣告破产。

⑤ 证券交易所上市规则规定的其他情形。

2. 公司债券上市程序

(1) 申请。

公司申请公司债券上市交易，应当符合下列条件：

① 公司债券的期限为1年以上。

② 公司债券实际发行额不少于人民币5000万元。

③ 公司申请债券上市时仍符合法定的公司债券发行条件。

申请公司债券上市交易，应当向证券交易所报送下列文件：

① 上市报告书。

② 申请公司债券上市的董事会决议。

③ 公司章程。

④ 公司营业执照。

⑤ 公司债券募集办法。

⑥ 公司债券的实际发行数额。

⑦ 证券交易所上市规则规定的其他文件。

申请可转换为股票的公司债券上市交易，还应当报送保荐人出具的上市保荐书。

(2) 公告。

公司债券上市交易申请经证券交易所审核同意后，签订上市协议的公司应当在规定的期限内公告公司债券上市文件及有关文件，并将其申请文件置备于指定场所供公众查阅。

(3) 债券上市交易的暂停和终止。

公司债券上市交易后，公司有下列情形之一的，由证券交易所决定暂停其公司债券上市交易：

① 公司有重大违法行为。

② 公司情况发生重大变化不符合公司债券上市条件。

③ 公司债券所募集资金不按照核准的用途使用。

④ 未按照公司债券募集办法履行义务。

⑤ 公司最近2连续亏损。

公司有前条第①项、第④项所列情形之一经查实后果严重的，或者有前条第②项、第③项、第⑤项所列情形之一，在限期内未能消除的，由证券交易所决定终止其公司债券上市交易。公司解散或者被宣告破产的，由证券交易所终止其公司债券上市交易。

对证券交易所作出的不予上市、暂停上市、终止上市决定不服的，可以向证券交易所设立的复核机构申请复核。

（三）持续信息公开

1. 公开文件

经国务院证券监督管理机构核准依法公开发行股票，或者经国务院授权的部门核准依法公开发行公司债券，应当公告招股说明书、公司债券募集办法。依法公开发行新股或者公司债券的，还应当公告财务会计报告。

发行人、上市公司依法披露的信息，必须真实、准确、完整，不得有虚假记载、误导性陈述或者重大遗漏。

2. 公开文件

（1）中期报告。

上市公司和公司债券上市交易的公司，应当在每一会计年度的上半年结束之日起2个月内，向国务院证券监督管理机构和证券交易所提交记载以下内容的中期报告，并予公告：

① 公司财务会计报告和经营情况。

② 涉及公司的重大诉讼事项。

③ 已发行的股票、公司债券变动情况。

④ 提交股东大会审议的重要事项。

⑤ 国务院证券监督管理机构规定的其他事项。

（2）年度报告。

上市公司和公司债券上市交易的公司，应当在每一会计年度结束之日起4个月内，向国务院证券监督管理机构和证券交易所提交记载以下内容的年度报告，并予公告：

① 公司概况。

② 公司财务会计报告和经营情况。

③ 董事、监事、高级管理人员简介及其持股情况。

④ 已发行的股票、公司债券情况，包括持有公司股份最多的前10名股东名单和持股数额。

⑤ 公司的实际控制人。

⑥ 国务院证券监督管理机构规定的其他事项。

（3）临时报告。

发生可能对上市公司股票交易价格产生较大影响的重大事件，投资者尚未得知时，上市公司应当立即将有关该重大事件的情况向国务院证券监督管理机构和证券交易所报送临时报告，并予公告，说明事件的起因、目前的状态和可能产生的法律后果。

下列情况为重大事件：公司的经营方针和经营范围的重大变化；公司的重大投资行为和重大的购置财产的决定；公司订立重要合同，可能对公司的资产、负债、权益和经营成果产生重要影响；公司发生重大债务和未能清偿到期重大债务的违约情况；公司发生重大亏损或者重大损失；公司生产经营的外部条件发生的重大变化；公司的董事、1/3以上监事或者经理发生变动；持有公司5%以上股份的股东或者实际控制人，其持有股份或者控制公司的情况发生较大变化；公司减资、合并、分立、解散及申请破产的决定；涉及公司的重大诉讼，股东大会、董事会决议被依法撤销或者宣告无效；公司涉嫌犯罪被司法机关立案调查，公司董事、监事、高级管理人员涉嫌犯罪被司法机关采取强制措施；国务院证券监督管理机构规定的其他事项。

上市公司董事、高级管理人员应当对公司定期报告签署书面确认意见。上市公司监事会应当对董事会编制的公司定期报告进行审核并提出书面审核意见。上市公司董事、监事、高级管理人员应当保证上市公司所披露的信息真实、准确、完整。

国务院证券监督管理机构对上市公司年度报告、中期报告、临时报告以及公告的情况进行监督，对上市公司分派或者配售新股的情况进行监督，对上市公司控股股东及其他信息披露义务人的行为进行监督。

3. 信息披露的规则

(1) 依法必须披露的信息，应当在国务院证券监督管理机构指定的媒体发布，同时将其置备于公司住所、证券交易所，供社会公众查阅。

(2) 证券监督管理机构、证券交易所、保荐人、承销的证券公司及有关人员，对公司依照法律、行政法规规定必须作出的公告，在公告前不得泄露其内容。

(3) 证券交易所决定暂停或者终止证券上市交易的，应当及时公告，并报国务院证券监督管理机构备案。

4. 违反信息披露义务的赔偿责任

发行人、上市公司公告的招股说明书、公司债券募集办法、财务会计报告、上市报告文件、年度报告、中期报告、临时报告以及其他信息披露资料，有虚假记载、误导性陈述或者重大遗漏，致使投资者在证券交易中遭受损失的，发行人、上市公司应当承担赔偿责任；发行人、上市公司的董事、监事、高级管理人员和其他直接责任人员以及保荐人、承销的证券公司，应当与发行人、上市公司承担连带赔偿责任，但是能够证明自己没有过错的除外；发行人、上市公司的控股股东、实际控制人有过错的，应当与发行人、上市公司承担连带赔偿责任。

（四）禁止的交易行为

《证券法》规定，证券交易所、证券公司、证券登记结算机构、证券服务机构及其从业人员对证券交易中发现的禁止的交易行为，应当及时向证券监督管理机构报告。

1. 内幕交易行为

内幕交易行为是指证券交易内幕信息的知情人员和非法获取内幕信息的人利用内幕信息进行证券交易活动。

下列人员为知悉证券交易内幕信息的知情人员：

(1) 发行人的董事、监事、高级管理人员。

(2) 持有公司百分之五以上股份的股东及其董事、监事、高级管理人员，公司的实际控制人及其董事、监事、高级管理人员。

(3) 发行人控股的公司及其董事、监事、高级管理人员。

(4) 由于所任公司职务可以获取公司有关内幕信息的人员。

(5) 证券监督管理机构工作人员以及由于法定职责对证券的发行、交易进行管理的其他人员。

(6) 保荐人、承销的证券公司、证券交易所、证券登记结算机构、证券服务机构的有关人员。

(7) 国务院证券监督管理机构规定的其他人。

内幕信息是指在证券交易活动中，涉及公司的经营、财务或者对该公司证券的市场价格有重大影响的尚未公开的信息。下列各项信息皆属内幕信息：

(1) 上述信息公开中公司临时报告所涵盖的重大事件。

(2) 公司分配股利或者增资的计划。

(3) 公司股权结构的重大变化。

(4) 公司债务担保的重大变更。

(5) 公司营业用主要资产的抵押、出售或者报废一次超过该资产的30%。

(6) 公司的董事、监事、高级管理人员的行为可能依法承担重大损害赔偿责任。

(7) 上市公司收购的有关方案。

(8) 国务院证券监督管理机构认定的对证券交易价格有显著影响的其他重要信息。

证券交易内幕信息的知情人和非法获取内幕信息的人，在内幕信息公开前，不得买卖该公司的证券，或者泄露该信息，或者建议他人买卖该证券。内幕交易行为给投资者造成损失的，行为人应当依法承担赔偿责任。

2. 操纵市场行为

操纵市场行为是指以不正当手段控制证券市场的供求关系，影响证券交易价格，欺骗社会公众，从而谋取非法利益的行为。

操纵市场行为主要表现为采取下列手段获取不正当利益或者转嫁风险：

(1) 单独或者通过合谋，集中资金优势、持股优势或者利用信息优势联合或者连续买卖，操纵证券交易价格或者证券交易量。

（2）与他人串通，以事先约定的时间、价格和方式相互进行证券交易，影响证券交易价格或者证券交易量。

（3）在自己实际控制的账户之间进行证券交易，影响证券交易价格或者证券交易量。

（4）以其他手段操纵证券市场。

操纵证券市场行为给投资者造成损失的，行为人应当依法承担赔偿责任。

3．虚假信息行为

虚假信息行为是指国家工作人员、传播媒介从业人员和有关人员编造、传播虚假信息，扰乱证券市场的行为。

《证券法》规定，禁止证券交易所、证券公司、证券登记结算机构、证券服务机构及其从业人员，证券业协会、证券监督管理机构及其工作人员，在证券交易活动中作出虚假陈述或者信息误导。各种传播媒介传播证券市场信息必须真实、客观，禁止误导。

4．欺诈行为

欺诈行为是指证券公司及其从业人员从事的欺骗客户，损害其利益的行为。

证券交易中的欺诈行为主要表现为：

（1）违背客户的委托为其买卖证券。

（2）不在规定时间内向客户提供交易的书面确认文件。

（3）挪用客户所委托买卖的证券或者客户账户上的资金。

（4）未经客户的委托，擅自为客户买卖证券，或者假借客户的名义买卖证券。

（5）为牟取佣金收入，诱使客户进行不必要的证券买卖。

（6）利用传播媒介或者通过其他方式提供、传播虚假或者误导投资者的信息。

（7）其他违背客户真实意思表示，损害客户利益的行为。

欺诈客户行为给客户造成损失的，行为人应当依法承担赔偿责任。

《证券法》还规定，禁止法人非法利用他人账户从事证券交易；禁止法人出借自己或者他人的证券账户；依法拓宽资金入市渠道，禁止资金违规流入股市；禁止任何人挪用公款买卖证券；国有企业和国有资产控股的企业买卖上市交易的股票，必须遵守国家有关规定。

五、上市公司收购

上市公司收购是指投资者公开收购股份有限公司上市的股份，以实现对该股份有限公司控股或者兼并目的的行为。收购上市公司中由国家授权投资的机构持有的股份，应当按照国务院的规定，经有关主管部门批准。上市公司收购可以采取要约收购或者协议收购及其他合法的方式。

（一）要约收购

要约收购是指通过向上市公司的股东发出购买其持有的股份的要约的方式进行的上市公司收购。

通过证券交易所的证券交易，投资者持有或者通过协议、其他安排与他人共同持有一个上市公司已发行的股份达到5%时，应当在该事实发生之日起3日内，向国务院证券监督管理机构、证券交易所作出书面报告，通知该上市公司，并予公告；在上述期限内，不得再行买卖该上市公司的股票。

投资者持有或者通过协议、其他安排与他人共同持有一个上市公司已发行的股份达到5%后，其所持该上市公司已发行的股份比例每增加或者减少5%，应当依照前款规定进行报告和公告。在报告期限内和作出报告、公告后2日内，不得再行买卖该上市公司的股票。

上述书面报告和公告，应当包括下列内容：持股人的名称、住所；持有的股票的名称、数额；持股达到法定比例或者持股增减变化达到法定比例的日期。

通过证券交易所的证券交易，投资者持有或者通过协议、其他安排与他人共同持有一个上市公司已发行的股份达到30%时，继续进行收购的，应当依法向该上市公司所有股东发出收购上市公司全部或者部分股份的要约。收购上市公司部分股份的收购要约应当约定，被收购公司股东承诺出售的股份数额超过预定收购的股份数额的，收购人按比例进行收购。收购要约提出的各项收购条件，适用于被收购公司的所有股东。

依照上述规定发出收购要约，收购人必须事先向国务院证券监督管理机构报送上市公司收购报告书，并载明下列事项：收购人的名称、住所；收购人关于收购的决定；被收购的上市公司名称；收购目的；收购股份的详细名称和预定收购的股份数额；收购期限、收购价格；收购所需资金额及资金保证；报送上市公司收购报告书时持有被收购公司股份数占该公司已发行的股份总数的比例。收购人还应当将上市公司收购报告书同时提交证券交易所。

收购人在依照前条规定报送上市公司收购报告书之日起15日后，公告其收购要约。在上述期限内，国务院证券监督管理机构发现上市公司收购报告书不符合法律、行政法规规定的，应当及时告知收购人，收购人不得公告其收购要约。

收购要约约定的收购期限不得少于 30 日，并不得超过 60 日。在收购要约确定的承诺期限内，收购人不得撤销其收购要约。收购人需要变更收购要约的，必须事先向国务院证券监督管理机构及证券交易所提出报告，经批准后，予以公告。

采取要约收购方式的，收购人在收购期限内，不得卖出被收购公司的股票，也不得采取要约规定以外的形式和超出要约的条件买入被收购公司的股票。

（二）协议收购

协议收购方式是指收购人依照法律、行政法规的规定同被收购公司的股东以协议方式进行股份转让。

以协议方式收购上市公司时，达成协议后，收购人必须在 3 日内将该收购协议向国务院证券监督管理机构及证券交易所作出书面报告，并予公告。在公告前不得履行收购协议。

协议双方可以临时委托证券登记结算机构保管协议转让的股票，并将资金存放于指定的银行。

采取协议收购方式的，收购人收购或者通过协议、其他安排与他人共同收购一个上市公司已发行的股份达到 30％时，继续进行收购的，应当向该上市公司所有股东发出收购上市公司全部或者部分股份的要约。但是，经国务院证券监督管理机构免除发出要约的除外。

（三）上市公司收购的法律后果

收购期限届满，被收购公司股权分布不符合上市条件的，该上市公司的股票应当由证券交易所依法终止上市交易；其余仍持有被收购公司股票的股东，有权向收购人以收购要约的同等条件出售其股票，收购人应当收购。

收购行为完成后，被收购公司不再具备股份有限公司条件的，应当依法变更企业形式。

在上市公司收购中，收购人持有的被收购的上市公司的股票，在收购行为完成后的 12 个月内不得转让。

收购行为完成后，收购人与被收购公司合并，并将该公司解散的，被解散公司的原有股票由收购人依法更换。

收购行为完成后，收购人应当在 15 日内将收购情况报告国务院证券监督管理机构和证券交易所，并予公告。

六、违反证券法的法律责任

（1）未经法定机关核准，擅自公开或者变相公开发行证券的，责令停止发行，退还所募资金并加算银行同期存款利息，处以非法所募资金金额1%以上5%以下的罚款；对擅自公开或者变相公开发行证券设立的公司，由依法履行监督管理职责的机构或者部门会同县级以上地方人民政府予以取缔。对直接负责的主管人员和其他直接责任人员给予警告，并处以3万元以上30万元以下的罚款。

（2）发行人不符合发行条件，以欺骗手段骗取发行核准，尚未发行证券的，处以30万元以上60万元以下的罚款；已经发行证券的，处以非法所募资金金额1%以上5%以下的罚款。对直接负责的主管人员和其他直接责任人员处以3万元以上30万元以下的罚款。发行人的控股股东、实际控制人指使从事上述违法行为的，依照该规定处罚。

（3）证券公司承销或者代理买卖未经核准擅自公开发行的证券的，责令停止承销或者代理买卖，没收违法所得，并处以违法所得1倍以上5倍以下的罚款；没有违法所得或者违法所得不足30万元的，处以30万元以上60万元以下的罚款。给投资者造成损失的，应当与发行人承担连带赔偿责任。对直接负责的主管人员和其他直接责任人员给予警告，撤销任职资格或者证券从业资格，并处以3万元以上30万元以下的罚款。

（4）证券公司承销证券，有下列行为之一的，责令改正，给予警告，没收违法所得，可以并处30万元以上60万元以下的罚款；情节严重的，暂停或者撤销相关业务许可。给其他证券承销机构或者投资者造成损失的，依法承担赔偿责任。对直接负责的主管人员和其他直接责任人员给予警告，可以并处3万元以上30万元以下的罚款；情节严重的，撤销任职资格或者证券从业资格：

① 进行虚假的或者误导投资者的广告或者其他宣传推介活动。

② 以不正当竞争手段招揽承销业务。

③ 其他违反证券承销业务规定的行为。

（5）保荐人出具有虚假记载、误导性陈述或者重大遗漏的保荐书，或者不履行其他法定职责的，责令改正，给予警告，没收业务收入，并处以业务收入1倍以上5倍以下的罚款；情节严重的，暂停或者撤销相关业务许可。对直接负责的主管人员和其他直接责任人员给予警告，并处以3万元以上30万元以下的罚款；情节严重的，撤销任职资格或者证券从业资格。

（6）发行人、上市公司或者其他信息披露义务人未按照规定披露信息，或者所披露的信息有虚假记载、误导性陈述或者重大遗漏的，由证券监督管理机构责令改正，给予警告，处以30万元以上60万元以下的罚款。对直接负责的主管人员和其他直接责任人员给予警告，并处以3万元以上30万元以下的罚款。

发行人、上市公司或者其他信息披露义务人未按照规定报送有关报告，或者报送的报告有虚假记载、误导性陈述或者重大遗漏的，由证券监督管理机构责令改正，处以30万元以上60万元以下的罚款。对直接负责的主管人员和其他直接责任人员给予警告，并处以3万元以上30万元以下的罚款。

发行人、上市公司或者其他信息披露义务人的控股股东、实际控制人指使从事上述违法行为的，依照该规定处罚。

（7）发行人、上市公司擅自改变公开发行证券所募集资金的用途的，责令改正，对直接负责的主管人员和其他直接责任人员给予警告，并处以3万元以上30万元以下的罚款。

发行人、上市公司的控股股东、实际控制人指使从事上述违法行为的，给予警告，并处以30万元以上60万元以下的罚款。对直接负责的主管人员和其他直接责任人员依照该规定处罚。

（8）上市公司的董事、监事、高级管理人员、持有上市公司股份5%以上的股东，违法买卖本公司股票的，给予警告，可以并处3万元以上10万元以下的罚款。

（9）非法开设证券交易场所的，由县级以上人民政府予以取缔，没收违法所得，并处以违法所得1倍以上5倍以下的罚款；没有违法所得或者违法所得不足10万元的，处以10万元以上50万元以下的罚款。对直接负责的主管人员和其他直接责任人员给予警告，并处以3万元以上30万元以下的罚款。

（10）未经批准，擅自设立证券公司或者非法经营证券业务的，由证券监督管理机构予以取缔，没收违法所得，并处以违法所得1倍以上5倍以下的罚款；没有违法所得或者违法所得不足30万元的，处以30万元以上60万元以下的罚款。对直接负责的主管人员和其他直接责任人员给予警告，并处以3万元以上30万元以下的罚款。

（11）违法聘任不具有任职资格、证券从业资格的人员的，由证券监督管理机构责令改正，给予警告，可以并处10万元以上30万元以下的罚款；对直接负责的主管人员给予警告，可以并处3万元以上10万元以下的罚款。

（12）法律、行政法规规定禁止参与股票交易的人员，直接或者以化名、借他人名义持有、买卖股票的，责令依法处理非法持有的股票，没收违法所得，并处以买卖股票等值以下的罚款；属于国家工作人员的，还应当依法给予行政处分。

(13) 证券交易所、证券公司、证券登记结算机构、证券服务机构的从业人员或者证券业协会的工作人员，故意提供虚假资料，隐匿、伪造、篡改或者毁损交易记录，诱骗投资者买卖证券的，撤销证券从业资格，并处以3万元以上10万元以下的罚款；属于国家工作人员的，还应当依法给予行政处分。

(14) 为股票的发行、上市、交易出具审计报告、资产评估报告或者法律意见书等文件的证券服务机构和人员，违法买卖股票的，责令依法处理非法持有的股票，没收违法所得，并处以买卖股票等值以下的罚款。

(15) 证券交易内幕信息的知情人或者非法获取内幕信息的人，在涉及证券的发行、交易或者其他对证券的价格有重大影响的信息公开前，买卖该证券，或者泄露该信息，或者建议他人买卖该证券的，责令依法处理非法持有的证券，没收违法所得，并处以违法所得1倍以上5倍以下的罚款；没有违法所得或者违法所得不足3万元的，处以3万元以上60万元以下的罚款。单位从事内幕交易的，还应当对直接负责的主管人员和其他直接责任人员给予警告，并处以3万元以上30万元以下的罚款。证券监督管理机构工作人员进行内幕交易的，从重处罚。

(16) 违反《证券法》规定，操纵证券市场的，责令依法处理其非法持有的证券，没收违法所得，并处以违法所得1倍以上5倍以下的罚款；没有违法所得或者违法所得不足30万元的，处以30万元以上300万元以下的罚款。单位操纵证券市场的，还应当对直接负责的主管人员和其他直接责任人员给予警告，并处以10万元以上60万元以下的罚款。

(17) 违反法律规定，在限制转让期限内买卖证券的，责令改正，给予警告，并处以违法买卖证券等值以下的罚款。对直接负责的主管人员和其他直接责任人员给予警告，并处以3万元以上30万元以下的罚款。

(18) 证券公司违反《证券法》规定，为客户买卖证券提供融资融券的，没收违法所得，暂停或者撤销相关业务许可，并处以非法融资融券等值以下的罚款。对直接负责的主管人员和其他直接责任人员给予警告，撤销任职资格或者证券从业资格，并处以3万元以上30万元以下的罚款。

(19) 扰乱证券市场的，由证券监督管理机构责令改正，没收违法所得，并处以违法所得1倍以上5倍以下的罚款；没有违法所得或者违法所得不足3万元的，处以3万元以上20万元以下的罚款。

(20) 在证券交易活动中作出虚假陈述或者信息误导的，责令改正，处以3万元以上20万元以下的罚款；属于国家工作人员的，还应当依法给予行政处分。

(21) 法人以他人名义设立账户或者利用他人账户买卖证券的，责令改正，没收违法所得，并处以违法所得1倍以上5倍以下的罚款；没有违法所得或者违法所得不足3万元的，处以3万元以上30万元以下的罚款。对直接负责的主管人员和其他直接责任人员给予警告，并处以3万元以上10万元以下的罚款。

证券公司为前款规定的违法行为提供自己或者他人的证券交易账户的，除依照前款的规定处罚外，还应当撤销直接负责的主管人员和其他直接责任人员的任职资格或者证券从业资格。

(22) 证券公司假借他人名义或者以个人名义从事证券自营业务的，责令改正，没收违法所得，并处以违法所得1倍以上5倍以下的罚款；没有违法所得或者违法所得不足30万元的，处以30万元以上60万元以下的罚款；情节严重的，暂停或者撤销证券自营业务许可。对直接负责的主管人员和其他直接责任人员给予警告，撤销任职资格或者证券从业资格，并处以3万元以上10万元以下的罚款。

(23) 证券公司违背客户的委托买卖证券、办理交易事项，或者违背客户真实意思表示，办理交易以外的其他事项的，责令改正，处以1万元以上10万元以下的罚款。给客户造成损失的，依法承担赔偿责任。

(24) 证券公司、证券登记结算机构挪用客户的资金或者证券，或者未经客户的委托，擅自为客户买卖证券的，责令改正，没收违法所得，并处以违法所得1倍以上5倍以下的罚款；没有违法所得或者违法所得不足10万元的，处以10万元以上60万元以下的罚款；情节严重的，责令关闭或者撤销相关业务许可。对直接负责的主管人员和其他直接责任人员给予警告，撤销任职资格或者证券从业资格，并处以3万元以上30万元以下的罚款。

(25) 证券公司办理经纪业务，接受客户的全权委托买卖证券的，或者证券公司对客户买卖证券的收益或者赔偿证券买卖的损失作出承诺的，责令改正，没收违法所得，并处以5万元以上20万元以下的罚款，可以暂停或者撤销相关业务许可。对直接负责的主管人员和其他直接责任人员给予警告，并处以3万元以上10万元以下的罚款，可以撤销任职资格或者证券从业资格。

(26) 收购人未按照《证券法》规定履行上市公司收购的公告、发出收购要约、报送上市公司收购报告书等义务或者擅自变更收购要约的，责令改正，给予警告，并处以10万元以上30万元以下的罚款；在改正前，其持有或者通过协议、其他安排与他人共同持有被收购公司股份超过30%的部分不得行使表决权。对直接负责的主管人员和其他直接责任人员给予警告，并处以3万元以上30万元以下的罚款。

(27) 收购人或者收购人的控股股东利用上市公司收购损害被收购公司及

其股东的合法权益的，责令改正，给予警告；情节严重的，并处以10万元以上60万元以下的罚款。给被收购公司及其股东造成损失的，依法承担赔偿责任。对直接负责的主管人员和其他直接责任人员给予警告，并处以3万元以上30万元以下的罚款。

（28）证券公司及其从业人员违反本法规定，私下接受客户委托买卖证券的，责令改正，给予警告，没收违法所得，并处以违法所得1倍以上5倍以下的罚款；没有违法所得或者违法所得不足10万元的，处以10万元以上30万元以下的罚款。

（29）证券公司违反规定，未经批准经营非上市证券的交易的，责令改正，没收违法所得，并处以违法所得1倍以上5倍以下的罚款。

（30）证券公司成立后，无正当理由超过3个月未开始营业的，或者开业后自行停业连续3个月以上的，由公司登记机关吊销其公司营业执照。

（31）证券公司擅自设立、收购、撤销分支机构，或者合并、分立、停业、解散、破产，或者在境外设立、收购、参股证券经营机构的，责令改正，没收违法所得，并处以违法所得1倍以上5倍以下的罚款；没有违法所得或者违法所得不足10万元的，处以10万元以上60万元以下的罚款。对直接负责的主管人员给予警告，并处以3万元以上10万元以下的罚款。

证券公司擅自变更有关事项的，责令改正，并处以10万元以上30万元以下的罚款。对直接负责的主管人员给予警告，并处以5万元以下的罚款。

（32）证券公司违反《证券法》规定，超出业务许可范围经营证券业务的，责令改正，没收违法所得，并处以违法所得1倍以上5倍以下的罚款；没有违法所得或者违法所得不足30万元的，处以30万元以上60万元以下罚款；情节严重的，责令关闭。对直接负责的主管人员和其他直接责任人员给予警告，撤销任职资格或者证券从业资格，并处以3万元以上10万元以下的罚款。

（33）证券公司对其证券经纪业务、证券承销业务、证券自营业务、证券资产管理业务，不依法分开办理，混合操作的，责令改正，没收违法所得，并处以30万元以上60万元以下的罚款；情节严重的，撤销相关业务许可。对直接负责的主管人员和其他直接责任人员给予警告，并处以3万元以上10万元以下的罚款；情节严重的，撤销任职资格或者证券从业资格。

（34）提交虚假证明文件或者采取其他欺诈手段隐瞒重要事实骗取证券业务许可的，或者证券公司在证券交易中有严重违法行为，不再具备经营资格的，由证券监督管理机构撤销证券业务许可。

（35）证券公司或者其股东、实际控制人违反规定，拒不向证券监督管理机构报送或者提供经营管理信息和资料，或者报送、提供的经营管理信息和资料有虚假记载、误导性陈述或者重大遗漏的，责令改正，给予警告，并处以3万元以上30万元以下的罚款，可以暂停或者撤销证券公司相关业务许可。对直接负责的主管人员和其他直接责任人员，给予警告，并处以3万元以下的罚款，可以撤销任职资格或者证券从业资格。

证券公司为其股东或者股东的关联人提供融资或者担保的，责令改正，给予警告，并处以10万元以上30万元以下的罚款。对直接负责的主管人员和其他直接责任人员，处以3万元以上10万元以下的罚款。股东有过错的，在按照要求改正前，国务院证券监督管理机构可以限制其股东权利；拒不改正的，可以责令其转让所持证券公司股权。

（36）证券服务机构未勤勉尽责，所制作、出具的文件有虚假记载、误导性陈述或者重大遗漏的，责令改正，没收业务收入，暂停或者撤销证券服务业务许可，并处以业务收入1倍以上5倍以下的罚款。对直接负责的主管人员和其他直接责任人员给予警告，撤销证券从业资格，并处以3万元以上10万元以下的罚款。

（37）违法发行、承销公司债券的，由国务院授权的部门依照《证券法》有关规定予以处罚。

（38）上市公司、证券公司、证券交易所、证券登记结算机构、证券服务机构，未按照有关规定保存有关文件和资料的，责令改正，给予警告，并处以3万元以上30万元以下的罚款；隐匿、伪造、篡改或者毁损有关文件和资料的，给予警告，并处以30万元以上60万元以下的罚款。

（39）未经国务院证券监督管理机构批准，擅自设立证券登记结算机构的，由证券监督管理机构予以取缔，没收违法所得，并处以违法所得1倍以上5倍以下的罚款。

投资咨询机构、财务顾问机构、资信评级机构、资产评估机构、会计师事务所未经批准，擅自从事证券服务业务的，责令改正，没收违法所得，并处以违法所得1倍以上5倍以下的罚款。

证券登记结算机构、证券服务机构违反本法规定或者依法制定的业务规则的，由证券监督管理机构责令改正，没收违法所得，并处以违法所得1倍以上5倍以下的罚款；没有违法所得或者违法所得不足10万元的，处以10万元以上30万元以下的罚款；情节严重的，责令关闭或者撤销证券服务业务许可。

（40）国务院证券监督管理机构或者国务院授权的部门有下列情形之一的，对直接负责的主管人员和其他直接责任人员，依法给予行政处分：

① 对不符合《证券法》规定的发行证券、设立证券公司等申请予以核准、批准的。

② 违法采取现场检查、调查取证、查询、冻结或者查封等措施的。

③ 违反规定对有关机构和人员实施行政处罚的。

④ 其他不依法履行职责的行为。

(41) 证券监督管理机构的工作人员和发行审核委员会的组成人员，不履行《证券法》规定的职责，滥用职权、玩忽职守，利用职务便利牟取不正当利益，或者泄露所知悉的有关单位和个人的商业秘密的，依法追究法律责任。

(42) 证券交易所对不符合《证券法》规定条件的证券上市申请予以审核同意的，给予警告，没收业务收入，并处以业务收入 1 倍以上 5 倍以下的罚款。对直接负责的主管人员和其他直接责任人员给予警告，并处以 3 万元以上 30 万元以下的罚款。

(43) 拒绝、阻碍证券监督管理机构及其工作人员依法行使监督检查、调查职权未使用暴力、威胁方法的，依法给予治安管理处罚。

(44) 违反《证券法》规定，构成犯罪的，依法追究刑事责任。

(45) 违反《证券法》规定，应当承担民事赔偿责任和缴纳罚款、罚金，其财产不足以同时支付时，先承担民事赔偿责任。

(46) 违反法律、行政法规或者国务院证券监督管理机构的有关规定，情节严重的，国务院证券监督管理机构可以对有关责任人员采取证券市场禁入的措施。证券市场禁入是指在一定期限内直至终身不得从事证券业务或者不得担任上市公司董事、监事、高级管理人员的制度。

本章小结

银行法和证券法是金融法的核心内容。中国人民银行是中央银行，是在国务院领导下依法独立履行职责的行政机关。中国人民银行法规定了中国人民银行的地位、职责、业务规则、人民币、业务管理、法律责任等基本内容，这些法律规定是中国人民银行依法履行职责的法律依据。商业银行是吸收公众存款、发放贷款、办理结算业务的特殊企业法人。商业银行法规定了商业银行的组织机构、业务规则、监督管理等内容，这是依法设立商业银行以及商业银行从事金融活动的行为准则。证券是市场经济条件下投资和融资的常见方式。证券市场的有序运行不但关系到投资者的利益，也事关国家经济的稳定。证券法明确规定了证券机构、证券发行、证券交易、上市公司收购等内容，这是证券从业人员、公司、投资者必须遵循的法定规则。

复习思考

1.《中国人民银行法》规定，货币政策目标是________，并以此促进经济增长。

2. 中国人民银行不得直接认购、包销________。

3. 审慎经营规则包括风险管理、内部控制、________、资产质量、损失准备金、风险集中、关联交易、资产流动性等内容。

4. 商业银行更换董事、高级管理人员时，应当报经________审查其任职资格。

5. 商业银行在我国境内设立分支机构，应当按照规定拨付与其经营规模相适应的营运资金额，拨付各分支机构营运资金额的总和，不得超过总行资本金总额的________。

6. 商业银行不得违反规定提高或者降低利率以及采用其他不正当手段，________，________。

7. 因违法行为或者违纪行为被解除职务的证券交易所、证券登记结算机构的负责人或者证券公司的董事、监事、高级管理人员，自被解除职务之日起未逾________年的，不得担任证券交易所的负责人。

8. 证券登记结算机构应当妥善保存登记、存管和结算的原始凭证。其保存期限不得少于________年。

9. 向不特定对象公开发行的证券票面总值超过人民币________元的，应当由承销团承销。

10. 在上市公司收购中，收购人持有的被收购的上市公司的股票，在收购行为完成后的________个月内不得转让。

11. 中国人民银行主要业务包括哪些？

12. 设立商业银行应具备哪些条件？

13. 商业银行的业务规则包括哪些？

14. 证券公司的业务规则包括哪些？

15.《证券法》规定了哪些禁止的交易行为？

第十四章　对外贸易法律制度

内容提要

本章包括七节内容。首先概括介绍了对外贸易和对外贸易法。其次阐述了对外贸易经营者的条件与权利义务。随后，阐述了货物与技术进出口法律制度。而后阐述了进出口商品检验制度。再次阐述了国际服务贸易制度。再其次阐述了对外贸易秩序和对外贸易促进。最后阐述了违反对外贸易法的法律责任。其中，对外贸易经营者的条件与权利义务、货物和技术进出口、国际服务贸易和对外贸易秩序是学习重点。

学习目标

1. 了解对外贸易法的原则、进出口商品检验制度、法律责任等内容。
2. 理解对外贸易经营者的条件与权利义务、货物和技术进出口、国际服务贸易和对外贸易秩序。
3. 能够应用所学知识解决有关对外贸易的实际问题。
4. 能够分析有关对外贸易的案例。

学习提示

1. 关注现实生活中有关对外贸易争议的报道。
2. 阅读相关文献和案例分析材料。
3. 主动运用所学知识思考遇到的有关对外贸易的实际问题。

第一节　对外贸易法概述

一、对外贸易法

为加强对对外贸易的管理，我国在50年代就制定了许多重要的外贸法律法规。例如，1950年的《中华人民共和国对外贸易管理暂行条例》、1951年的《中华人民共和国海关法》、1954年的《输出输入商品检验暂行条例》等。改革开放以来，为了适应外贸体制改革的需要，我国加强了对外贸易立法工作，制定了一系列重要的外贸法律法规。

1994年5月12日第八届全国人大常委会第七次会议通过了《中华人民共和国对外贸易法》（以下简称《对外贸易法》），2004年4月6日第十届全国人大常委会第八次会议对《对外贸易法》进行了修订。《对外贸易法》的制定和实施对发展对外贸易，建立和完善适应社会主义市场经济要求的对外贸易体制具有重要意义。

从广义上讲，对外贸易法是调整国家调控对外贸易过程中发生的经济关系的法律规范的总称。上述法律法规都属于广义的对外贸易法的范畴。狭义的对外贸易法仅指2004年修订的《中华人民共和国对外贸易法》（简称《对外贸易法》）。

二、对外贸易

对外贸易是指一个国家（或地区）同其他国家（或地区）进行的商品交换活动。

《对外贸易法》第2条规定，本法所称对外贸易，是指货物进出口、技术进出口和国际服务贸易。因此对外贸易中的商品，不仅包括有形商品，而且包括无形商品。货物是有形商品，技术和服务是无形商品。

三、对外贸易法的原则

对外贸易法的原则是对外贸易法规定的进行对外贸易活动所应遵循的基本准则。对外贸易法规定了以下原则：

（1）国家实行统一的对外贸易制度，鼓励发展对外贸易，维护公平、自由的对外贸易秩序。

（2）根据平等互利的原则，促进和发展同其他国家和地区的贸易关系。我国在对外贸易方面根据所缔结或者参加的国际条约、协定，给予其他缔约方、参加方最惠国待遇、国民待遇。任何国家或地区在贸易方面对我国采取歧视性的禁止、限制或者其他类似措施的，我国可以根据实际情况对该国家或地区采取相应的措施。

（3）准许货物与技术自由进出口。《对外贸易法》规定，国家准许货物与技术的自由进出口，法律、行政法规另有规定的除外。

（4）国家保护与对外贸易有关的知识产权。《对外贸易法》规定，进口货物侵犯知识产权，并危害对外贸易秩序的，国务院对外贸易主管部门可以采取在一定期限内禁止侵权人生产、销售的有关货物进口等措施。知识产权权利人有阻止被许可人对许可合同中的知识产权的有效性提出质疑、进行强制性一揽子许可、在许可合同中规定排他性返授条件等行为之一，并危害对外贸易公平竞争秩序的，国务院对外贸易主管部门可以采取必要的措施消除危害。

第二节 对外贸易经营者

对外贸易经营者，是指依法办理工商登记或者其他执业手续，依照《对外贸易法》和其他有关法律、行政法规的规定从事对外贸易经营活动的法人、其他组织或者个人。

一、对外贸易经营者的条件

从事货物进出口或者技术进出口的对外贸易经营者，应当向国务院对外贸易主管部门或者其委托的机构办理备案登记。但是，法律、行政法规和国务院对外贸易主管部门规定不需要备案登记的除外。对外贸易经营者未按照规定办理备案登记的，海关不予办理进出口货物的报关验放手续。

从事国际服务贸易，应当遵守《对外贸易法》和其他有关法律、行政法规的规定。

从事对外工程承包或者对外劳务合作的单位，应当具备相应的资质或者资格。

国家可以对部分货物的进出口实行国营贸易管理。实行国营贸易管理货物的进出口业务只能由经授权的企业经营。但是，国家也可以允许部分数量的国营贸易管理货物的进出口业务由非授权企业经营。违反规定擅自进出口实行国营贸易管理的货物的，海关不予放行。实行国营贸易管理的货物和经授权经营企业的目录，由国务院对外贸易主管部门会同国务院其他有关部门确定、调整并公布。

二、对外贸易经营者的权利和义务

对外贸易经营者可以接受他人的委托，在经营范围内代为办理对外贸易业务。

对外贸易经营者应当按照国务院对外贸易主管部门或者国务院其他有关部门依法做出的规定，向有关部门提交与其对外贸易经营活动有关的文件及资料。

第三节　货物、技术进出口与国际服务贸易

一、货物、技术进出口

《对外贸易法》规定，国家准许货物与技术的自由进出口，但法律、行政法规另有规定的除外。

（一）货物和技术的自由进出口

国务院对外贸易主管部门基于监测进出口情况的需要，可以对部分自由进出口的货物实行进出口自动许可并公布其目录。

实行自动许可的进出口货物，收货人、发货人在办理海关报关手续前提出自动许可申请的，国务院对外贸易主管部门或者其委托的机构应当予以许可。未办理自动许可手续的，海关不予放行。

进出口属于自由进出口的技术，应当向国务院对外贸易主管部门或者其委托的机构办理合同备案登记。

（二）对货物、技术进出口的限制和禁止

国家基于下列原因，可以限制或者禁止有关货物、技术的进口或者出口：

（1）为维护国家安全、社会公共利益或者公共道德，需要限制或者禁止进口或者出口的。

（2）为保护人的健康或者安全，保护动物、植物的生命或者健康，保护环境，需要限制或者禁止进口或者出口的。

（3）为实施与黄金或者白银进出口有关的措施，需要限制或者禁止进口或者出口的。

（4）国内供应短缺或者为有效保护可能用竭的自然资源，需要限制或者禁止出口的。

（5）输往国家或者地区的市场容量有限，需要限制出口的。

（6）出口经营秩序出现严重混乱，需要限制出口的。

(7) 为建立或者加快建立国内特定产业，需要限制进口的。

(8) 对任何形式的农业、牧业、渔业产品有必要限制进口的。

(9) 为保障国家国际金融地位和国际收支平衡，需要限制进口的。

(10) 依照法律、行政法规的规定，其他需要限制或者禁止进口或者出口的。

(11) 根据我国缔结或者参加的国际条约、协定的规定，其他需要限制或者禁止进口或者出口的。

此外，国家对与裂变、聚变物质或者衍生此类物质的物质有关的货物、技术进出口，以及与武器、弹药或者其他军用物资有关的进出口，可以采取任何必要的措施，维护国家安全。在战时或者为维护国际和平与安全，国家在货物、技术进出口方面可以采取任何必要的措施。

国务院对外贸易主管部门会同国务院其他有关部门，依照上述规定制定、调整并公布限制或者禁止进出口的货物、技术目录。同时，国务院对外贸易主管部门或者由其会同国务院其他有关部门，经国务院批准，可以在上述限制或禁止进出口的范围内，临时决定限制或者禁止目录以外的特定货物、技术的进口或者出口。

《对外贸易法》还规定，对文物和野生动物、植物及其产品等，其他法律、行政法规有禁止或者限制进出口规定的，依照有关法律、行政法规的规定执行。

(三) 对限制进出口的货物、技术的配额和许可证管理

国家对限制进口或者出口的货物，实行配额、许可证等方式管理；对限制进口或者出口的技术，实行许可证管理。

实行配额、许可证管理的货物、技术，应当按照国务院规定经国务院对外贸易主管部门或者经其会同国务院其他有关部门许可，方可进口或者出口。

国家对部分进口货物可以实行关税配额管理。

进出口货物配额、关税配额，由国务院对外贸易主管部门或者国务院其他有关部门在各自的职责范围内，按照公开、公平、公正和效益的原则进行分配。

二、国际服务贸易

(一) 国际服务贸易概述

《对外贸易法》规定，国家促进国际服务贸易逐步发展。我国在国际服务贸易领域，根据所缔结或者参加的国际条约、协定中所作的承诺给予其他缔约

方市场准入和国民待遇。

国际服务贸易涉及银行、保险、会计、律师、咨询等众多行业，《对外贸易法》规定，国务院对外贸易主管部门和国务院有关部门，依照该法和其他有关法律、行政法规的规定，对国际服务贸易共同进行管理。

（二）国际服务贸易的限制和禁止

国家基于下列原因，可以限制或者禁止有关的国际服务贸易：

（1）为维护国家安全、社会公共利益或者公共道德，需要限制或者禁止的。

（2）为保护人的健康或者安全，保护动物、植物的生命或者健康，保护环境，需要限制或者禁止的。

（3）为建立或者加快建立国内特定服务产业，需要限制的。

（4）为保障国家外汇收支平衡，需要限制的。

（5）依照法律、行政法规的规定，其他需要限制或者禁止的。

（6）根据我国缔结或者参加的国际条约、协定的规定，其他需要限制或者禁止的。

《对外贸易法》还规定，国家对与军事有关的国际服务贸易，以及与裂变、聚变物质或者衍生此类物质的物质有关的国际服务贸易，可以采取任何必要的措施，维护国家安全。在战时或者为维护国际和平与安全，国家在国际服务贸易方面可以采取任何必要的措施。

国务院对外贸易主管部门会同国务院其他有关部门，依照上述规定和其他有关法律、行政法规的规定，制定、调整并公布国际服务贸易市场准入目录。

第四节　进出口商品检验制度

一、进出口商品检验概述

（一）进出口商品检验法律法规

为了加强进出口商品检验工作，保证进出口商品的质量，维护对外贸易有关各方的合法权益，促进对外经济贸易关系的顺利发展，第七届全国人大常委会第六次会议于1989年2月21日通过了《中华人民共和国进出口商品检验法》（以下简称《商检法》），该法自1989年8月1日起施行。2002年4月28日第九届全国人民代表大会常务委员会第二十七次会议通过《关于修改〈中华人民共和国进出口商品检验法〉的决定》对该法进行了修正。1992年10月23日，中华人民共和国国家进出口商品检验局颁布了《中华人民共和国进出口商品检验法实施条例》。

（二）进出口商品检验部门和机构

1. 检验部门和机构的职权

国务院设立进出口商品检验部门（简称国家商检部门），主管全国进出口商品检验工作。国家商检部门在各地的进出口商品检验机构（简称商检机构）管理所辖地区的进出口商品检验工作。

国家商检部门、商检机构和商检机构指定的检验机构，依法对进出口商品实施检验。

国家商检部门和商检机构根据检验工作的需要，通过考核，认可符合条件的国内外检验机构承担委托的进出口商品检验工作。国家商检部门和商检机构依法对经国家商检部门许可的检验机构的进出口商品检验鉴定业务活动进行监督，可以对其检验的商品抽查检验。

特定的进出口商品或者检验项目，如进出口的药品、计量器具、船舶等，由有关法律行政法规规定的其他检验机构实施检验。

根据《商检法》的规定，商检机构依法对法定检验的进出口商品和检验项目实施强制性检验。商检机构接受对外贸易关系人或者外国商检机构的委托，办理进出口商品鉴定业务。

2. 检验部门和机构的义务

国家商检部门和商检机构应当及时收集和向有关方面提供进出口商品检验方面的信息。

国家商检部门和商检机构的工作人员在履行进出口商品检验的职责中，对所知悉的商业秘密负有保密义务。

国家商检部门和商检机构履行职责，必须遵守法律，维护国家利益，依照法定职权和法定程序严格执法，接受监督。国家商检部门和商检机构应当根据依法履行职责的需要，加强队伍建设，使商检工作人员具有良好的政治、业务素质。商检工作人员应当定期接受业务培训和考核，经考核合格，方可上岗执行职务。

商检工作人员必须忠于职守，文明服务，遵守职业道德，不得滥用职权，谋取私利。

国家商检部门和商检机构应当建立健全内部监督制度，对其工作人员的执法活动进行监督检查。商检机构内部负责受理报检、检验、出证放行等主要岗位的职责权限应当明确，并相互分离、相互制约。

任何单位和个人均有权对国家商检部门、商检机构及其工作人员的违法、违纪行为进行控告、检举。收到控告、检举的机关应当依法按照职责分工及时查处，并为控告人、检举人保密。

（三）法定检验商品的种类和内容

《商检法》规定，进出口商品检验应当根据保护人类健康和安全、保护动物或者植物的生命和健康、保护环境、防止欺诈行为、维护国家安全的原则，由国家商检部门制定、调整必须实施检验的进出口商品目录（简称目录）并公布实施。

列入目录的进出口商品，由商检机构实施检验。未经检验的，不准销售、使用，未经检验合格的，不准出口。上述进出口商品，其中符合国家规定的免予检验条件的，由收货人或者发货人申请，经国家商检部门审查批准，可以免予检验。

必须实施的进出口商品检验，是指确定列入目录的进出口商品是否符合国家技术规范的强制性要求的合格评定活动。合格评定程序包括：抽样、检验和检查；评估、验证和合格保证；注册、认可和批准以及各项的组合。

列入目录的进出口商品，按照国家技术规范的强制性要求进行检验；尚未制定国家技术规范的强制性要求的，应当依法及时制定，未制定之前，可以参照国家商检部门指定的国外有关标准进行检验。

二、进口商品的检验

《商检法》规定，必须经商检机构检验的进口商品的收货人或者其代理人，应当向报关地的商检机构报检。海关凭商检机构签发的货物通关证明验放。

《商检法》规定必须经商检机构检验的进口商品的收货人或者其代理人，应当在商检机构规定的地点和期限内，接受商检机构对进口商品的检验。商检机构应当在国家商检部门统一规定的期限内检验完毕，并出具检验证单。

《商检法》规定必须经商检机构检验的进口商品以外的进口商品的收货人，发现进口商品质量不合格或者残损短缺，需要由商检机构出证索赔的，应当向商检机构申请检验出证。

对重要的进口商品和大型的成套设备，收货人应当依据对外贸易合同约定在出口国装运前进行预检验、监造或者监装，主管部门应当加强监督；商检机构根据需要可以派出检验人员参加。

三、出口商品的检验

《商检法》规定必须经商检机构检验的出口商品的发货人或者其代理人，应当在商检机构规定的地点和期限内，向商检机构报检。商检机构应当在国家商检部门统一规定的期限内检验完毕，并出具检验证单。对《商检法》规定必须实施检验的出口商品，海关凭商检机构签发的货物通关证明验放。

经商检机构检验合格发给检验证单的出口商品，应当在商检机构规定的期限内报关出口；超过期限的，应当重新报检。

为出口危险货物生产包装容器的企业，必须申请商检机构进行包装容器的性能鉴定。生产出口危险货物的企业，必须申请商检机构进行包装容器的使用鉴定。使用未经鉴定合格的包装容器的危险货物，不准出口。

对装运出口易腐烂变质食品的船舱和集装箱，承运人或者装箱单位必须在装货前申请检验。未经检验合格的，不准装运。

四、进出口商品检验的监督管理

（一）抽查检验和出厂检验

商检机构对《商检法》规定必须经商检机构检验的进出口商品以外的进出口商品，根据国家规定实施抽查检验。国家商检部门可以公布抽查检验结果或者向有关部门通报抽查检验情况。

商检机构根据便利对外贸易的需要，可以按照国家规定对列入目录的出口商品进行出厂前的质量监督管理和检验。

（二）认证与许可制度

国家商检部门根据国家统一的认证制度，对有关的进出口商品实施认证管理。商检机构可以根据国家商检部门同外国有关机构签订的协议或者接受外国有关机构的委托进行进出口商品质量认证工作，准许在认证合格的进出口商品上使用质量认证标志。

商检机构依照《商检法》对实施许可制度的进出口商品实行验证管理，查验单证，核对证货是否相符。

（三）标志和封识

商检机构根据需要，对检验合格的进出口商品，可以加施商检标志或者封识。

（四）复检

进出口商品的报检人对商检机构做出的检验结果有异议的，可以向原商检机构或者其上级商检机构以至国家商检部门申请复验，由受理复验的商检机构或者国家商检部门及时做出复验结论。

当事人对商检机构、国家商检部门做出的复验结论不服或者对商检机构做出的处罚决定不服的，可以依法申请行政复议，也可以依法向人民法院提起诉讼。

第五节 对外贸易秩序和对外贸易促进

一、对外贸易秩序

（一）对外贸易经营中不得实施垄断行为

在对外贸易经营活动中，不得违反有关反垄断的法律、行政法规的规定实施垄断行为。在对外贸易经营活动中实施垄断行为，危害市场公平竞争的，依照有关反垄断的法律、行政法规的规定处理。有上述违法行为，并危害对外贸易秩序的，国务院对外贸易主管部门可以采取必要的措施消除危害。

（二）对外贸易经营中不得实施不正当竞争行为

在对外贸易经营活动中，不得实施以不正当的低价销售商品、串通投标、发布虚假广告、进行商业贿赂等不正当竞争行为。在对外贸易经营活动中实施不正当竞争行为的，依照有关反不正当竞争的法律、行政法规的规定处理。有上述违法行为，并危害对外贸易秩序的，国务院对外贸易主管部门可以采取禁止该经营者有关货物、技术进出口等措施消除危害。

（三）对外贸易经营活动中不得违反外汇管理规定

对外贸易经营者在对外贸易经营活动中，应当遵守国家有关外汇管理的规定。

（四）对外贸易活动中不得实施的其他行为

（1）伪造、变造进出口货物原产地标记，伪造、变造或者买卖进出口货物原产地证书、进出口许可证、进出口配额证明或者其他进出口证明文件。

（2）骗取出口退税。

（3）走私。

（4）逃避法律、行政法规规定的认证、检验、检疫。

（5）违反法律、行政法规规定的其他行为。

违反《对外贸易法》，危害对外贸易秩序的，国务院对外贸易主管部门可以向社会公告。

二、对外贸易促进

《对外贸易法》规定，国家制定对外贸易发展战略，建立和完善对外贸易促进机制。国家采取以下措施促进对外贸易的发展。

（1）国家根据对外贸易发展的需要，建立和完善为对外贸易服务的金融机构，设立对外贸易发展基金、风险基金。

（2）国家通过进出口信贷、出口信用保险、出口退税及其他促进对外贸易的方式，发展对外贸易。

（3）国家建立对外贸易公共信息服务体系，向对外贸易经营者和其他社会公众提供信息服务。

（4）国家采取措施鼓励对外贸易经营者开拓国际市场，采取对外投资、对外工程承包和对外劳务合作等多种形式，发展对外贸易。

（5）对外贸易经营者可以依法成立和参加有关协会、商会。有关协会、商会应当遵守法律、行政法规，按照章程对其成员提供与对外贸易有关的生产、营销、信息、培训等方面的服务，发挥协调和自律作用，依法提出有关对外贸易救济措施的申请，维护成员和行业的利益，向政府有关部门反映成员有关对外贸易的建议，开展对外贸易促进活动。

（6）中国国际贸易促进组织按照章程开展对外联系，举办展览，提供信息、咨询服务和其他对外贸易促进活动。

（7）国家扶持和促进中小企业开展对外贸易。

（8）国家扶持和促进民族自治地方和经济不发达地区发展对外贸易。

第六节　对外贸易调查和对外贸易救济

一、对外贸易调查

（一）对外贸易调查的事项

为了维护对外贸易秩序，国务院对外贸易主管部门可以自行或者会同国务院其他有关部门，依照法律、行政法规的规定对下列事项进行调查：

（1）货物进出口、技术进出口、国际服务贸易对国内产业及其竞争力的影响。

（2）有关国家或者地区的贸易壁垒。

（3）为确定是否应当依法采取反倾销、反补贴或者保障措施等对外贸易救济措施，需要调查的事项。

（4）规避对外贸易救济措施的行为。

（5）对外贸易中有关国家安全利益的事项。

（6）为执行对等待遇原则、执行对外贸易中知识产权保护的规定、消除对外贸易中垄断和不正当竞争行为的危害，需要调查的事项。

（7）其他影响对外贸易秩序，需要调查的事项。

（二）对外贸易调查的程序

（1）启动对外贸易调查，由国务院对外贸易主管部门发布公告。

（2）调查可以采取书面问卷、召开听证会、实地调查、委托调查等方式进行。

（3）国务院对外贸易主管部门根据调查结果，提出调查报告或者做出处理裁定，并发布公告。

（三）对外贸易调查中的义务

有关单位和个人应当对对外贸易调查给予配合、协助。国务院对外贸易主管部门和国务院其他有关部门及其工作人员进行对外贸易调查，对知悉的国家秘密和商业秘密负有保密义务。

二、对外贸易救济

《对外贸易法》规定，国家根据对外贸易调查结果，可以采取适当的对外贸易救济措施。

（一）反倾销措施

其他国家或者地区的产品以低于正常价值的倾销方式进入我国市场，对已建立的国内产业造成实质损害或者产生实质损害威胁，或者对建立国内产业造成实质阻碍的，国家可以采取反倾销措施，消除或者减轻这种损害或者损害的威胁或者阻碍。

其他国家或者地区的产品以低于正常价值出口至第三国市场，对我国已建立的国内产业造成实质损害或者产生实质损害威胁，或者对我国建立国内产业造成实质阻碍的，应国内产业的申请，国务院对外贸易主管部门可以与该第三国政府进行磋商，要求其采取适当的措施。

（二）反补贴措施

进口的产品直接或者间接地接受出口国家或者地区给予的任何形式的专向性补贴，对已建立的国内产业造成实质损害或者产生实质损害威胁，或者对建立国内产业造成实质阻碍的，国家可以采取反补贴措施，消除或者减轻这种损害或者损害的威胁或者阻碍。

（三）保障措施

因进口产品数量大量增加，对生产同类产品或者与其直接竞争的产品的国内产业造成严重损害或者严重损害威胁的，国家可以采取必要的保障措施，消除或者减轻这种损害或者损害的威胁，并可以对该产业提供必要的支持。

因其他国家或者地区的服务提供者向我国提供的服务增加，对提供同类服务或者与其直接竞争的服务的国内产业造成损害或者产生损害威胁的，国家可以采取必要的救济措施，消除或者减轻这种损害或者损害的威胁。

因第三国限制进口而导致某种产品进入我国市场的数量大量增加，对已建立的国内产业造成损害或者产生损害威胁，或者对建立国内产业造成阻碍的，国家可以采取必要的救济措施，限制该产品进口。

（四）其他国家或地区违反条约、协定时的救济措施

与中华人民共和国缔结或者共同参加经济贸易条约、协定的国家或者地区，违反条约、协定的规定，使中华人民共和国根据该条约、协定享有的利益丧失或者受损，或者阻碍条约、协定目标实现的，中华人民共和国政府有权要求有关国家或者地区政府采取适当的补救措施，并可以根据有关条约、协定中止或者终止履行相关义务。

国务院对外贸易主管部门依照法律规定，进行对外贸易的双边或者多边磋商、谈判和争端的解决。

（五）预警应急机制和反规避措施

国务院对外贸易主管部门和国务院其他有关部门应当建立货物进出口、技术进出口和国际服务贸易的预警应急机制，应对对外贸易中的突发和异常情况，维护国家经济安全。

国家对规避对外贸易救济措施的行为，可以采取必要的反规避措施。

第七节 违反对外贸易法的法律责任

(1) 未经授权擅自进出口实行国营贸易管理的货物的，国务院对外贸易主管部门或者国务院其他有关部门可以处5万元以下罚款；情节严重的，可以自行政处罚决定生效之日起3年内，不受理违法行为人从事国营贸易管理货物进出口业务的申请，或者撤销已给予其从事其他国营贸易管理货物进出口的授权。

(2) 进出口属于禁止进出口的货物的，或者未经许可擅自进出口属于限制进出口的货物的，由海关依照有关法律、行政法规的规定处理、处罚；构成犯罪的，依法追究刑事责任。

进出口属于禁止进出口的技术的，或者未经许可擅自进出口属于限制进出口的技术的，依照有关法律、行政法规的规定处理、处罚；法律、行政法规没有规定的，由国务院对外贸易主管部门责令改正，没收违法所得，并处违法所得1倍以上5倍以下罚款，没有违法所得或者违法所得不足1万元的，处1万元以上5万元以下罚款；构成犯罪的，依法追究刑事责任。

自上述行政处罚决定生效之日或者刑事处罚判决生效之日起，国务院对外贸易主管部门或者国务院其他有关部门可以在3年内不受理违法行为人提出的进出口配额或者许可证的申请，或者禁止违法行为人在1年以上3年以下的期

限内从事有关货物或者技术的进出口经营活动。

(3) 从事属于禁止的国际服务贸易的，或者未经许可擅自从事属于限制的国际服务贸易的，依照有关法律、行政法规的规定处罚；法律、行政法规没有规定的，由国务院对外贸易主管部门责令改正，没收违法所得，并处违法所得1倍以上5倍以下罚款，没有违法所得或者违法所得不足1万元的，处1万元以上5万元以下罚款；构成犯罪的，依法追究刑事责任。

国务院对外贸易主管部门可以禁止违法行为人自上述行政处罚决定生效之日或者刑事处罚判决生效之日起1年以上3年以下的期限内从事有关的国际服务贸易经营活动。

(4) 从事伪造、变造进出口货物原产地标记，伪造、变造或者买卖进出口货物原产地证书、进出口许可证、进出口配额证明或者其他进出口证明文件；骗取出口退税；走私；逃避法律、行政法规规定的认证、检验、检疫等行为的，依照有关法律、行政法规的规定处罚；构成犯罪的，依法追究刑事责任。

国务院对外贸易主管部门可以禁止违法行为人自上述行政处罚决定生效之日或者刑事处罚判决生效之日起1年以上3年以下的期限内从事有关的对外贸易经营活动。

(5) 负责对外贸易管理工作的部门的工作人员玩忽职守、徇私舞弊或者滥用职权，构成犯罪的，依法追究刑事责任；尚不构成犯罪的，依法给予行政处分。

(6) 负责对外贸易管理工作的部门的工作人员利用职务上的便利，索取他人财物，或者非法收受他人财物为他人谋取利益，构成犯罪的，依法追究刑事责任；尚不构成犯罪的，依法给予行政处分。

本章小结

随着经济全球化趋势不断加强，货物、技术、资金和人员在全球范围内的流动也不断增加。在当今世界，每一个国家都无法脱离国际经济交往而获得单独的发展。我国早已确立对外开放的国策，因此对外贸易成为经济生活中的经常性现象。但是，对外贸易的发展不能是放任自流的，而应纳入到法律的轨道。因为，对外贸易涉及国家安全和经济稳定、外汇收支平衡、国内资源保护和国内幼稚产业的保护等一系列问题。我国的对外贸易法规定了对外贸易的原则、货物技术进出口、国际服务贸易、对外贸易促进和对外贸易秩序维护等内容，这是从事对外贸易活动的法律依据。

复习思考

1. 列入检验目录的进出口商品，未经检验的，不准________、________，未经检验合格的，不准出口。

2. 根据《商检法》的规定，商检机构依法对法定检验的进出口商品和检验项目实施________检验。

3. 保障措施是指因进口产品数量增加，使国内相同产品或者与其________的产品的生产者受到严重损害或者严重损害的威胁时，国家可以采取必要的保障措施，消除或者减轻这种损害或者损害的威胁。

4. 反倾销措施，是指产品以________的方式进口，并由此对国内已建立的相关产业造成实质损害或者产生实质损害的威胁，或者对国内建立相关产业造成实质阻碍时，国家可以采取必要措施，消除或者减轻这种损害或者损害的威胁或者阻碍。

5. 国家建立对外贸易________，向对外贸易经营者和其他社会公众提供信息服务。

6. 根据《对外贸易法》，哪些情况下限制和禁止货物、技术的进出口？

7. 对外贸易经营者在对外贸易经营活动中不得从事哪些行为？

第十五章　劳动法律制度

内容提要

本章包括六节内容。首先概括介绍了劳动法。其次阐述了劳动合同和集体合同制度。随后阐述了工作时间、休息休假和工资制度。而后阐述了劳动安全卫生和保护制度。再次阐述了职业培训、社会保险和福利制度。最后阐述了劳动争议处理、劳动监督检查和法律责任等内容。其中，劳动合同、集体合同和劳动争议处理是学习重点。

学习目标

1. 了解工作时间、休息休假和工资制度。
2. 理解劳动法的概念、劳动合同、集体合同和劳动争议处理。
3. 能够应用所学知识解决有关劳动争议的实际问题。
4. 能够分析劳动争议案例。

学习提示

1. 关注有关劳动争议问题的报道。
2. 阅读相关文献和案例分析材料。
3. 主动运用所学知识思考生活中遇到的劳动争议问题。

第一节　劳动法概述

一、劳动法的概念和调整对象

（一）劳动法的概念

劳动法是指调整劳动关系以及与劳动密切相关的其他社会关系的法律规范的总称。

为保护劳动者的合法权益，调整劳动关系，建立和维护适应社会主义市场经济的劳动制度，促进经济发展和社会进步，1994年7月5日第八届全国人民代表大会常务委员会第八次会议通过《中华人民共和国劳动法》（简称《劳动法》），该法自1995年1月1日起施行。《劳动法》是我国第一部调整劳动关系的基本法律。2007年6月29日第十届全国人大常委会第二十八次会议通过《中华人民共和国劳动合同法》（简称《劳动合同法》），该法自2008年1月1日起施行。2007年12月29日第十届全国人大常委会第三十一次会议通过《中华人民共和国劳动争议调解仲裁法》（简称《劳动争议调解仲裁法》），该法自2008年5月1日起施行。

（二）劳动法的调整对象

1. 劳动关系

劳动关系是指劳动者运用劳动能力实现社会劳动而与用人单位发生的社会关系。劳动法主要调整劳动关系。

劳动者一般指劳动者个人，有时也包括劳动者集体。在我国，用人单位包括各类企业、个体经济组织，也包括与劳动者建立劳动合同关系的国家机关、事业组织、社会团体。

劳动关系是在实现社会劳动时与用人单位发生的社会关系，劳动者要作为成员参加到用人单位中。劳动关系的双方当事人在法律地位上是平等的，但劳动者必须遵守用人单位的劳动规则，服从用人单位的指挥，这又体现出劳动者的从属性。

2. 与劳动相关的社会关系

除劳动关系外，劳动法还调整与劳动相关的其他社会关系。这些社会关系主要包括：劳动行政管理部门在劳动监察管理中与用人单位和劳动者发生的社会关系，社会保险关系，劳动争议处理关系，工会组织与用人单位或劳动者发生的关系等。

二、劳动者的基本权利与义务

根据《劳动法》的规定，劳动者的基本权利与义务包括：

（一）劳动者的基本权利

（1）劳动者享有就业和择业的权利。

（2）劳动者享有劳动报酬权利。

（3）劳动者享有休息休假的权利。

（4）劳动者享有劳动安全卫生保护权利。

（5）劳动者享有接受职业技能培训权利。

（6）劳动者享有获得社会保险和社会福利的权利。

（7）劳动者享有提请劳动争议处理的权利。

（二）劳动者的基本义务

（1）劳动者完成劳动任务的义务。

（2）劳动者提高职业技能的义务。

（3）劳动者执行劳动安全卫生规程的义务。

（4）劳动者遵守劳动纪律的义务。

（5）劳动者遵守职业道德的义务。

三、就业促进

劳动就业与人民群众的生活，与社会的稳定，与经济的发展密切相关。《劳动法》确立了一系列原则来促进就业。

（一）广开就业渠道

国家通过促进经济和社会发展，创造就业条件，扩大就业机会。国家鼓励企业、事业组织、社会团体在法律、行政法规规定的范围内兴办产业或者拓展经营，增加就业。国家支持劳动者自愿组织起来就业和从事个体经营实现就业。地方各级人民政府应当采取措施，发展多种类型的职业介绍机构，提供就业服务。

（二）促进平等就业

劳动者就业，不因民族、种族、性别、宗教信仰不同而受歧视。妇女享有与男子平等的就业权利。在录用职工时，除国家规定的不适合妇女的工种或者岗位外，不得以性别为由拒绝录用妇女或者提高对妇女的录用标准。

（三）帮助特殊群体人员就业

特殊群体人员包括残疾人、少数民族人员、退出现役的军人。为帮助这些人员就业，《劳动法》第 14 条规定，残疾人、少数民族人员、退出现役的军人的就业，法律、法规有特别规定的，从其规定。

《中华人民共和国残疾人保障法》规定，国家推动各单位吸收残疾人就业，机关、团体、企业事业组织、城乡集体经济组织，应当按一定比例安排残疾人就业，并为其选择适当的工种和岗位。《中华人民共和国民族区域自治法》规定，在同等条件下优先招收录用当地少数民族人员。根据《中华人民共和国兵役法》和《退伍义务兵安置条例》，符合安排工作条件的义务兵退出现役后，由当地政府负责安排工作。

（四）禁止招用童工

禁止用人单位招用未满 16 周岁的未成年人。文艺、体育和特种工艺单位招用未满 16 周岁的未成年人，必须依照国家有关规定，履行审批手续，并保障其接受义务教育的权利。

第二节　劳动合同和集体合同制度

一、劳动合同

（一）劳动合同的概念和特征

劳动合同是劳动者与用人单位之间确立劳动关系，明确双方权利和义务的协议。

劳动合同是确立劳动关系的法律形式，它具有如下特征：

(1) 合同关系的当事人只能是劳动者和用人单位。劳动者包括具有民事权利能力和劳动能力的中国人、外国人和无国籍人。用人单位包括企事业单位、个体经济组织、国家机关和社会团体。

(2) 劳动合同的标的是劳动者的劳动。虽然签订劳动合同的是劳动者，但是劳动关系指向的对象不是劳动者本身。

(3) 劳动合同所确定的权利义务内容主要是工作内容、劳动报酬、劳动保护、劳动条件、劳动纪律等。

（二）劳动合同的订立

建立劳动关系，应当订立书面劳动合同。已建立劳动关系，未同时订立书面劳动合同的，应当自用工之日起一个月内订立书面劳动合同。用人单位与劳动者在用工前订立劳动合同的，劳动关系自用工之日起建立。

劳动合同分为固定期限劳动合同、无固定期限劳动合同和以完成一定工作任务为期限的劳动合同。固定期限劳动合同，是指用人单位与劳动者约定合同终止时间的劳动合同。无固定期限劳动合同，是指用人单位与劳动者约定无确定终止时间的劳动合同。以完成一定工作任务为期限的劳动合同，是指用人单位与劳动者约定以某项工作的完成为合同期限的劳动合同。

劳动合同由用人单位与劳动者协商一致，并经用人单位与劳动者在劳动合同文本上签字或者盖章生效。劳动合同文本由用人单位和劳动者各执一份。

（三）劳动合同的内容

根据《劳动合同法》的规定，劳动合同必须具备以下条款：

（1）用人单位的名称、住所和法定代表人或者主要负责人。

（2）劳动者的姓名、住址和居民身份证或者其他有效身份证件号码。

（3）劳动合同期限。

（4）工作内容和工作地点。

（5）工作时间和休息休假。

（6）劳动报酬。

（7）社会保险。

（8）劳动保护、劳动条件和职业危害防护。

（9）法律、法规规定应当纳入劳动合同的其他事项。

（四）劳动合同无效

劳动合同无效是指劳动合同因不具备法律规定的条件而不能产生法律效力。根据《劳动合同法》的规定，下列劳动合同无效或者部分无效：

（1）以欺诈、胁迫的手段或者乘人之危，使对方在违背真实意思的情况下订立或者变更劳动合同的。

（2）用人单位免除自己的法定责任、排除劳动者权利的。

（3）违反法律、行政法规强制性规定的。

对劳动合同的无效或者部分无效有争议的，由劳动争议仲裁机构或者人民法院确认。劳动合同部分无效，不影响其他部分效力的，其他部分仍然有效。

劳动合同被确认无效，劳动者已付出劳动的，用人单位应当向劳动者支付劳动报酬。劳动报酬的数额，参照本单位相同或者相近岗位劳动者的劳动报酬确定。

（五）劳动合同的解除和终止

1. 协商解除劳动合同

用人单位与劳动者协商一致，可以解除劳动合同。

2. 劳动者提前通知解除劳动合同

劳动者提前 30 日以书面形式通知用人单位，可以解除劳动合同。劳动者在试用期内提前 3 日通知用人单位，可以解除劳动合同。

3. 劳动者单方解除劳动合同

用人单位有下列情形之一的，劳动者可以解除劳动合同：

（1）未按照劳动合同约定提供劳动保护或者劳动条件的。

（2）未及时足额支付劳动报酬的。

（3）未依法为劳动者缴纳社会保险费的。

（4）用人单位的规章制度违反法律、法规的规定，损害劳动者权益的。

（5）劳动合同无效的。

（6）法律、行政法规规定劳动者可以解除劳动合同的其他情形。

用人单位以暴力、威胁或者非法限制人身自由的手段强迫劳动者劳动的，或者用人单位违章指挥、强令冒险作业危及劳动者人身安全的，劳动者可以立即解除劳动合同，不需事先告知用人单位。

4. 用人单位单方解除劳动合同（过失性辞退）

劳动者有下列情形之一的，用人单位可以解除劳动合同：

（1）在试用期间被证明不符合录用条件的。

（2）严重违反用人单位的规章制度的。

（3）严重失职，营私舞弊，给用人单位造成重大损害的。

（4）劳动者同时与其他用人单位建立劳动关系，对完成本单位的工作任务造成严重影响，或者经用人单位提出，拒不改正的。

（5）因以欺诈、胁迫的手段或者乘人之危，使对方在违背真实意思的情况下订立或者变更劳动合同致使劳动合同无效的。

（6）被依法追究刑事责任的。

5. 用人单位无过失性辞退

有下列情形之一的，用人单位提前 30 日以书面形式通知劳动者本人或者额外支付劳动者一个月工资后，可以解除劳动合同：

（1）劳动者患病或者非因工负伤，在规定的医疗期满后不能从事原工作，也不能从事由用人单位另行安排的工作的。

（2）劳动者不能胜任工作，经过培训或者调整工作岗位，仍不能胜任工作的。

（3）劳动合同订立时所依据的客观情况发生重大变化，致使劳动合同无法履行，经用人单位与劳动者协商，未能就变更劳动合同内容达成协议的。

6. 用人单位经济性裁员

有下列情形之一，需要裁减人员 20 人以上或者裁减不足 20 人但占企业职工总数 10％以上的，用人单位提前 30 日向工会或者全体职工说明情况，听取工会或者职工的意见后，裁减人员方案经向劳动行政部门报告，可以裁减人员：

（1）依照企业破产法规定进行重整的。

（2）生产经营发生严重困难的。

（3）企业转产、重大技术革新或者经营方式调整，经变更劳动合同后，仍需裁减人员的。

（4）其他因劳动合同订立时所依据的客观经济情况发生重大变化，致使劳动合同无法履行的。

裁减人员时，应当优先留用下列人员：

① 与本单位订立较长期限的固定期限劳动合同的。

② 与本单位订立无固定期限劳动合同的。

③ 家庭无其他就业人员，有需要扶养的老人或者未成年人的。

用人单位裁减人员，在6个月内重新招用人员的，应当通知被裁减的人员，并在同等条件下优先招用被裁减的人员。

7. 用人单位不得解除劳动合同的情形

劳动者有下列情形之一的，用人单位不得解除劳动合同：

（1）从事接触职业病危害作业的劳动者未进行离岗前职业健康检查，或者疑似职业病病人在诊断或者医学观察期间的。

（2）在本单位患职业病或者因工负伤并被确认丧失或者部分丧失劳动能力的。

（3）患病或者非因工负伤，在规定的医疗期内的。

（4）女职工在孕期、产期、哺乳期的。

（5）在本单位连续工作满15年，且距法定退休年龄不足5年的。

（6）法律、行政法规规定的其他情形。

8. 劳动合同的终止

有下列情形之一的，劳动合同终止：

（1）劳动合同期满的。

（2）劳动者开始依法享受基本养老保险待遇的。

（3）劳动者死亡，或者被人民法院宣告死亡或者宣告失踪的。

（4）用人单位被依法宣告破产的。

（5）用人单位被吊销营业执照、责令关闭、撤销或者用人单位决定提前解散的。

（6）法律、行政法规规定的其他情形。

用人单位违法解除或者终止劳动合同，劳动者要求继续履行劳动合同的，用人单位应当继续履行；劳动者不要求继续履行劳动合同或者劳动合同已经不能继续履行的，用人单位应当支付赔偿金。

二、集体合同

（一）集体合同的概念和特征

集体合同又称团体协约，是工会组织或职工代表与所在企业就劳动报酬、工作时间、休息休假、劳动安全卫生、保险福利等事项签订的书面协议。企业职工一方与用人单位可以订立劳动安全卫生、女职工权益保护、工资调整机制等专项集体合同。在县级以下区域内，建筑业、采矿业、餐饮服务业等行业可以由工会与企业方面代表订立行业性集体合同，或者订立区域性集体合同。

与劳动合同相比较，集体合同具有以下特征：

（1）集体合同的一方当事人代表职工利益的工会组织或者职工推举的代表，另一方当事人是企业。劳动合同的一方当事人是劳动者个人，另一方当事人是用人单位。

（2）集体合同以劳动报酬、工作时间、休息休假、劳动安全卫生、保险福利等事项为内容，主要是企业的义务。劳动合同规定的是劳动者与用人单位双方的权利和义务。

（3）集体合同适用于企业全体劳动者。劳动合同只适用于劳动者个人。

因此，集体合同不能代替劳动合同，劳动者个人与企业必须另行订立劳动合同。

（二）订立集体合同的程序

根据《劳动法》的规定，订立集体合同的程序是：

1. 拟定集体合同草案

代表职工利益的工会组织或职工推举的代表同企业在平等协商的基础上，拟定集体合同草案。

2. 征求职工意见

集体合同草案应提交职工代表大会或者全体职工讨论，广泛征求职工意见。

3. 签订合同

由工会主席或职工推举的代表与企业法定代表人在合同文书上签字盖章。

4. 报送审查、备案

集体合同签订后应当报送劳动行政部门审查、备案。劳动行政部门自收到集体合同文本之日起 15 日内未提出异议的，集体合同即行生效。

第三节　工作时间、休息休假和工资制度

一、工作时间和休息休假制度

（一）工作时间

工作时间又称劳动时间，是指法律规定劳动者在一昼夜或一周内从事生产或工作的时间。工作时间包括劳动者实际工作时间，也包括劳动者工作前的准备时间，工作过程中必要的间歇、排除故障的时间，以及工作结束时整理设备设施等的时间。合理确定劳动者的工作时间对于维护正常的生产、工作秩序、维护劳动者的身体健康、合理利用劳动力资源等具有重要意义。

根据《劳动法》的规定，国家实行劳动者每日工作时间不超过8小时，平均每周工作时间不超过44小时的工时制度。此后，国务院规定从1995年5月1日起实行每周工作5天，平均每周工作40小时的工时制度。

根据《劳动法》的规定，用人单位由于生产经营需要，经与工会和劳动者协商后可延长工作时间，一般每日不得超过1小时；因特殊原因需要延长工作时间的，在保障劳动者身体健康的条件下延长工作时间不得超过3小时，但是每月不得超过36小时。

有下列情形之一的，延长工作时间才不受上述规定的限制：

（1）发生自然灾害、事故或者因其他原因，威胁劳动者生命健康和财产安全，需要紧急处理的。

（2）生产设备、交通运输线路、公共设施发生故障，影响生产和公众利益，必须及时抢修的。

（3）法律、行政法规规定的其他情形。

为了保护劳动者的合法权益，《劳动法》规定，用人单位安排劳动者延长工作时间的，应当支付不低于工资的150％的工资报酬。

（二）休息休假

休息时间是劳动者在法定工作时间以外可自行支配的时间。休假是指连续较长的休息时间。

休息权是劳动者的基本权利之一。根据《劳动法》和有关行政法规，劳动者依法享有的休息休假时间包括以下几种：

1. 公休日

公休日是劳动者每周两天的休息日，包括星期六和星期日。

2. 节假日

节假日是国家法定的全体人民或部分人的休假日，包括元旦、春节、国际劳动节、国庆节、妇女节等。

3. 年休假

年休假是劳动者连续工作1年以上时，所享有的带薪连续休息日。

4. 探亲假

探亲假是劳动者与父母或配偶分居两地的情况下所享有的与父母或配偶团聚的带薪休假。

5. 女职工保护休假

女职工保护休假是根据女职工生理特点而规定的休假。

《劳动法》规定，用人单位在休息日安排劳动者工作又不能安排补休的，应当支付不低于工资的200％的工资报酬，在法定休假日安排劳动者工作的，应当支付不低于工资的300％的工资报酬。

二、工资制度

工资是指用人单位以货币形式支付给劳动者的劳动报酬。它包括基本工资、奖金、津贴、补贴等。工资涉及劳动者的切身利益，关系到劳动者的生活质量。

（一）工资分配

《劳动法》第47条规定，用人单位根据本单位的生产经营特点和经济效益，依法自主确定本单位的工资分配方式和工资水平。目前，企业工资制度包括多种形式，主要有等级工资制，即根据劳动者的技术等级或职务等级确定工资标准；岗位技能工资制，即实行一岗一薪，易岗易薪，离岗无薪，根据技能和工作业绩确定工资的制度；企业经营者年薪制，即经营者年薪与企业生产经营成果、责任、风险和资产保值相联系的工资制度。企业的工资分配包括计时工资、计件工资、定额工资、浮动工资、奖金、津贴等多种形式。

（二）最低工资保障

《劳动法》第48条规定，国家实行最低工资保障制度。最低工资的具体标准由省、自治区、直辖市人民政府规定，报国务院备案。用人单位支付劳动者的工资不得低于当地最低工资标准。

《劳动法》第49条规定，确定和调整最低工资标准应当综合参考下列因素：

（1）劳动者本人及平均赡养人口的最低生活费用。

（2）社会平均工资水平。

（3）劳动生产率。

（4）就业状况。

（5）地区之间经济发展水平的差异。

实行最低工资保障制度可以保障劳动者及其家庭成员的基本生活需要，维护社会的稳定。

（三）工资保障

《劳动法》还规定，工资应当以货币形式按月支付给劳动者本人。不得克扣或者无故拖欠劳动者的工资。劳动者在法定休假日和婚丧假期间以及依法参加社会活动期间，用人单位应当依法支付工资。

第四节　劳动安全卫生和保护制度

一、劳动安全卫生制度

劳动安全卫生制度是为保护劳动者在劳动过程中的安全和健康而确立的保障制度。劳动安全卫生直接关系到劳动者的生命和健康，关系到生产能否顺利进行。

（一）建立、健全劳动安全卫生制度

《劳动法》第52条规定，用人单位必须建立、健全劳动安全卫生制度，严格执行国家劳动安全卫生规程和标准，对劳动者进行安全卫生教育，防止劳动过程中的事故，减少职业危害。劳动安全卫生制度主要包括劳动安全规程和劳动卫生规程。劳动安全规程，是指国家为防止和消除劳动者在劳动过程中的不安全因素，保障劳动者的生命安全和生产劳动的顺利进行而制定的规范。国家制定了各行业的安全技术规程。劳动卫生规程，是指国家为了改善劳动条件，保障劳动者在劳动过程中的健康，防止和消除职业病危害而制定的规范。劳动卫生规程主要包括防止粉尘危害、防止有毒有害物质危害、防止强光和噪声刺激、防暑降温、防冻取暖、防湿、通风照明、劳动者保健、职业病防止等内容。

（二）劳动安全卫生设施

《劳动法》第53条规定，劳动安全卫生设施必须符合国家规定的标准。新建、改建、扩建工程的劳动安全卫生设施必须与主体工程同时设计、同时施工、同时投入生产和使用。该条规定对有效保证企业劳动安全卫生设施的建立，改善劳动条件，消除事故隐患具有重要作用。

（三）劳动者的劳动安全权利

《劳动法》第56条规定，劳动者在劳动过程中必须严格遵守安全操作规程。劳动者对用人单位管理人员违章指挥、强令冒险作业，有权拒绝执行，对危害生命安全和身体健康的行为，有权提出批评、检举和控告。

（四）事故和职业病报告及处理

《劳动法》第 57 条规定，国家建立伤亡事故和职业病统计报告和处理制度。县级以上各级人民政府劳动行政部门、有关部门和用人单位应当依法对劳动者在劳动过程中发生的伤亡事故和劳动者的职业病状况，进行统计、报告和处理。

二、女职工特殊保护制度

女职工是指女性职工，包括女性体力劳动者和女性脑力劳动者。女职工的生理机能和身体结构与男职工有很大差异，因而要对女职工进行特殊保护。根据《劳动法》，女职工特殊保护制度包括：

(1) 工种安排。《劳动法》第 59 条规定，禁止安排女职工从事矿山井下、国家规定的第四级体力劳动强度的劳动和其他禁忌从事的劳动。

(2) 经期保护。《劳动法》第 60 条规定，不得安排女职工在经期从事高处、低温、冷水作业和国家规定的第三级体力劳动强度的劳动。

(3) 孕期保护。《劳动法》第 61 条规定，不得安排女职工在怀孕期间从事国家规定的第三级体力劳动强度的劳动和孕期禁忌从事的劳动。对怀孕 7 个月以上的女职工，不得安排其延长工作时间和夜班劳动。

(4) 产期保护。《劳动法》第 62 条规定，女职工生育享受不少于 90 天的产假。

(5) 哺乳期保护。《劳动法》第 63 条规定，不得安排女职工在哺乳未满 1 周岁的婴儿期间从事国家规定的第三级体力劳动强度的劳动和哺乳期禁忌从事的其他劳动，不得安排其延长工作时间和夜班劳动。

三、未成年工特殊保护

未成年工是指年满 16 周岁未满 18 周岁的劳动者。未成年工处于生长发育阶段，注意力和判断力比成年人差。为保护未成年工的正常发育，避免伤亡事故，应当对未成年工实行特殊保护。根据《劳动法》，未成年工特殊保护包括以下内容：

(1) 用人单位不得安排未成年工从事矿山井下、有毒有害、国家规定的第四级体力劳动强度的劳动和其他禁忌从事的劳动。

(2) 用人单位应当对未成年工定期进行健康检查。如果发现未成年工有疾病或身体发育异常，应当及时进行治疗。

第五节 职业培训、社会保险和福利制度

一、职业培训制度

职业培训是对待业和在职人员进行的，以培养或提高从事某种职业所需要的业务知识和操作技能为目的的教育和训练。职业培训突出对劳动者应用知识和操作技能的培养，而不是进行一般基础教育。

《劳动法》第66条和第67条规定，国家通过各种途径，采取各种措施：发展职业培训事业，开发劳动者的职业技能，提高劳动者素质，增强劳动者的就业能力和工作能力。各级人民政府应当把发展职业培训纳入社会经济发展的规划，鼓励和支持有条件的企业、事业组织、社会团体和个人进行各种形式的职业培训。

《劳动法》第68条规定，用人单位应当建立职业培训制度，按照国家规定提取和使用职业培训经费，根据本单位实际，有计划地对劳动者进行职业培训。从事技术工种的劳动者，上岗前必须经过培训。

《劳动法》第69条规定，国家确定职业分类，对规定的职业制定职业技能标准，实行职业资格证书制度，由经过政府批准的考核鉴定机构负责对劳动者实施职业技能考核鉴定。职业资格证书制度是指政府授权的法定机构根据法定职业技能标准，经考核后对受培训人员颁发证书的制度。

二、社会保险制度

（一）社会保险的概念和特征

1. 社会保险的概念

社会保险是指国家建立社会保险基金，使劳动者在丧失劳动能力或失业时获得必要的物质帮助的制度。社会保险可以解除劳动者的后顾之忧，保障社会的稳定。

《劳动法》第70条规定，国家发展社会保险事业，建立社会保险制度，设立社会保险基金，使劳动者在年老、患病、工伤、失业、生育等情况下获得帮助和补偿。

2. 社会保险的特征

与商业保险相比，社会保险具有以下特征：

（1）社会保险的适用对象是与用人单位建立劳动关系的劳动者。商业保险的对象是全体社会成员。

(2) 社会保险具有国家强制性，当事人不得自行决定是否参加保险、选择保险项目以及选择缴费标准。商业保险具有任意性，当事人可以自行决定是否参加保险以及保险的险种。

(3) 社会保险费用一般由劳动者、用人单位和政府三方共同负担。商业保险费全部由被保险人缴纳。

(4) 社会保险不具有营利性，其目的是保障劳动者在年老、患病、伤残、生育而丧失劳动能力或失业时，从社会获得必要的帮助。商业保险是营利性的金融活动。

(二) 社会保险的内容

根据《劳动法》第73条的规定，我国社会保险主要有以下几种：

(1) 养老保险。养老保险是对因年老或者其他原因而退休、离休的劳动者给予帮助和补偿，以维持其基本生活需要的社会保险。

(2) 疾病保险。疾病保险是对因患病或者非因工负伤而暂时丧失劳动能力的劳动者给予帮助和补偿的社会保险。

(3) 工伤保险。工伤保险是对因工伤残或者患职业病的劳动者给予帮助和补偿的社会保险。

(4) 失业保险。失业保险是对因失业暂时失去工作机会的劳动者给予帮助和补偿的社会保险。

(5) 生育保险。生育保险是对因生育而暂时中断劳动的女职工给予帮助和补偿的社会保险。

三、社会福利和集体福利制度

《劳动法》第76条规定，国家发展社会福利事业，兴建公共福利设施，为劳动者休息、休养和疗养提供条件。用人单位应当创造条件，改善集体福利，提高劳动者的福利待遇。

(一) 社会福利制度

社会福利是国家为所有公民提供的，旨在保障和提高人民的物质文化生活水平的福利。社会福利包括举办文化、教育、卫生、娱乐事业，国家向劳动者发放补贴，向低收入劳动者提供住房等。

(二) 集体福利制度

集体福利是用人单位为本单位职工提供的，旨在方便职工生活，改善职工生活条件，提高职工生活水平的福利。集体福利一般包括以下内容：为方便职工生活而举办集体福利设施，如举办食堂、托儿所、浴室等；为减轻职工生活费用开支建立的福利补贴，如生活困难补助，交通费、卫生费、书报费补贴等；为丰富职工文化生活建立文化设施，如建立图书馆、俱乐部、运动场等。

第六节　劳动争议处理、劳动监督检查和法律责任

一、劳动争议的概念和分类

劳动争议是指劳动者与用人单位就劳动发生的纷争。

以主体为标准，劳动争议可分为个人劳动争议、集体劳动争议和集体合同争议。个人劳动争议是指劳动者个人与用人单位发生的劳动争议。集体劳动争议是指3人以上的劳动者与用人单位发生的争议。集体合同争议是指代表全体职工的工会组织与用人单位因签订或履行集体合同所发生的争议。

以争议的内容为标准，劳动争议可分为因履行劳动合同发生的争议、因履行集体合同发生的争议、因工作时间和休息休假发生的争议、因工资发生的争议、因职业培训发生的争议、因社会保险和福利发生的争议、因处分职工发生的争议、因辞职离职发生的争议等。

二、劳动争议处理

《劳动法》第77条规定，用人单位与劳动者发生劳动争议，当事人可以协商解决，也可以依法申请调解、仲裁，提起诉讼。《劳动争议调解仲裁法》专门规定了劳动争议的调解和仲裁。

（一）协商

发生劳动争议后，当事人可以采用协商的方式解决争议。协商可以在采取其他处理方式之前采用，也可以在采取其他处理方式过程中采用。协商不是解决劳动争议的必经程序，当事人不愿协商的可以不协商。

（二）调解

发生劳动争议，当事人可以到下列调解组织申请调解：企业劳动争议调解委员会；依法设立的基层人民调解组织；在乡镇、街道设立的具有劳动争议调解职能的组织。企业劳动争议调解委员会由职工代表和企业代表组成。职工代表由工会成员担任或者由全体职工推举产生，企业代表由企业负责人指定。企业劳动争议调解委员会主任由工会成员或者双方推举的人员担任。

当事人申请劳动争议调解可以书面申请，也可以口头申请。口头申请的，调解组织应当当场记录申请人基本情况、申请调解的争议事项、理由和时间。调解劳动争议，应当充分听取双方当事人对事实和理由的陈述，耐心疏导，帮

助其达成协议。

经调解达成协议的，应当制作调解协议书。调解协议书由双方当事人签名或者盖章，经调解员签名并加盖调解组织印章后生效，对双方当事人具有约束力，当事人应当履行。自劳动争议调解组织收到调解申请之日起15日内未达成调解协议的，当事人可以依法申请仲裁。达成调解协议后，一方当事人在协议约定期限内不履行调解协议的，另一方当事人可以依法申请仲裁。

因支付拖欠劳动报酬、工伤医疗费、经济补偿或者赔偿金事项达成调解协议，用人单位在协议约定期限内不履行的，劳动者可以持调解协议书依法向人民法院申请支付令，人民法院应当依法发出支付令。

（三）仲裁

对劳动争议依法进行仲裁的机构是劳动争议仲裁委员会。劳动争议仲裁委员会是各级劳动行政部门设立的专门行使仲裁权的机构。劳动争议仲裁委员会按照统筹规划、合理布局和适应实际需要的原则设立。省、自治区人民政府可以决定在市、县设立；直辖市人民政府可以决定在区、县设立。直辖市、设区的市也可以设立一个或者若干个劳动争议仲裁委员会。劳动争议仲裁委员会不按行政区划层层设立。劳动争议仲裁委员会由劳动行政部门代表、工会代表和企业方面代表组成。劳动争议仲裁委员会组成人员应当是单数。

劳动争议申请仲裁的时效期间为1年。仲裁时效期间从当事人知道或者应当知道其权利被侵害之日起计算。申请人申请仲裁应当提交书面仲裁申请，并按照被申请人人数提交副本。劳动争议仲裁委员会收到仲裁申请之日起5日内，认为符合受理条件的，应当受理，并通知申请人；认为不符合受理条件的，应当书面通知申请人不予受理，并说明理由。对劳动争议仲裁委员会不予受理或者逾期未作出决定的，申请人可以就该劳动争议事项向人民法院提起诉讼。劳动争议仲裁委员会受理仲裁申请后，应当在5日内将仲裁申请书副本送达被申请人。被申请人收到仲裁申请书副本后，应当在10日内向劳动争议仲裁委员会提交答辩书。劳动争议仲裁委员会收到答辩书后，应当在5日内将答辩书副本送达申请人。被申请人未提交答辩书的，不影响仲裁程序的进行。

劳动争议仲裁委员会裁决劳动争议案件实行仲裁庭制。仲裁庭由3名仲裁员组成，设首席仲裁员。简单劳动争议案件可以由1名仲裁员独任仲裁。

仲裁庭应当在开庭5日前，将开庭日期、地点书面通知双方当事人。当事人有正当理由的，可以在开庭3日前请求延期开庭。是否延期，由劳动争议仲裁委员会决定。申请人收到书面通知，无正当理由拒不到庭或者未经仲裁庭同意中途退庭的，可以视为撤回仲裁申请。被申请人收到书面通知，无正当理由拒不到庭或者未经仲裁庭同意中途退庭的，可以缺席裁决。

当事人在仲裁过程中有权进行质证和辩论。质证和辩论终结时，首席仲裁员或者独任仲裁员应当征询当事人的最后意见。当事人提供的证据经查证属实的，仲裁庭应当将其作为认定事实的根据。劳动者无法提供由用人单位掌握管理的与仲裁请求有关的证据，仲裁庭可以要求用人单位在指定期限内提供。用人单位在指定期限内不提供的，应当承担不利后果。

仲裁庭在作出裁决前，应当先行调解。调解达成协议的，仲裁庭应当制作调解书。调解不成或者调解书送达前，一方当事人反悔的，仲裁庭应当及时作出裁决。

仲裁庭裁决劳动争议案件，应当自劳动争议仲裁委员会受理仲裁申请之日起 45 日内结束。案情复杂需要延期的，经劳动争议仲裁委员会主任批准，可以延期并书面通知当事人，但是延长期限不得超过 15 日。逾期未作出仲裁裁决的，当事人可以就该劳动争议事项向人民法院提起诉讼。仲裁庭裁决劳动争议案件时，其中一部分事实已经清楚，可以就该部分先行裁决。裁决应当按照多数仲裁员的意见作出，少数仲裁员的不同意见应当记入笔录。仲裁庭不能形成多数意见时，裁决应当按照首席仲裁员的意见作出。

追索劳动报酬、工伤医疗费、经济补偿或者赔偿金，不超过当地月最低工资标准 12 个月金额的争议；因执行国家的劳动标准在工作时间、休息休假、社会保险等方面发生的争议为终局裁决，裁决书自作出之日起发生法律效力。

（四）诉讼

诉讼是解决劳动争议的最终程序，当事人对仲裁裁决不服的可以向人民法院起诉。

劳动者对终局仲裁裁决不服的，可以自收到仲裁裁决书之日起 15 日内向人民法院提起诉讼。

用人单位有证据证明终局仲裁裁决有下列情形之一，可以自收到仲裁裁决书之日起 30 日内向劳动争议仲裁委员会所在地的中级人民法院申请撤销裁决：

（1）适用法律、法规确有错误的。

（2）劳动争议仲裁委员会无管辖权的。

（3）违反法定程序的。

（4）裁决所根据的证据是伪造的。

（5）对方当事人隐瞒了足以影响公正裁决的证据的。

（6）仲裁员在仲裁该案时有索贿受贿、徇私舞弊、枉法裁决行为的。

人民法院经组成合议庭审查核实裁决有前款规定情形之一的，应当裁定撤销。仲裁裁决被人民法院裁定撤销的，当事人可以自收到裁定书之日起 15 日内就该劳动争议事项向人民法院提起诉讼。

当事人对终局裁决以外的仲裁裁决不服的，可以自收到仲裁裁决书之日起15日内向人民法院提起诉讼；期满不起诉的，裁决书发生法律效力。

三、劳动监督检查

（一）劳动监督检查概述

劳动监督检查是指劳动行政部门、政府有关部门、各级工会组织对用人单位执行劳动法律、法规的情况依法进行监督检查的制度。劳动监督检查对于保证劳动法的正确实施，维护劳动者的合法权益具有十分重要的意义。

劳动监督检查的实施机构包括县级以上各级人民政府劳动行政部门、县级以上各级人民政府有关部门、各级工会组织。劳动监督检查的对象为用人单位，包括各类企事业单位、个体经济组织、国家机关和社会团体。劳动监督检查的内容是用人单位遵守劳动法律法规的情况。

劳动监督检查可分为一般监督检查和专业监督检查。一般监督检查是指对执行劳动法律法规的情况进行全面的监督检查。专业监督检查是指国家专门监督检查机构对特定的劳动法律法规执行情况进行的监督检查。

（二）劳动行政部门的监督检查

劳动行政部门是专门的劳动行政主管机关。国务院劳动行政部门主管全国劳动工作，县级以上地方人民政府劳动行政部门主管本行政区域内的劳动工作。根据《劳动法》，县级以上各级人民政府劳动行政部门依法对用人单位遵守劳动法律、法规的情况进行监督，对违反劳动法律、法规的行为有权制止，并责令改正。目前，我国劳动行政部门内部设有两个劳动监督检查机构，一是负责劳动就业、职工工资、社会保险、职工福利、职工培训等法律法规的实施进行监督检查的劳动监察机构；二是负责对劳动保护方面法律法规的实施情况进行监督检查的劳动保护监察机构。

根据《劳动法》的规定，县级以上各级人民政府劳动行政部门监督检查人员执行公务，有权进入用人单位了解执行劳动法律，法规的情况，查阅必要的资料，并对劳动场所进行检查。监督检查人员执行公务，必须出示证件，秉公执法并遵守有关规定。

（三）政府有关行政部门的监督检查

《劳动法》规定，县级以上各级人民政府有关部门在各自职责范围内，对用人单位遵守劳动法律、法规的情况进行监督。

这里的有关部门包括企业主管部门和其他有关部门。企业主管部门是政府对企业进行综合管理的机关。其他有关部门包括工商、卫生、环保、公安等各有关部门。这些部门应当根据职责，依法对用人单位遵守劳动法律、法规的情况进行监督检查。发现用人单位有违法行为的，应依职权进行处理。例如，工商行政管理部门发现用人单位非法招用未满 16 周岁的未成年人，情节严重的，可以吊销其营业执照。

（四）工会的监督检查

《劳动法》规定，各级工会依法维护劳动者的合法权益，对用人单位遵守劳动法律、法规的情况进行监督。工会是代表职工，维护职工合法权益的群众组织。根据《劳动法》及有关法律法规，工会组织进行监督检查的职责主要有：

（1）参与企业研究涉及职工劳动权益问题的各种会议，提出维护职工合法权益的意见和建议。

（2）对企业等用人单位辞退、处分职工不适当的，提出纠正意见。

（3）参加伤亡事故和其他严重危及职工健康问题的调查，向有关部门提出处理意见，要求追究直接负责的行政领导和有关责任人员的责任。

（4）会同劳动行政部门、政府有关行政部门对用人单位实施劳动监督检查。

四、违反劳动法的法律责任

（一）用人单位违反劳动法的法律责任

1. 用人单位违反劳动合同制度的法律责任

（1）由于用人单位的原因订立的无效合同，对劳动者造成损害的，应当承担赔偿责任。

（2）用人单位违反劳动法规定的条件解除劳动合同或者故意拖延不订立劳动合同的，由劳动行政部门责令改正；对劳动者造成损害的，应当承担赔偿责任。

（3）用人单位招用尚未解除劳动合同的劳动者，对原用人单位造成经济损失的，该用人单位应当依法承担连带赔偿责任。

2. 用人单位侵犯劳动者合法权益的法律责任

（1）用人单位违反劳动法规定，延长劳动者工作时间的，由劳动行政部门给予警告、责令改正，并可以处以罚款。

（2）用人单位有下列情形之一的，由劳动行政部门责令支付劳动者的工资报酬、经济补偿，并可以责令支付赔偿金：克扣或无故拖欠劳动者工资，拒不支付劳动者延长工作时间工资报酬，低于当地最低工资标准支付劳动者工资，解除劳动合同后，未依照劳动法规定给予劳动者经济补偿。

(3) 用人单位强令劳动者违章冒险作业，发生重大伤亡事故，造成严重后果的，对责任人员依法追究刑事责任。

(4) 用人单位违反劳动法对女职工和未成年工的保护规定，侵害其合法权益的，由劳动行政部门责令改正，处以罚款。对女职工或者未成年工造成损害的，应当承担赔偿责任。

(5) 用人单位有以暴力、威胁或者非法限制人身自由手段强迫劳动，侮辱、体罚、殴打、非法搜查和拘禁劳动者等行为之一的，由公安机关对责任人员处以 15 日以下拘留、罚款或者警告。构成犯罪的，对责任人员依法追究刑事责任。

3. 用人单位的其他法律责任

(1) 用人单位制定的劳动规章制度违反法律、法规规定的，由劳动行政部门给予警告，责令改正；对劳动者造成损害的，应当承担赔偿责任。

(2) 用人单位的劳动安全设施和劳动卫生条件不符合国家规定或者未向劳动者提供必要的劳动防护用品和劳动保护设施的，由劳动行政部门或者有关部门责令改正，可以处以罚款。情节严重的，提请县级以上人民政府决定责令停产整顿。对事故隐患不采取措施，致使发生重大事故，造成劳动者生命和财产损失的，对责任人员依刑法规定追究刑事责任。

(3) 用人单位无故不缴纳社会保险费的，由劳动行政部门责令其限期缴纳，逾期不缴的，可以加收滞纳金。

(4) 用人单位非法招用未满 16 周岁的未成年人的，由劳动行政部门责令改正，处以罚款。情节严重的，由工商行政管理部门吊销营业执照。

(5) 用人单位无理阻挠劳动行政部门、有关部门及其工作人员行使监督检查权，打击报复举报人员的，由劳动行政部门或者有关部门处以罚款，构成犯罪的，对责任人员依法追究刑事责任。

(二) 劳动者违反劳动法的法律责任

劳动者违反劳动法规定的条件解除劳动合同或者违反劳动合同中约定的保密事项，对用人单位造成经济损失的，应当依法承担赔偿责任。

(三) 其他主体的法律责任

(1) 劳动行政部门或者有关部门的工作人员滥用职权、玩忽职守、徇私舞弊，构成犯罪的，依法追究刑事责任．不构成犯罪的，给予行政处分。

(2) 国家工作人员和社会保险基金经办机构的工作人员挪用社会保险基金，构成犯罪的，依法追究刑事责任。

本章小结

劳动者是社会财富的创造者，同时劳动又是劳动者满足基本生活需要、获得发展的手段。相对于用人单位而言，劳动者在经济实力、专业知识等方面都处于弱者的地位。因此，以法律的形式规定用人单位和劳动者的权利义务关系，切实保护劳动者的合法权益是十分必要的。我国劳动法规定了劳动合同和集体合同制度，工作时间、休息休假和工资制度，劳动安全卫生和保护制度，职业培训、社会保险和福利制度，争议处理、监督检查和法律责任等内容。这些规定是劳动者维护合法权益的法律依据。

复习思考

1. ________、________和特种工艺单位招用未满 16 周岁的未成年人，必须依照国家有关规定，履行审批手续，并保障其接受义务教育的权利。

2. 用人单位安排劳动者延长工作时间的，应当支付不低于工资的________的工资报酬。

3. 劳动安全卫生设施必须符合国家规定的标准。新建、改建、扩建工程的劳动安全卫生设施必须与主体工程________、________、同时投入生产和使用。

4. 不得安排女职工在怀孕期间从事国家规定的________强度的劳动和孕期禁忌从事的劳动。对怀孕 7 个月以上的女职工，不得安排其延长工作时间和夜班劳动。

5. 劳动争议申请仲裁的时效期间为________年。

6. 根据《劳动法》的规定，劳动者享有哪些基本权利？负有哪些基本义务？

7. 《劳动合同法》是如何规定用人单位单方解除劳动合同的？

8. 我国社会保险主要包括哪几种？

附录　复习思考题参考答案

第一章　经济法基础理论

1. 自然法典
2. 干预社会经济生活
3. 美国
4. 原捷克斯洛伐克
5. 加强经济立法
6. 答案见第一章第二节一
7. 答案见第一章第三节一之 2
8. 答案见第一章第三节二

第二章　市场主体法律制度

1. 10%
2. 职工（代表）大会
3. 修改公司章程
4. 180
5. 1
6. 6
7. 15%
8. 有限责任
9. 产品出口
10. 比例
11. 答案见第二章第一节一之（二）
12. 答案见第二章第二节三之（二）
13. 答案见第二章第三节一之（二）
14. 答案见第二章第四节二之（一）
15. 答案见第二章第五节三之（二）

第三章　反不正当竞争法律制度

1. 低于成本的
2. 滥用行政权力
3. 回扣
4. 投标者
5. 所获得的利润
6. 答案见第三章第二节一之（一）
7. 答案见第三章第二节一之（四）
8. 答案见第三章第二节一之（七）

第四章 反垄断法律制度

1. 协同行为
2. 进入相关市场
3. 决定性影响
4. 排除、限制竞争
5. 向社会公布
6. 答案见第四章第二节一之（三）
7. 答案见第四章第二节二之（三）
8. 答案见第四章第二节四之（二）

第五章 产品质量法律制度

1. 重要工业产品
2. 警示标志　中文警示说明
3. 以假充真　以次充好
4. 10　安全使用期
5. 货值金额
6. 答案见第五章第二节二之（三）
7. 答案见第五章第三节一之（二）
8. 答案见第五章第三节二之（二）

第六章 消费者权益保护法

1. 营利性
2. 销售者　生产者
3. 营业执照的持有人
4. 展览会的举办者
5. 1
6. 答案见第六章第二节一
7. 答案见第六章第二节二
8. 答案见第六章第三节二

第七章 广告法律制度

1. 表示功效
2. 安全性
3. 吸烟有害健康
4. 药品
5. 兽药
6. 答案见第七章第二节一
7. 答案见第七章第三节二
8. 答案见第七章第三节三

第八章 房地产法律制度

1. 40
2. 1
3. 房产管理部门
4. 房地产权
5. 营业执照
6. 答案见第八章第二节一之（一）
7. 答案见第八章第二节一之（六）
8. 答案见第八章第四节二之（一）

第九章 会计法与审计法

1. 出纳人员
2. 3
3. 出具单位重开
4. 列入财政预算
5. 送达审计通知书
6. 答案见第九章第一节三之（一）
7. 答案见第九章第一节三之（一）
8. 答案见第九章第二节二之（一）

第十章 计划法和价格法

1. 长期计划
2. 基准价
3. 自然垄断经营
4. 提价申报
5. 冻结价格
6. 答案见第十章第一节一之（二）
7. 答案见第十章第二节二之（二）
8. 答案见第十章第二节三之（一）

第十一章 国有资产管理法律制度

1. 该单位
2. 国有资产经营
3. 答案见第十一章第二节二之4
4. 答案见第十一章第三节二之1
5. 答案见第十一章第四节二之1

第十二章 财政法律制度

1. 一级政府一级预算
2. 本级人大常委会
3. 进口货物
4. 45%加0.003元/支
5. 转让无形资产
6. 25%
7. 生产盐
8. 定额
9. 纳税担保
10. 2‰
11. 答案见第十二章第一节三之（一）
12. 答案见第十二章第二节一之（二）
13. 答案见第十二章第二节三之（二）
14. 答案见第十二章第二节四之（一）
15. 答案见第十二章第二节七之（五）

第十三章 金融法律制度

1. 保持货币币值的稳定
2. 国债和其他政府债券
3. 资本充足率
4. 国务院银行业监督管理机构

5. 60%
6. 吸收存款　发放贷款
7. 5
8. 20
9. 5000 万
10. 12
11. 答案见第十三章第一节一之（三）
12. 答案见第十三章第一节二之（二）
13. 答案见第十三章第一节一之（三）
14. 答案见第十三章第二节二之（一）
15. 答案见第十三章第二节四之（四）

第十四章　对外贸易法律制度

1. 销售、使用
2. 强制性
3. 直接竞争
4. 低于正常价值
5. 公共信息服务体系
6. 答案见第十四章第五节一
7. 答案见第十四章第六节一之（一）

第十五章　劳动法律制度

1. 文艺　体育
2. 150%
3. 同时设计、同时施工
4. 第三级体力劳动
5. 1
6. 答案见第十五章第一节二
7. 答案见第十五章第二节一之（五）
8. 答案见第十五章第五节二之（三）

参考文献

［1］ 杨紫烜，徐杰．经济法学［M］．北京：北京大学出版社，2009．
［2］ 石少侠．经济法新论［M］．长春：吉林大学出版社，2003．
［3］ 米增渝．经济法学［M］．北京：北京出版社、文津出版社，2000．
［4］ 李正华．经济法［M］．北京：中国人民大学出版社，2009．
［5］ 李伟．经济法学［M］．北京：中国检察出版社，2002．
［6］ 漆多俊．经济法学［M］．北京：高等教育出版社，2007．
［7］ 王保树．经济法原理［M］．北京：社会科学文献出版社，2004．
［8］ 吕景胜．经济法实务［M］．北京：中国人民大学出版社，2007．
［9］ 史际春．经济法［M］．北京：法律出版社，2010．
［10］王传丽．国际贸易法［M］．北京：中国政法大学出版社，2009．